AF543591

Mona Horncastle

Margarete Schütte-Lihotzky

Mona Horncastle

Margarete Schütte-Lihotzky

Architektin
Widerstandskämpferin
Aktivistin

Die Biografie

Mit einem Nachwort von
Uta Graff

MOLDEN

„Es war hochinteressant – und sehr kompliziert.“

Margarete Schütte-Lihotzky

Intro

„Nur wenn ich als Teil einer Gemeinschaft für gemeinsame Ziele eintrete und auch dafür kämpfe, erhält mein Dasein auch einen Sinn.“

Die Architektin und Widerstandskämpferin Margarete Schütte-Lihotzky (1897–2000) hat mehr als ein Leben gelebt – und ist weit mehr als die Erfinderin der *Frankfurter Küche*, die sie berühmt macht. Geboren, als Österreich noch eine Monarchie ist, aufgewachsen in der Ersten Republik, studiert sie während des Ersten Weltkriegs und überlebt den Zweiten Weltkrieg nur knapp. In den 103 Jahren ihres Lebens ist Margarete Schütte-Lihotzky oft die Erste: Sie ist die erste weibliche Architekturstudentin in Österreich und lange auch die erste Frau, die in diesem Beruf arbeitet und erfolgreich ist. Die soziale Frage ist ihr ein ehrliches Anliegen, für das sie in Österreich, Deutschland und Russland architektonische Lösungen sucht und findet. Aus Opposition zu Adolf Hitler wird sie Kommunistin, ihr politisches Verantwortungsgefühl bringt sie zum Widerstand und als politische Gefangene ins Zuchthaus. Sie ist Pazifistin und doch bereit, für ihre Überzeugungen zu kämpfen – mit Worten, durch Taten und lebenswertes Bauen.

Als sie während des Kalten Kriegs auf der falschen Seite steht und in Wien fast keine Bauaufträge mehr bekommt, gibt sie ihr Wissen in Vorträgen weiter, arbeitet auf Kuba, in Ostberlin und China. Ganz wie sie es immer getan hat, reist sie den Aufträgen hinterher. Für diejenigen, die sie noch kennenlernen durften, wirkt die Erinnerung an eine starke Frau nach, die in 103 Jahren einen langen und wechselhaften Lebensweg souverän durchschritten hat. Mit Staunen blickt man auf ihre Zielstrebigkeit, ihre Disziplin und ihre Lebensfreude, ihre Weltoffenheit und Neugier – und darauf, wie sie aus allen ihren Erfahrungen systematisch einen pragmatischen Lösungsansatz für ihre beruflichen und lebenspraktischen Anliegen destilliert. Unabhängig davon, dass ihre politischen Ideale aus der heutigen Perspektive auch irritieren können, die unbeirrbare, sachliche Bescheidenheit Margarete Schütte-Lihotzkys verdient nicht nur Respekt, sie ist nachahmenswert.

li.: Margarete Schütte-Lihotzky hat ihr Leben und ihre Gedanken in zahlreichen Notizen und Beschreibungen festgehalten, wie hier in Radstadt 1977.

I
Die Anfänge in Wien

„Wir waren ein echt österreichisches Gemisch.“

Im Bestreben, den Vielvölkerstaat Österreich-Ungarn durch eine einheitliche Verwaltung zusammenzuhalten, haben die Habsburger einen riesigen bürokratischen Apparat geschaffen. Das Beamtentum ist mit Würde und Sicherheit verbunden, einmal aufgenommen, erfolgen Beförderungen in vorgeschriebenen Intervallen, bis man nach gewöhnlich dreißig Jahren in Pension geht.[1] Die väterliche Linie der Familie Margarete Lihotzkys ist fest in dieser Tradition verankert. Der Urgroßvater Franz Lihotzky (1791–1852) war Bürgermeister von Czernowitz, der Hauptstadt der Bukowina. Der Großvater Gustav Lihotzky (1817–1900) ist im Dienst der K.-u.-k.-Monarchie zunächst Richter in seiner Geburtsstadt Czernowitz und beendet seine Karriere als Hofrat im Justizministerium in Wien. Für den Entwurf eines Witwen- und Waisengesetzes wird ihm der Leopold-Orden verliehen, das dazugehörige Adelsprädikat „von" lehnt er jedoch ab.[2] Margaretes Vater Erwin Lihotzky (1856–1923) tritt in die Fußstapfen seiner Vorfahren und arbeitet als Staatsbeamter in der Verwaltung des Wiener Stadterweiterungsfonds.

Auch der mütterliche Familienzweig wurzelt seit drei Generationen in der traditionellen Sicherheit der Habsburgermonarchie. Margaretes Mutter Julie (1866–1924) ist eine geborene Bode, aus deren deutscher Linie einige bedeutende Intellektuelle hervorgegangen sind. Unter anderem ist sie mit dem Berliner Kunsthistoriker und Mitbegründer des modernen Museumswesens Wilhelm von Bode verwandt, nach dem das Bode-Museum auf der Berliner Museumsinsel benannt ist.[3] Der Großvater mütterlicherseits Rudolf Bode (1837–1920) ist Direktor der Ersten Wiener Baugesellschaft und Träger des Franz-Josephs-Ordens.[4]

Im großväterlichen Haus im fünften Wiener Gemeindebezirk, in dem auch die junge Familie Lihotzky wohnt, herrscht laut Margarete Lihotzkys Beschreibung „die kulturelle Atmosphäre des gebildeten Bürgertums der Monarchie".[5] Das Haus von Rudolf Bode ist „voll von Bildung, aber frei von jeglicher materieller Protzerei oder geistigem Hochmut".[6] Mit ihrer vier Jahre älteren Schwester Adele (1893–1968), genannt Dele, darf

S. 9: Die Sommerfrische 1899 verbringt die Familie Lihotzky am Achensee. Margarete steht neben ihrer Mutter Julie, vorne im Boot sitzt Schwester Adele, die Ruder hält der Vater, Erwin Lihotzky.

sie schon als Kind an den Musikabenden teilnehmen, die Großvater Bode regelmäßig veranstaltet. Einmal im Jahr wird ein Kinderball ausgerichtet, es wird Theater gespielt und gesungen. Auch Margaretes Vater Erwin Lihotzky ist sehr musikalisch. Er spielt so gut Geige, dass er ursprünglich sogar Konzertmusiker werden wollte.

Neben den kulturellen Aspekten hebt Margarete Lihotzky auch immer die liberale Haltung ihrer Eltern sowie deren Gemeinschaftssinn hervor. So besucht sie wie ihre Schwester zuerst die Volksschule und dann vier Jahre lang die einfache Bürgerschule, anstatt an eine der privaten Reformeinrichtungen zu gehen, die bei der damaligen Elite sehr beliebt sind. Als Margaretes politisches Interesse erwacht, gibt Julie Lihotzky ihr den Antikriegsroman von Bertha von Suttner zu lesen. „Waffen nieder" ist 1889 erschienen und beeindruckt Margarete sehr: „Wie es mich 1917 gerade während der großen Schlachten aufwühlte, kann ich kaum beschreiben. Sicher hat dieses Buch mich für das ganze weitere Leben beeinflusst."[7] Das Buch mag sie beeinflusst haben, aber sie ist natürlich bereits durch das Vorbild ihrer Mutter geprägt. Julie Lihotzky ist eine sozial engagierte, pazifistisch eingestellte Frau, die bis zum Ersten Weltkrieg in Frauenorganisationen aktiv ist – wodurch sie Bertha von Suttner auch persönlich kennt. Während des Ersten Weltkriegs arbeitet Julie Lihotzky beim Roten Kreuz und später beim Jugendgericht. Eine Tätigkeit, die einem Grundethos entspringt, mit dem sie Verantwortung für ihre Mitmenschen übernimmt.

Die vielen Familienanekdoten, die Margarete Lihotzky noch bis kurz vor ihrem Tod mit fast 103 Jahren auf eine wienerisch-charmant-schnodderige Art erzählt, spiegeln eine durchgehende Geisteshaltung der Familienmitglieder wider, in der Eitelkeit keinen Platz hat, sondern mit selbstironischem Ton abgetan wird – man kann auf *etwas* stolz sein, aber nicht auf *sich*. Dazu passt die Erzählung über den Großvater Lihotzky, der als junger Richter in Czernowitz schockiert ist über die dort herrschende Korruption. „Die Bauern haben Eier gebracht, die Reichen haben Geld gegeben, damit der Richter so richtet, wie es ihnen passt. Und da hat er meine Großmutter am Traualtar schwören lassen, dass sie keine Geschenke annimmt", wie Margarete Lihotzky 1997 in einem Interview erzählt, mit dem Zusatz, dass ihr das sehr imponiert habe. Unprätentiös trifft die Lebenseinstellung der Familie Lihotzky vielleicht am besten.

Prägungen

> „Wir, die wir in Wien geboren waren, (...) genossen die herrliche Stadt, die so voller Eleganz und schön war, und dachten keinen Augenblick daran, dass das Licht, das über ihr strahlte, das eines farbigen Sonnenuntergangs sein könnte.“[8]

Um 1900 ist Wien geprägt von Gegensätzen: Während sich an der prachtvollen Ringstraße Palais, Theater, Cafés und Museen aneinanderreihen, herrscht in den Vorstädten bittere Armut und Wohnungsnot. Die meisten Arbeiterfamilien leben in unerträglich beengten Verhältnissen, die noch nicht einmal dem Mindestmaß an Wohnraum entsprechen, der für Gefängnisse vorgeschrieben ist.[9] Wer eine Wohnung hat, wie klein auch immer, nimmt zusätzliche Mitbewohner auf, um Miete zu sparen. Margarete Lihotzky beschreibt die prekären Umstände: „1869 wohnten 37 Prozent der Arbeiter als sogenannte Bettgeher bei Unternehmern. Nur für ein Bett, das oft abwechselnd benutzt wurde, zahlten sie bis zu 25 Prozent ihres Lohns. (...) 1907 zählte man über 66.000 Bettgeher in Wien und 22 Prozent aller Wiener Wohnungen beherbergten Untermieter oder Bettgeher. Chaotisch entstanden zur Zeit der frühen Industrialisierung die großen Zinskasernen in den Arbeiterbezirken, jene Zinskasernen mit elenden Höfen ohne Licht und Luft, mit den berüchtigten

Margarete (vorne links) mit Freundinnen und ihrer Schwester Adele (vorne, vierte von links) 1909 beim alljährlichen Kinderball.

Gangküchenwohnungen, mit für mehrere Familien gemeinsamen Aborten, mit Wasserzuführung nur am gemeinsamen Gang. Als Folge der schrecklichen Wohnungsverhältnisse nistete sich die Tuberkulose in Wien ein wie kaum in einer anderen Stadt Europas. Sie blieb *die* Volkskrankheit bis weit in die 1920er Jahre. (...) 1912, kurz vor dem Ersten Weltkrieg, wurden in Wien 96.000 Menschen in Obdachlosenasyle eingewiesen, darunter 20.000 Kinder."[10]

Die Wohnungsnot und Armut der Arbeiter ist die negative Seite der Dynamik der industriellen Revolution. Doch die Vorstädte sind eine Welt, die niemand aus den bürgerlichen Schichten je zu sehen bekommt. Die Wiener Gesellschaft bestehend aus Adel, Großbürgertum und Beamten lebt im Zentrum und den Villenvierteln rund um das Belvedere und an den Hängen des Wienerwalds. Hinter den Fassaden der Palais ist eine Vier- bis Fünfzimmerwohnung Standard, aber auch Zehnzimmerwohnungen mit Empfangsraum, Esszimmer, Bibliothek, Musik-, Wohn- und einem Damen- sowie Herrenzimmer sowie Schlaf-, Kinder-, Gäste- und Badezimmer sind keine Seltenheit.

Auch Margarete Lihotzky wächst in diesem Sinne behütet im fünften Wiener Gemeindebezirk auf, sie ist allerdings nicht ahnungslos, was die Lebensumstände und Bedürfnisse der weniger privilegierten Bevölkerung betrifft. Ihr Vater geht regelmäßig auf politische Veranstaltungen, wie die Kundgebungen der Wiener Arbeiterschaft am 1. Mai, und nimmt seine Tochter mit. „Ich erinnere mich, dass mein Vater mit mir auf die Ringstraße gegangen ist, am 1. Mai. (...) Ich erinnere mich noch, dass er mich an der Hand geführt hat und über die Ringstraße kleine Trupps gezogen sind mit roten Fahnen."[11] Auch als im November 1918 vor dem Parlament die Republik ausgerufen wird, lässt er sich das nicht entgehen. Margarete begleitet ihn, um begeistert die Proklamation der neuen Staatsform zu begrüßen.

Im Ersten Weltkrieg, als Julie Lihotzky sich beim Roten Kreuz engagiert, begleitet Margarete ihre Mutter zum Sanitätsdienst und erlebt hautnah das Leid der Kriegsversehrten, die am Nordbahnhof ankommen: Dort steht sie 1914 Spalier, „als der erste Transport Schwerverwundeter ankam. Teilweise auf Tragbahren liegend, oder gestützt auf Kameraden,

Bis 1914 lebt Margarete mit ihrer Familie im großväterlichen Haus in der Blechturmgasse im fünften Wiener Gemeindebezirk. Die Aufnahme aus dem Jahr 1899 zeigt Vater Lihotzky mit seinen Töchtern im Garten. Auf dem Balkon sitzen mehrere Damen, darunter auch Julie Lihotzky, die das Bild ihrem Mann widmet: „Prosit-Namenstag!“

zogen mit weißen Mullbinden bis zur Unkenntlichkeit verhüllte Krüppel an uns vorbei. Damals war ich 17 Jahre alt. Ich begann den Krieg zu hassen.“[12]

Dann muss das schöne Haus in der Blechturmgasse im fünften Bezirk aus finanziellen Gründen verkauft werden. Die Eltern Lihotzky ziehen mit ihren beiden Töchtern in eine Wohnung in der Hamburgerstraße 14 bei der Wienzeile im selben Bezirk. Mit dem Zusammenbruch der Monarchie verliert Erwin Lihotzky im Alter von 62 Jahren seine für sicher gehaltene und gut bezahlte Stelle in der Stadtverwaltung. Er beginnt als Vertreter zu arbeiten, um die Familie zu ernähren. Der Statusverlust setzt ihm wohl nicht sehr zu und ein überzeugter Monarchist ist er sowieso nie gewesen. Er nimmt die berufliche Wendung gelassen und sieht ihre Vorteile: Die Arbeit als Beamter hat ihn gelangweilt, nun trifft er viele Menschen und ist mittendrin in der sich politisierenden Stadt mit all ihren Stimmungslagen. Eines Tages kommt er ganz glücklich nach Hause und ruft: „Kinder, jetzt werden uns die Motten ernähren. Heuer ist ein Mottenjahr prophezeit.“[13]

Ihre persönliche Lebenswirklichkeit ist für Margarete Lihotzky also bereits 1914 keine Selbstverständlichkeit, sie zeigt Risse und ihr ist bewusst, dass die Situation für sehr viele Menschen deutlich schlechter ist. Sie ist von früher Jugend an mit den drei zentralen Fragen konfrontiert, die zu den wegweisenden politischen und gesellschaftlichen Veränderungen in Wien führen und in ihrem Leben eine zentrale Rolle spielen werden: Aus dem Ende der Monarchie resultiert die Demokratiefrage. Durch die Industrialisierung entsteht die soziale Frage und aus den veränderten Arbeits- und Lebensbedingungen ergibt sich die Frauenfrage.

Das Reich der Habsburger ist, wie das monarchische System allgemein, in die Jahre gekommen. Rückblickend haben die zahlreichen Reformversuche und auch die Einführung der konstitutionellen Monarchie ihren Untergang nicht verhindert, sondern im Gegenteil begünstigt. Der Gedanke, dass Zugeständnisse an Selbstbestimmung und Mitbestimmung des Volkes zu Loyalität führen würden, erscheint wie ein idealistischer Blick durch die Brille der Aristokratie, der die Vorstellungskraft fehlt, dass ihr über Jahrhunderte gültiges Recht auf Machtausübung bereits durch die Infragestellung dem Untergang geweiht ist. Jedes „Zugeständnis" öffnet die Tür zu neuen Forderungen. Das Volk hat seine Macht entdeckt.

All das ist eng mit dem Übergang vom vorindustriellen Zeitalter zur Industriegesellschaft verbunden. Im vorindustriellen Zeitalter gelten die Regeln einer standesgebundenen Gesellschaftsordnung. Gleich ob Bauer, Handwerker, Beamter oder Aristokrat – man ist, als was man geboren wird. Innerhalb der einzelnen Schichten herrscht ein großes Gemeinschaftsgefühl, das auf gemeinsamen Werten, Zusammenhalt und gegenseitiger Unterstützung basiert. Die Frage der individuellen Werte, Rechte und Pflichten bekommt erst dadurch mehr Bedeutung, dass die Industrialisierung eine anonyme, kapitalistische, von Wettbewerb geprägte Gesellschaft hervorbringt. Die eigene Leistung wird zum Distinktionsmerkmal – nun ist man, was man leistet. Für diese neue Ordnung müssen die Regeln erst gefunden werden und sie stellt eine enorme Herausforderung für jeden Einzelnen dar, denn die theoretische Möglichkeit, erfolgreich zu sein, kann praktisch nicht von jedem umgesetzt werden. Der Bauer, der seine Zukunft nun in der Stadt sieht, ist mit seiner Zuversicht nicht alleine. Die Industrie braucht Arbeiter, doch die Landflucht nimmt so enorme Ausmaße an, dass die Städte vom Zustrom an Menschen überfordert sind. Die soziale Frage wird zu einer der drängendsten Fragen zu Beginn der Industrialisierung. Das immer größer werdende Prekariat ist zum überwiegenden Teil nicht in der Lage, sich selbst zu helfen – die arbeitsgebenden Unternehmer brauchen ein Regulativ, die Stadt benötigt ein soziales Bau-, Versicherungs- und Entwicklungsprogramm, die Gesellschaft bedarf eines Leitfadens. Die Politik ist gefragt.

Ausbildung

„Hätte ich nochmals zu wählen, ich würde wieder Architektin werden."

1911 geht Margarete Lihotzky ohne einen höheren Abschluss von der Schule ab, denn der wird Mädchen damals noch genauso verwehrt, wie auch die beruflichen Entwicklungsmöglichkeiten für Frauen beschränkt sind. Ihre Schwester hat vier Jahre zuvor entschieden, Lehrerin zu werden, doch für Margarete ist das keine Option. Die Eltern beschließen daher, der Vierzehnjährigen ein Orientierungsjahr zu gewähren, in dem sie ihr zeichnerisches Talent weiterentwickeln soll. Eine konkrete berufliche Zukunft haben sie damit wohl nicht vor Augen, denn Frauen wird im Bereich der kreativen Berufe noch jede Kompetenz abgesprochen. Über den Status der Muse oder Dilettantin kommen sie nicht hinaus, aus der ernst zu nehmenden bildenden Kunst, Literatur und Musik werden sie ausgegrenzt oder diffamiert, wenn der Erfolg sich wider Erwarten doch einstellt.[14] Der Philosoph Otto Weininger, dem eine zentrale Stellung innerhalb der frauenfeindlich-zeitgenössischen Geschlechterforschung zukommt, konstatiert 1903: „In der Tat gehört viel Milde und Laxheit dazu, [Künstlerinnen oder Literatinnen] auch nur ein Titelchen von Bedeutung beizulegen. Es genüge die allgemeine Feststellung, dass keine einzige und allen (selbst den männlichsten) Frauen der Geistesgeschichte auch nur mit männlichen Genien fünften und sechsten Ranges, (…) in concreto wahrhaft verglichen werden kann."[15]

Margarete nutzt zunächst also ohne konkrete Zielsetzung ihr Jahr Privatunterricht beim Wiener Maler Maierhofer auf der Wiedner Hauptstraße und eignet sich die zeichnerischen Grundtechniken an. In ihren figuralen Porträts in Kohle und Aquarell wird ihr Talent deutlich sichtbar, doch als sie ihren Eltern mitteilt, im Anschluss die Kunstgewerbeschule besuchen zu wollen, bestehen diese auf eine wenigstens etwas bodenständigere Variante: Zwei Jahre k. k. Graphische Lehr- und Versuchsanstalt. Dort lernt sie laut eigener Aussage Kopf-, Akt- und ornamentales Zeichen und begeistert sich vor allem für das technische Zeichnen. Ihr gefallen die hohen Anforderungen an Präzision und die Vorstellung, etwas zu zeichnen, das sich dreidimensional verwirklichen lässt. Ihr Talent ist offensichtlich und auch die Eltern sind nun überzeugt, dass ihre Tochter auf dem richtigen Weg ist: Margarete darf sich für die Aufnahmeprüfung zum Wintersemester 1915 an der Kunstgewerbeschule des k. k. Österreichischen Museums für Kunst und Industrie (heute: Universität für angewandte Kunst) anmelden. „Obwohl ich noch keine Ahnung hatte, welchen Beruf ich ergreifen wollte, obwohl mir die Lehrer [Josef Hoffmann, Oskar Strnad und Heinrich Tessenow], die die Atmosphäre der Schule zu meiner Zeit prägten, völlig unbekannt waren, so war es dennoch mein größter Wunsch, in diese Schule aufgenommen zu werden.“[16]

Im Jahr 1915 bewerben sich zweihundert Kandidaten für die Aufnahmeprüfung, doch nur vierzig werden zugelassen. Entsprechend nervös sind Julie und Erwin Lihotzky. Da Protektion in der Monarchie alles ist, entschließen sie sich, ihre Beziehungen spielen zu lassen, denn wenn sich ihre Tochter schon bewirbt, dann soll sie auch angenommen werden. Julie Lihotzky ist mit Emilie Flöge befreundet, die Gustav Klimt nahesteht. Diese bittet sie, dem berühmten Künstler Zeichnungen von Margarete vorzulegen, um ein Empfehlungsschreiben an den Direktor der Schule Alfred Roller zu bekommen, mit dem nun wiederum Klimt befreundet ist. Margarete erinnert sich: „Das Brieflein ließ freilich auf sich warten, der Klimt musste wiederholt gemahnt werden, der Tag der Prüfung ist herangekommen, aber kein Brieferl, na, ich war nicht unglücklich, wollt ja nicht so ein Brieferl hinterlegen.“[17] Das Empfehlungsschreiben wird dann doch noch bei den Eltern abgegeben, allerdings erst, als Margarete bereits in der Prüfung sitzt. Auf einer Visitenkarte hat Klimt notiert:

Lieber Roller,
zu meinem Leidwesen bin ich gezwungen, die Überbringerin Dieses zu empfehlen. Bitte handle ganz nach deinem Gutdenken.
Dein Gustav Klimt

Margarete (vorne Mitte) als junge Studentin 1919 mit ihrer Klasse an der Kunstgewerbeschule in Wien.

Dieses Schreiben wird dem Direktor natürlich nie überreicht, das ist aber auch nicht nötig: „Na, ich bin ohne Klimt auch aufgenommen worden.“[18]

Margarete kommt in die Vorbereitungsklasse von Professor Oskar Strnad. Wie es der Lehrplan vorschreibt, erlernt sie in den ersten Jahren die Grundlagen der Fächer Architektur, Bildhauerei, Keramik, Textil und Mode. Erst nach dem dritten Jahr ist eine berufliche Spezialisierung vorgesehen. In den ersten beiden Jahren schwankt Margarete noch zwischen Illustrationszeichnerin und Möbelzeichnerin, aber am meisten faszinieren sie die Architekturstudenten. In ihren Augen fertigen sie mit jedem Millimeter, den sie zeichnen, etwas Sinnvolles an, denn die Umsetzung ihrer Entwürfe wird die tägliche Umgebung von Menschen beeinflussen. Wie schon in den Kursen zu technischem Zeichnen gefällt ihr die Präzision und die Entwicklung des Dreidimensionalen mit dem Zeichenstift. Allerdings hat sie intuitiv noch etwas Wesentliches erfasst, das sich in ihr Selbst- und Weltbild einfügt: der politische Aspekt der Architektur, mit der sich das Leben von Menschen verbessern lässt. Sie beschließt, Architektin zu werden.[19]

An der Schule ist man zunächst ratlos, denn Margarete lässt sich nicht abwimmeln, wie andere Frauen vor ihr. Josef Hoffmann nimmt grundsätzlich keine Studentinnen in seine Architekturklassen auf, denn er ist der Meinung, dass Frauen ohnehin heiraten, „und dann hören sie mit dem Architekten auf. Das lohnt nicht der Mühe“.[20] Über diese Einstellung kann sich Margarete Lihotzky noch Jahre später empören, sie findet sie ungerecht und zeitfremd. Auch Oskar Strnad ist skeptisch, obwohl er seine Studentin durchaus schätzt. „Offensichtlich hielt er das für eine vorübergehende Idee eines unreifen Mädchens, die er mir auszureden hatte. Humoristisch und mit allen möglichen, phantasievollen Ausschmückungen schilderte er, mit welchen Schwierigkeiten er als Mann zu kämpfen hatte und wie schwer dieser Beruf für ein junges, weibliches Wesen sein müßte.“[21] Es kann sich einfach niemand vorstellen, dass eine Frau tatsächlich Häuser bauen will oder kann und noch viel weniger, dass jemand eine Frau damit beauftragen würde. „Jeder hat es mir ausreden wollen (…). Nicht weil sie so reaktionär waren, sondern weil sie geglaubt haben, ich werde dabei verhungern, kein Mensch wird sich von einer Frau ein Haus bauen lassen.“[22]

Margarete Lihotzky lässt sich nicht umstimmen und so beginnt Oskar Strnad ihr architektonisch immer herausfordernde Aufgaben zu stellen:

vom Entwurf eines Toilettetischchens bis zum Haus für einen Schuster mit Wohn- und Arbeitsräumen. Für alles muss Margarete Grund- und Aufriss sowie Schnitte mit exakten Maßen zeichnen, sodass die Entwürfe auch hätten realisiert werden können. Oskar Strnad ist ein Glücksfall für Margarete Lihotzky. Zunächst ist er als Einziger bereit, eine Frau auszubilden, schließlich erkennt er ihr Talent und beginnt sie zu fördern – in ihm hat Margarete ihren Mentor gefunden. Ihre Laufbahn als sozial engagierte Architektin nimmt ihren Anfang durch ihn. „Wäre ich damals nicht bei Strnad in die Vorbereitungsklasse eingewiesen worden, ich wäre nie auf die Idee gekommen, Architektin zu werden. Vor allem aber wäre ich ein anderer Mensch geworden.“[23]

Oskar Strnad und die soziale Frage

„Als ein künstlerisch völlig unverbildetes Wesen nahm ich alles, was mir begegnete, zwar aufgeschlossen, doch kritiklos in mich auf."

Diese Selbsteinschätzung machte Margarete Lihotzky in ihrem Buch „Warum ich Architektin wurde". Die Formulierung ist aufschlussreich: Sie schreibt nicht ung*e*bildet, sondern un*ver*bildet – eine Referenz an ihren Lehrer. „Ich konnte nicht begreifen, dass andere, die viel mehr konnten als ich, nicht aufgenommen worden waren. Viel später habe ich das Strnad erzählt. Er lachte: ‚Ja, das ist es gerade. Ich will nur junge Menschen in die Hand bekommen, die noch nicht durch irgendwelche *Kunst*-Schulen verbildet worden sind. So, wie man nur weichen Ton kneten kann.'"[24]

Oskar Strnad ist ein hervorragender Pädagoge, der seinen Schülern die Komplexität der Formfindung über Zusammenhänge vermittelt: Jede Form hat eine Funktion, die sich über den Inhalt definiert. Wer sinnvoll gestalterisch entwerfen möchte, muss diesen Aspekt zwingend beachten – für Strnad ist das nicht nur eine Lehrmeinung, es ist lebenspraktisches Gesellschaftsengagement. Damit auch seine Studenten nicht lebensfern theoretisieren, ermutigt er sie, an Ausstellungen mitzuwirken, und befürwortet ihre Teilnahme an Architekturwettbewerben. Während des Ersten Weltkrieges etwa initiiert er die Ausstellung „Einfacher Hausrat" am Museum für Kunst und Industrie (heute MAK). Die Schau zeigt

Möbelentwürfe, die Alternativen zu der üblichen Händlerware darstellen, weil sie den gewandelten Lebensbedingungen durch Krieg und Zerstörung Rechnung tragen. Die Möbel sollen praktisch, handwerklich solide und günstig sein – moderne Gebrauchsgegenstände für alle. Ein Ansatz, der im Jahr 1916 einem Paradigmenwechsel in Wien gleichkommt – in dem nach wie vor der Geist der Wiener Werkstätte mit ihrem hohen künstlerischen Anspruch herrscht –, und der der harten Realität Rechnung trägt: Der Hungerwinter 1916/17 hat die Bevölkerung zermürbt, das Wohnungselend hat sich während des Krieges verschlimmert. Die Arbeiter gehen in Massen auf die Straße, halten Streiks ab und stehen für ihre Interessen ein. Eine Massenbewegung setzt sich in Gang, die 1918 in Österreich-Ungarn 700.000 Arbeiter mobilisiert und die Grundlage für eine sozialdemokratische Entwicklung in Österreich nach dem Krieg schafft.

Margarete Lihotzky nimmt die Aufstände als zwanzigjährige Studentin wahr und nutzt die Gelegenheit sich zu engagieren. 1917 ist an der Schule ein Wettbewerb für Arbeiterwohnungen ausgeschrieben, an dem sie teilnehmen möchte. Strnad rät ihr, sich zuallererst mit der Lebensrealität der Arbeiter vertraut zu machen, sozusagen den „Inhalt" zu erkunden, ehe sie sich eine „Form" ausdenkt: „Gut. Aber bevor Sie damit anfangen, gehen Sie hinaus in die Arbeiterbezirke und sehen Sie sich an, wie die Arbeiter bei uns heute wirklich wohnen und leben."[25] *Wohnen* und *leben* wohlgemerkt. Das eine bedingt das andere, wie Margarete zum ersten Mal in ihrem Leben nicht nur ahnt, sondern sieht – eine Erfahrung, die ihren Wunsch festigt, mit Architektur positiv auf das Leben von Menschen einzuwirken. Die soziale Frage ist die Antwort auf ihre Gewissensfrage, wie sie ihre privilegierte Herkunft und ihre Ausbildung sinnvoll für das Gemeinwohl einsetzen kann: „Ich ging, ich sah und ich erfuhr von der unvorstellbaren Wohnungsnot der Wiener Arbeiter während des Ersten Weltkriegs. (...) Ich kannte noch nicht den großartigen Ausspruch Heinrich Zilles: ‚Man kann einen Menschen mit einer Wohnung ebenso töten wie mit einer Axt', aber genau das empfand ich. (...) Neben meiner Schicht von Bürgerlich-Intellektuellen und neben den Menschen, die sich jenseits der Klassen als eine Elite betrachteten, lebte in Wien eine Volksschicht von Hunderttausenden Menschen ihr angespanntes, mir bis dahin

Oskar Strnad legt das Fundament für Margaretes Berufsethos. Er vermittelt ihr die Wichtigkeit des funktionalen und sozialen Bauens, ist ihr Lehrer und Mentor und prägt ihre Arbeit als Architektin maßgeblich.

unbekanntes Leben. Über die Ursache ihres Elends war ich mir damals nicht im Klaren, doch wollte ich einen Beruf ergreifen, durch den ich zur Linderung dieser Not beitragen konnte."[26]

Margarete Lihotzky reicht ihren Entwurf für eine „Wohnküche in der äußeren Vorstadt" ein. Die Küche ist damals der zentrale Raum jeder Arbeiterwohnung, denn sie ist das einzige beheizte Zimmer. In ihr wird gekocht, gegessen, gelebt und – durch die beengten Verhältnisse – oft auch geschlafen. Darüber definiert sich ihre Form. Auf engstem Raum gliedert Margarete die nötigen Zimmer für eine vierköpfige Familie an, mit der Wohnküche als Zentrum. Fünf mal fünf Meter misst der quadratische Raum, in dem sich das Leben abspielt. Der Herd dient gleichzeitig als Ofen, eine Eckbank mit Tisch ist der Versammlungsort, Kästen und Regale sorgen für Ordnung und sind multifunktional: So kann zum Beispiel die Badewanne im separaten Abwaschraum mit einer Abdeckung in einen Arbeitstisch verwandelt werden. Bereits bei diesem ersten Entwurf berücksichtigt die junge Architekturstudentin wesentliche Aspekte des sozialgerechten Bauens, um ein harmonisches, ästhetisches und gesundes Leben zu ermöglichen: kostengünstiges Material, optimale Raumnutzung, praktische und einfach zu reinigende Möbelelemente. Margarete Lihotzky ist die einzige Frau, die an dem Wettbewerb teilnimmt, und beweist schon mit dieser ersten komplett selbstständig durchgeführten Arbeit, dass sie sich gegen ihre männlichen Konkurrenten durchsetzen kann: Die Handels- und Gewerbekammer Wien zeichnete ihren Entwurf mit dem Max-Mauthner-Preis aus.[27]

Im Sommer 1918 schließt Margarete Lihotzky als erste Architekturstudentin der Kunstgewerbeschule ihr Studium erfolgreich ab und wird für den Sommer von Oskar Strnad als Assistentin in seinem Architekturbüro übernommen, anschließend hospitiert sie für ein weiteres Jahr in seiner Architekturklasse. Durch ihre neuen Aufgaben erwirbt Margarete in den Jahren 1918/19 praktische Erfahrungen in einem neuen Bereich der Architektur: Strnads größter Auftrag in dieser Zeit ist der Entwurf eines Schauspielhauses für Max Reinhardt. Margarete vergrößert die Pläne ihres Professors und erhält Einblick in die Welt des Theaters mit all seinen Abläufen, aber auch in den fantasievollen Aspekt der Theaterarchitektur.

Als zweites großes Projekt ist sie mit der Planung eines „Kulturmahnmals“ beschäftigt. Als der Musikwissenschaftler Eduard Hanslick in einem Gespräch mit Oskar Strnad bemängelt, dass „[es] in jedem Dorf heut’ ein Kriegsdenkmal [gibt]; man sollte für das Geld – zum Gedenken an die Toten zur Friedenserziehung – ein Kulturdenkmal errichten“[28], vertraut Strnad diese Aufgabe Margarete Lihotzky an. Obwohl klar ist, dass ein solches Denkmal nie errichtet werden würde, oder vielleicht auch gerade deswegen, entwirft Margarete ein visionäres Kulturzentrum mit Museen, Theater- und Konzertsälen, einer Bibliothek und Veranstaltungsräumen, die in einem turmartigen Gebäude angeordnet sind. Auf einer schneckenförmigen Rampe, ähnlich der Aufgangslösung, die man heute aus dem Guggenheim-Museum von Frank Lloyd Wright kennt, „sollte man von unten nach oben die gesamte Kulturgeschichte durchwandern – vom Alten Ägypten bis zur Moderne“.[29] Zwar wird der Entwurf nicht umgesetzt, erhält aber doch finanzielle und ideelle Anerkennung: Die Gesellschaft zur Förderung der Kunstgewerbeschule zeichnet ihn mit dem Lobmeyer-Preis aus, der mit 1.200 Kronen dotiert ist. In Zeiten der Inflation entspricht das zwar einer Kaufpreisparität von nur etwa 240 Euro.[30] Doch das Leben in der von Mangel an Nahrung und Heizmitteln gezeichneten Nachkriegszeit ist teuer, die Familie Lihotzky ist auf jeden Heller angewiesen. Vater Lihotzky erhält nur eine kleine Rente und sein Verdienst als Vertreter ist schwankend. Mutter Lihotzky arbeitet für kleines Geld am Jugendgericht und auch Adeles Lehrerinnengehalt ist keine große Entlastung.

Als sich für Margarete die Chance ergibt, für den Wiener Architekten und Kunstgewerbler Robert Oerley zu arbeiten, greift sie zu. Oerley ist nach dem Ersten Weltkrieg an der Errichtung einiger großer Gemeindebauten der Stadt Wien beteiligt, was von großem Interesse für die junge Architektin ist. Aber Oerley ist auch der Sezession sehr verbunden und ein Verfechter der ornamentalen Formensprache des Jugendstils. Damit gehört er zu einer Architektengeneration, mit der sich Margarete Lihotzky nicht mehr identifiziert. Nach wenigen Wochen zeigt sich, dass die Zusammenarbeit keine Zukunft hat. Margarete verfolgt konsequent ihren Weg, kündigt und macht sich 1919 selbstständig. Ihr erstes eigenes Atelier hat eine mondäne Adresse: Mit Auflösung von Teilen der k. u. k. Verwaltungseinrichtungen sind in der Neuen Hofburg zahlreiche Amtszimmer verwaist. Margarete Lihotzky bezieht einen dieser Räume, den sie während der weiteren Jahre ihrer Architektinnenlaufbahn in Wien als Büro nutzen wird.

Bereits die Entwürfe aus der Anfangszeit als freie Architektin tragen die typische Handschrift Margarete Lihotzkys: systematisch, effizient, kostenbewusst, raumoptimierend, typisierend und somit tauglich für die Massenproduktion. Sie entwickelt Einheitsmöbel, Küchen inklusive Einrichtung und zerlegbare Holzhäuser. Für Letztere ist sie von dem Wiener Bauunternehmen Ing. Franz & Co. beauftragt, Fertigbauhäuser zu entwerfen, die in Wien fabriziert werden sollten, um dann für den Wiederaufbau nach Nordfrankreich transportiert und dort errichtet zu werden. Sie entwickelt vier verschieden große Haustypen, die als Reihenhäuser geplant sind. Ob sie jemals ausgeführt wurden, ist unklar.

Die ersten Jahre nach dem Krieg

„Das erschreckende Wohnungselend vor 1914 verschärfte sich durch den Krieg zusehends. Vier Jahre hindurch wurde nichts gebaut und nichts restauriert.“

Es ist eine schwierige Zeit. Der Wiederaufbau nach dem Krieg ist zwar in ganz Europa ein drängendes Anliegen und auch die soziale Frage ist noch lange nicht gelöst, doch die Bauaufträge dafür sind schwer zu bekommen. Darum entschließt sich Margarete im Dezember 1919, ihre Schwester Adele auf eine Reise nach Holland zu begleiten. Die Hungersnot in Wien ist auf ihrem Höhepunkt, aber in Holland, das nicht in den Krieg eingetreten ist, herrscht kein vergleichbarer Mangel. Im Auftrag eines Hilfskomitees fahren die Schwestern mit hungernden Wiener Kindern für ein halbes Jahr zur Erholung nach Rotterdam – eine Reise mit positiven Nebenaspekten für Margarete: In den 1920er-Jahren gilt Amsterdam als Mekka der modernen Architektur und die Niederlande allgemein als fortschrittlich in Sachen Städtebau. In allen großen Städten existierten bereits genossenschaftliche Arbeitersiedlungen, die sich Margarete in ihrer freien Zeit ansieht. Wobei – viel Freizeit hat sie nicht, denn ihr selbstauferlegtes Programm ist straff. Vormittags gibt sie den sechs bis sieben Jahre alten Kindern Zeichenunterricht, und es zeigt sich, wie sehr sie die Lehrmethoden ihres Professors verinnerlicht hat: Sie lehrt die Kinder, sich auf einen Gegenstand zu konzentrieren, indem sie ihn eingehend betrachten. Dann

In den schwierigen Nachkriegsjahren begleitet Margarete ihre Schwester Adele 1919 im Auftrag eines Kinder-Hilfskomitees nach Holland. Dort gibt sie den Kindern Zeichenunterricht und besucht Lehrveranstaltungen.

erklärt sie so oft wie nötig, gleich ob zwei-, drei- oder auch viermal, jedem Kind Herstellungsweise, Material und Funktion, bis jedes Kind in der Lage ist, den Gegenstand aus dem Gedächtnis zu zeichnen. Darin sieht sie ihre Annahme bestätigt, dass jeder Mensch Zeichnen lernen kann, wenn ihm nur die Gelegenheit gegeben wird, den Gegenstand wirklich zu erfassen. Für sie ist das eine Frage des Wissens, keine Sache der Begabung.[31]

An den Nachmittagen arbeitet Margarete Lihotzky im Architekturbüro von Melchior Vermeer, wo sie vor allem Einfamilien-Reihenhäuser entwirft.[32] In den Niederlanden ist das 1920 die allgemein übliche Wohnform. Nur die Größe der Reihenhäuser spiegelt den Wohlstand wider: Wer weniger hat, lebt in einem der kleinen Einfamilien-, höchstens Zweifamilienhäuser, die sich dicht in Häuserzeilen aneinanderreihen. Extreme – Elendsquartier oder Villa – sind die Ausnahme: Die holländische Kultur ist offen, aber bescheiden. Und der Wohnbau ist stark vom Schiffsbau beeinflusst – typisch sind steile Treppen und kajütenartige Räume –, die Ökonomie des Raums steht vor repräsentativen Zwecken.

Während dieses kurzen Aufenthalts in Rotterdam lernt Margarete Lihotzky durch praktische Anschauung ganz Wesentliches, das ihr im Laufe ihrer Architektinnenlaufbahn immer wieder nützlich ist, sie erhält aber auch Einblick in eine wegweisende Theorie, die in Wien bis dato unbekannt ist: Sie besucht Vorlesungen von Hendrik Petrus Berlage, dem sogenannten „Vater der modernen Architektur“ in den Niederlanden, der vor allem für seine kubistischen Backsteingebäude, wie etwa das Gemeentemuseum in Den Haag, bekannt ist, sich in den 1920er-Jahren aber auch stark für stadtplanerische Themen engagiert. Wann immer er in Rotterdam Kurse dazu gibt, nimmt Margarete begeistert teil, denn die Makroperspektive auf die Planung einer Stadt ist ihr neu, in Wien ist sie damit noch nicht in Berührung gekommen. Sie ist jedoch sofort von der Bedeutung des ganzheitlich angelegten Städtebaus überzeugt: „Bis dahin hatte ich nur an die Probleme des Wohnbaus gedacht. Durch die Kurse bei Berlage fing ich an zu begreifen, welche Konsequenzen der Städtebau für Wohl und Wehe der Menschen haben kann.“[33]

Die Siedlerbewegung in Wien

„Da ist eine Frau unter den Teilnehmern!“

Zurück in Wien zeigt sich, dass Margarete Lihotzky zur richtigen Zeit am richtigen Ort war – und nun wieder ist. Sie hat in den Niederlanden Aspekte des Bauens kennengelernt, die ihr in Wien einen Vorsprung verschaffen. Hier beginnt man gerade erst, sich den Erkenntnissen der modernen Stadtentwicklung zu öffnen.

Margarete Lihotzky stürzt sich sofort nach ihrer Rückkehr 1920 wieder in die Arbeit und ergreift die sich bietende Gelegenheit beim Schopf: Gemeinsam mit dem Gartenarchitekten Alois Berger nimmt sie an einem Schrebergarten-Wettbewerb auf dem Schafberg im 17. Bezirk teil. Lihotzky konzipiert Holzhäuser aus standardisierten Elementen und wächst erneut über ihre männlichen Kollegen hinaus. Während der Kollege Berger für seine Lösung der Parzellierung und der Gartenpläne Kritik erfährt, kann Margarete Lihotzky die Jury überzeugen: „Der Hauptvorzug dieses Entwurfes liegt in den Baulichkeiten, welche in technischer und architektonischer Hinsicht wohl die beste Lösung unter allen Wettbewerbern darstellt. Die Hütten und Wohnlichkeit sind im Grundriss und Aufriss sehr gut gelöst und es ist auf eine einfache, ökonomische Herstellungsmöglichkeit Rücksicht genommen. (...) Wir beehren uns, Ihnen dieses Ergebnis mitzuteilen und Sie zu der sehr interessanten Lösung Ihrer Aufgabe aufs Wärmste zu beglückwünschen.“[34]

Das Erstaunen der Juroren ist groß. Die Entwürfe sind anonym, nur einer Namensliste können sie entnehmen, dass eine Frau unter den Teilnehmern ist. Bei der Sichtung der Entwürfe rätseln sie darüber, welcher denn der weibliche sein könnte. „Alle tippten auf einen Vorschlag mit romantisch verzierten Bauten, kitschig gemalten Perspektiven und dem Kennwort ‚Zurück zur Natur‘.“[35] Einer Frau hat niemand die rationalste

Brettldörfer wie diese entstehen in der Zeit der großen Wohnungsnot nach dem Ersten Weltkrieg rund um Wien. So provisorisch sie auch sind, bieten sie ihren Erbauern und Bewohnern doch mehr Lebensqualität als die überfüllten Zinskasernen.

Lösung zugetraut, kein männlicher Kollege ist auf die Idee gekommen, mit normierten Baubestandteilen zu arbeiten, um eine kostengünstige Massenproduktion und serielles Bauen zu ermöglichen. Damit hat Margarete Lihotzky das Interesse des Siedlungsreferenten der Stadt Wien, Max Ermers, geweckt. Es folgen fünf produktive Jahre im Leben der Architektin.

Nach dem Ersten Weltkrieg sind die politischen Grundlagen dafür geschaffen, dass sich das höfisch geprägte Wien in das sozialdemokratische „Rote Wien" verwandelt. Die Republik wird zwar von der Christlichsozialen Partei regiert, doch im Wiener Land- als auch Gemeinderat hält sich die nächsten Jahre die Sozialdemokratische Arbeiterpartei Deutschösterreichs (SDAPDÖ). Eines der zentralen Anliegen der SDAPDÖ ist die Lösung der sozialen Frage im Wohnungsbau – zu der mittlerweile ein massives Problem hinzugekommen ist: Durch die verheerenden hygienischen Zustände in den Arbeiterbezirken breiten sich Infektionskrankheiten wie die Spanische Grippe und Tuberkulose epidemisch aus – die Tuberkulose grassiert in keiner anderen Stadt Europas so heftig wie hier.

Der Bürgermeister von Wien nimmt sich der Sache an und beweist ein gutes Händchen, im Februar 1919 den leidenschaftlichen Anhänger der Gartenstädte Dr. Gustav Scheu als Berater für das Wohnungswesen zu beauftragen. Dieser rät zu genossenschaftlich organisierten Siedlungsbauten mithilfe von Subventionen der Stadt. Doch ehe die Maßnahmen spürbar greifen, handeln die Menschen in Eigenregie. Bereits während des Krieges haben viele ohne Genehmigung Land in Besitz genommen, um Nahrungsmittel anzubauen. Kreativität aus der Not heraus führt nicht selten zu guten Lösungen: Die sogenannte „Siedlerbewegung" baut kurzerhand die Schuppen aus, die auf bereits vorhandenen Gemüse- und Obstgärten stehen, und macht sie bewohnbar, oder sie erschließen neues Gelände, indem sie die Hänge des Wienerwalds besiedeln. Für diese „Brettldörfer" gibt es zwar keine Baubewilligung, doch die Stadt ist machtlos angesichts der Massenbewegung, die effektiv das Wohnelend bekämpft.

Am 26. September 1920 findet eine erste Massendemonstration von 50.000 Siedlern und Kleingärtnern statt. Sie fordern „Wohnen im Grünen" statt der Unterbringung in einer verwahrlosten und überfüllten Zinskaserne. Die Sozialdemokratische Partei beginnt die Verstimmung und Abwendung von Wählern zu fürchten und beschließt, trotz Vorbehalten, die Bewegung stärker zu unterstützen, um das wilde Siedeln zu beenden. Der politisch engagierte Volkswirtschaftler Otto Neurath setzt sich an die Spitze der Siedler, die sich nun genossenschaftlich engagieren. Er wird der erste Generalsekretär des Verbandes für Siedlungs- und Kleingartenwesen. Die Stadt Wien richtet einen Wohn- und Siedlungsfonds ein, es wird ein Siedlungsplan erarbeitet, in Vorträgen wird Volksaufklärung betrieben und viele weitere Bemühungen werden unternommen, um die Stadtentwicklung geordnet und im Sinne des Gemeinwohls voranzutreiben. Als die Wiener Siedler am 3. April 1921 wieder auf die Straße gehen, übernimmt die Stadt die Schirmherrschaft der Bewegung. Vor dem Parlament ist eine Tribüne aufgebaut, auf der Vertreter der Sozialdemokratischen Partei und Mitarbeiter der neuen Institutionen der Bewegung den Menschenzug miterleben – unter ihnen auch Margarete Lihotzky.[36]

Seit Anfang 1921 arbeitet Margarete Lihotzky für die Erste gemeinnützige Siedlungsgenossenschaft der Kriegsinvaliden Österreichs, im Mai wechselt sie in das neu geschaffene Siedlungsamt der Stadt Wien. Sie ist unter den visionären, politisch aktiven, sozial engagierten Architekten, Stadtplanern und Ökonomen der Siedlerbewegung die einzige Frau – und doch vollkommen integriert und anerkannt. Adolf Loos etwa, der beileibe nicht dafür bekannt ist, Frauen zu fördern und ihre beruflichen Leistungen anzuerkennen, bescheinigt ihr reiche Kenntnisse, einen praktischen Verstand sowie Fleiß und Genauigkeit, mit der sie viele ihrer männlichen Kollegen in den Schatten stellt.[37]

Von Adolf Loos hat Margarete Lihotzky bereits während ihres Studiums gehört, doch seine Vorträge über Fragen, wie man sitzen, essen oder sich kleiden soll, interessieren sie überhaupt nicht. Der Baumeister und sein Kreis vertreten eine Lebensphilosophie, die Margarete ablehnt. In seine „Vorträge ging eine bestimmte Schicht der Gesellschaft, zu der ich nicht gehörte. Sie fanden bei Frau Dr. Eugenie Schwarzwald statt, die eine ziemlich fortschrittliche Schule für Kinder vermögender Eltern unterhielt. Das stieß mich ab. Ich hielt alles, was dort vorging, nicht für echt modern, sondern nur für vorübergehend modisch und vor allem für unsozial".[38] Als sie Loos im Herbst 1920 vorgestellt wird, setzt dieser sich ganz ohne den für ihn typischen, elitären Dünkel publizistisch für eine

Verbesserung der Lebensverhältnisse der Wiener ein und engagiert sich für den Aufbau des Siedlungsamtes. Es ist die einzige Phase in seinem Leben, die er in einem Anstellungsverhältnis verbringt. Seine sachliche Auffassung von Architektur deckt sich in vielem mit der von Oskar Strnad und Margarete Lihotzky und ist eine ideale Voraussetzung für die Planung und Errichtung der neuen Siedlungen.

Für Margarete wird Loos ein geschätzter Kollege und Gesprächspartner, von dem sie viel lernt, ohne jedoch seinem Charme zu erliegen, wie so viele andere. Sie wertschätzt ihn als Architekten und den Austausch mit ihm über architektonische Fragen, aber als Person bleibt er ihr suspekt. „Er war mir ein älterer Mensch der eigenen Generation, mit dem ich kameradschaftlich diskutierte wie mit einem Gleichaltrigen und dessen Argumente ich offen bejahte oder verneinte. Nie erlag ich seiner starken Persönlichkeit.“[39] Margarete Lihotzky ist keine weniger starke Persönlichkeit, wenngleich am anderen Ende des Spektrums. Ihr Sinn für soziale Not macht sie immun gegen Allüren, als „größter Bohemien von Wien“ beeindruckt Adolf Loos Margarete Lihotzky wenig. Dennoch, mit dem Abstand vieler Jahre, respektiert sie den Visionär Loos, schätzt das Zukunftsweisende seiner Leistung und die weltweite Bedeutung seiner Architektur – und sie blickt amüsiert auf seine Selbstinszenierung zurück: „In Paris hab ich ihn einmal gesehen. Da ist er mit einem zerrissenen Pyjama im Bett gesessen, mit einem seidenen natürlich.“[40]

Das große Ganze im Blick

> „Ich fühlte, was es bedeutet, ein winziger Teil einer unübersehbaren Masse zu sein, deren Gedanken und Empfindungen man teilt, und dieses Gefühl lebt weiter in mir fort."

Margarete Lihotzky begreift von Anfang an, dass soziales Bauen weit darüber hinausgeht, menschenwürdiges Wohnen zu ermöglichen. Ganz pragmatisch benennt sie die Resultate der Verarmung wie Kriminalität, Prostitution sowie Krankheiten und schlussfolgert, dass diese durch ihr Ausmaß eine moralische und gesundheitliche Gefährdung der Allgemeinheit bedeuten und ihre Bekämpfung demnach ein politisches Anliegen sein muss. Sie ist mit diesem Gedanken natürlich nicht allein und auch Wien ist nicht die einzige Stadt in Europa, die den Wiederaufbau nach dem Krieg und den sozialen Wohnungsbau nicht in privater Hand lässt. Allerdings beschließt man nur in Wien, die Finanzierung des Volkswohnungsbaus zu hundert Prozent aus öffentlichen Mitteln zu bestreiten.[41]

Da es für eine wirksame Veränderung der Wohnsituation in den Städten mit der Finanzierung alleine nicht getan ist, hält Margarete Lihotzky, wie auch ihre Kollegen, Vorträge und Kurse in der eigens dafür gegründeten Siedlerschule, und um auch diejenigen zu erreichen, die nicht dorthinkommen, geht sie völlig ohne Berührungsangst auch in Wirtshäuser in die Arbeiterbezirke: „Beim Licht elender Kerzenstummel

Ein Lösungsansatz für Siedler ist Margaretes fertiges Kernhaus Type 4 auf der 5. Siedlungsausstellung 1923 in Wien.

und trüber Petroleumlampen sprach ich in verrauchten Wirtsstuben entlegener Gasthäuser und schilderte den Menschen anhand unserer Zeichnungen, wie sie (...) mittels Selbsthilfe, gegenseitiger Hilfe und unserer Hilfe (...) zu einem menschenwürdigen Rahmen für ihr Leben kommen könnten."[42]

Margarete Lihotzky will helfen, packt überall mit an und drei ihrer Charaktereigenschaften entfalten ihre Wirkmacht: Sie ist keine Einzelkämpferin, sie übernimmt gerne Verantwortung und ihr Handeln unterliegt immer einer strengen Logik. Alle drei Wesensmerkmale sind sinnstiftend für sie. Das Gefühl, gemeinschaftlich etwas zu erreichen, ist ihr wichtig – dadurch fühlt sie sich aufgehoben – und lebenslang bietet ihr Gemeinschaft, unabhängig von einem Ort, eine Heimat.

Ihr Verantwortungsgefühl resultiert aus dem Wunsch, für die Allgemeinheit nützlich zu sein. In der Siedlungsbewegung etwa fühlt sie sich verantwortlich für die sinnvolle Investition der Steuergelder, die allen gehören, und sie fühlt sich verantwortlich dafür, optimale Bauten für die sozial Schwachen zu errichten. Ihr Ethos in beide Richtungen führt zu minimalen Kosten bei maximalem Nutzen.

Durch die für sie typische Logik behält sie außerdem immer das große Ganze im Blick. In der Siedlerbewegung denkt sie alles ausgehend von der Funktion, mit dem Ziel, den Bewohnern der Häuser ein gutes Leben zu ermöglichen. Ihre Analyse fällt wie folgt aus: Es werden sehr viele Wohnbauten benötigt, für die wenig Platz vorhanden ist und die nicht viel kosten dürfen, dabei aber ein homogenes Bild der Siedlung ergeben sollen. Standardisierte Reihenhäuser und Haustypen sind die effizienteste Lösung. Die Bauelemente können industriell hergestellt werden, das senkt die Kosten. Die Fertigbauweise ermöglicht ein schnelleres Bauen. Die Konzeption der Minimalgrundrisse unterliegt einer der Prämisse einer optimalen Raumnutzung und bietet, in Kombination mit planmäßig angeordneten Einbauten, den Bewohnern ein einfaches, aber komfortables Leben.

So weit die Theorie. Doch anders als früher, als ein Wohnbauarchitekt privat von einer Person beauftragt wurde, Häuser nach deren Wünschen zu bauen, gibt es im Siedlungsbau keinen so klaren Auftrag. Nur durch Austausch können die Wohnbedürfnisse der Massen sinnvoll definiert werden. Die Architekten müssen erst lernen, was gelungene Architektur für die Siedler bedeutet. Für „anonyme Durchschnittsbewohner"[43] zu bauen, kann nicht erfolgreich sein; als mittelloser Arbeiter ernst genommen zu werden, ist gesellschaftlich betrachtet ein enormer Fortschritt. Der intensive Austausch wird ungeplant zu einer Triebfeder für den Erfolg der Siedlerbewegung, die sich als eine Gemeinschaft begreift: „Dank der gemeinsamen Arbeit, der Selbsthilfe, der ganzen Art und Weise der Entstehung der Siedlungen entwickelte sich in ihnen ein echtes Gemeinschaftsleben, wie ich es später nie mehr gesehen habe."[44]

An Lihotzkys Entwürfen der Wiener Zeit bis 1926 lassen sich die Fortschritte ablesen. Die einfache Siedlerhütte 1921 hat noch den Zweck, „dem Siedler bis zur Fertigstellung seines Hauses das Wohnen auf seinem Grundstück zu ermöglichen".[45] 1922 hat sich der Gedanke des provisorischen Bauens nachhaltig gewandelt. Nun werden Siedlerhütten-Typen entwickelt, die vorsehen, dass beim Hausbau die Siedlerhütte integriert werden kann – der Faktor „Skalierbarkeit" wird hier zum ersten Mal berücksichtigt. Als nächster Schritt folgen Siedlerhaus-Typen: Reihenhäuser, die durch einen späteren Dachausbau ebenfalls skalierbar konzipiert sind. Der Bau der Kernhäuser 1923 ist dann von vornherein in Etappen geplant. Das Haus wächst sozusagen je nach Bedarf und verfügbaren Mitteln peu à peu von ca. 30 auf fast 50 Quadratmeter Grundfläche. Das Kernhaus ist ein voller Erfolg. Befördert durch die sogenannten „Kernkredite" – Materialkredite für die Siedler –, wurden fast 200 solcher Häuser gebaut.[46]

Auf der seit 1918 jährlich stattfindenden „Kleingarten-Siedlungs- und Wohnbauausstellung" der Stadt Wien sind 1923 alle vier Bauetappen der Kernhäuser mit vollständiger Einrichtung auf dem Rathausplatz aufgebaut. Diese Ausstellung ist zweierlei – Volksbildung und Marketing. Sowohl die Besucherzahlen als auch die Anzahl der Aussteller steigen kontinuierlich: Auf der fünften Ausstellung können sich die Besucher bei 3.000 Ausstellern über alle Themen rund ums Siedeln informieren, von der Kleintier- und Bienenzucht über Obst- und Gemüseanbau bis hin zum Wohnbau. Viele Ideen werden durch die Ausstellung bekannt und erfolgreich. Auch Margarete Lihotzkys Entwürfe und Modelle werden immer wieder gezeigt.

Der Dramaturg, Publizist und Sozialkritiker Hanns Margulies bewohnt Mitte der 1920er-Jahre ein voll möbliertes Siedlerhaus nach den Entwürfen Margaretes.

1922 wird eine Küche ausgestellt, die sie für die Reihenhaus-Typen entworfen hat. Der Grundriss dieser Siedlerhäuser ist minimal, das Haus Type 4 zum Beispiel hat inklusive Stall eine Grundfläche von knapp 23 Quadratmetern. Der zentrale Raum im Erdgeschoß ist die Wohnküche, sie ist als Gemeinschaftsraum konzipiert. Die Kochnische ist unter der Treppe in den ersten Stock eingebaut, der Herd dient auch als Heizofen. Die Spülküche ist zugleich Badezimmer. Fast alle Möbel sind fest verbaut und reichen vom Boden bis zur Decke. Das ist platzsparend und viel leichter sauber zu halten, denn weder unter noch auf den Möbeln kann sich Schmutz ansammeln. Als Material für die Küchen wählt die Architektin Beton für den Boden, den Sockel und auch den Herd, den Waschherd und alle Elemente, die auf dem Boden stehen, denn Beton kann kostengünstig gegossen werden und ist leicht zu reinigen. Doch damit nicht genug: Noch einfacher sind Flächen sauber zu halten, wenn es keine Ecken gibt, also entwirft sie die Küche ohne Kanten und Winkel – alles ist abgerundet. Margarete Lihotzky ist sehr überzeugt von dieser Idee: Sie lässt ihr Modell patentieren – doch die Küche geht leider nicht in Produktion.[47]

Der Besucherandrang bei der Ausstellung jedenfalls ist enorm und sogar die internationale Presse berichtet. Margarete Lihotzky fühlt sich bestätigt, ist sogleich aber auch alarmiert und setzt sich sofort das nächste Ziel: „Auf der Ausstellung war das alles sehr schön, aber wie sah es mit der Wohnungseinrichtung in der Wirklichkeit aus, wenn die Siedler- und Kernhäuser fertig dastanden? Der Bau wurde subventioniert, die Einrichtung nicht."[48] Also formuliert Margarete Lihotzky ihre Idee, platzsparende, einfach zu reinigende Möbel einzubauen bedarfsgerecht etwas um und stößt die Gründung einer Warentreuhand an, die die Wohnungseinrichtung vergünstigt an die Verbandsmitglieder abgibt. Die Auswahl reicht von Lampen und Stoffen bis zu eigens für die Häuser entworfenen und hergestellten Möbeln.

Der Anspruch ist hoch: „(…) der Verband will durch seine Warentreuhand einen Einfluß auf die Wohnungseinrichtungen ausüben, auch er führt den Kampf gegen Möbelschund und Kitsch. Er geht darauf aus, das allgemeine Wohnniveau vor allem der Arbeiterschaft, welche

Dieses futuristische Modell der Betonküche von 1922 lässt sich Margarete patentieren. Ausgeführt wurde es aber nie.

geringere Tradition, daher geringere Vorurteile als das Bürgertum hat, zu heben.“[49]

Voller Tatendrang entwickelt Margarete Lihotzky ihre Ideen unermüdlich weiter, die Erfolge geben ihr recht, ihr Bauen hat gesellschaftsverändernde Wirkung. Für ihre Kernhäuser erhält sie die silberne Medaille der Stadt Wien. Und auch als Otto Neurath, der Sekretär des Siedlerverbandes, sich beim Baustadtrat erfolgreich dafür einsetzt, dass Großbauprojekte nicht nur an Architekten vergeben werden, die sich durch Konservatismus und ein Beziehungsnetzwerk in der Politik auszeichnen, ergibt sich für Margarete Lihotzky die Chance, an einem Wohnhauskomplex mitzuarbeiten.

Die Lager in Wien sind noch immer geteilt in diejenigen, die das Altbewährte – Historismus, Jugendstil und Secession – erhalten möchten; und diejenigen, die in eine neue Zeit aufbrechen möchten, in der die Funktion bestimmend ist für die Form. Wenn sich ein privater Bauherr überhaupt traut, einem „Modernen“ einen Bauauftrag zu erteilen – was einem klaren Signal gegen das Establishment gleichkommt –, dann ist der Aufschrei meistens groß. Und die Diskussionen werden noch immer geführt, wenn auch nicht mehr ganz so laut und polemisch wie noch fünfzehn Jahre zuvor: Als 1909 die Inhaber des Nobelkaufhauses Goldman & Salatsch einen Wettbewerb für einen Neubau am Michaelerplatz gegenüber der Hofburg ausschreiben, doch mit keinem der eingereichten Vorschläge zufrieden sind, bekommt Adolf Loos den Auftrag. Das „Haus ohne Augenbrauen“ wird zu einem Skandal. Die ornamentlose Architektur der Fassade – Loos verzichtet sogar auf Fensterverdachungen – wird als obszön empfunden, das Haus sei „unanständig nackt“ und an dem Standort gegenüber der Hofburg völlig deplatziert. Die Gegenwehr ist so massiv, dass 1910 ein Baustopp verfügt wird. Erst nachdem Loos sich zu dem Kompromiss bereit erklärt, Blumenkästen an den Fenstern anbringen zu lassen, darf weitergebaut werden. Kaiser Franz Joseph ist dennoch nicht zufrieden. Er lässt die Fenster der Hofburg zum Platz vernageln und weigert sich, die Ausfahrt zum Michaelerplatz zu nehmen, um das „scheußliche“ Haus nicht sehen zu müssen.[50]

Einiges hat sich im Stadtbild und in den Köpfen bis 1924 zwar geändert, aber noch immer ist man gegenüber modernen Architekten skeptisch. Neurath gelingt es zwar, einen Gemeindeauftrag für die teilweise international berühmten, aber in Wien wenig beachteten Architekten durchzusetzen, aber nur, weil der Stadtrat sich keine Blöße geben wollte:

> „Wir geben Euch, dem Verband, einen großen Wohnkomplex zur Projektierung in Auftrag, und Ihr verteilt ihn an die ‚Modernen'. Dann könnt Ihr Euch mit den Narren rumschlagen."[51]

Sieben der damals berühmtesten Architekten entwerfen schließlich den Winarskyhof und den Otto-Haas-Hof. Die Größe der Anteile richtet sich nach der Prominenz: Peter Behrens, Pionier der sachlichen Architektur und des Industriedesigns, ist nach Stationen in Düsseldorf und Berlin Nachfolger Otto Wagners an der Akademie der bildenden Künste. Ihm fällt der größte Bauabschnitt mit zweihundert Wohnungen zu. Mit ihm planen Josef Hoffmann, Josef Frank, Oskar Strnad und Oskar Wlach den Winarskyhof. Für die Planung des Otto-Haas-Hofs wird Margarete Lihotzky als Jüngste und einzige Frau mit immerhin neunundfünfzig Wohnungen beauftragt, ihre Mitstreiter sind Karl Dirnhuber, Franz Schuster und Adolf Loos – der sich allerdings noch vor Baubeginn zurückzieht, da seine visionären Ideen nicht allumfänglich akzeptiert werden.

Auch für Margarete Lihotzky neigt sich die Zeit in der Siedlerbewegung dem Ende zu – allerdings aus anderen Gründen: Im Juni 1923 stirbt ihr Vater mit siebenundsechzig Jahren an Tuberkulose. Sein Tod ist schmerzvoll für die Familie, dennoch erinnert sich Margarete Lihotzky später verwundert-amüsiert, in romantischen Bildern an sein „Begräbnis“: „Es ist unvergesslich, wie wir (...) mit der zu Hause bereits geöffneten Ascheurne unterm Arm in der Tramway nach Grinzing fuhren. Die Sonne beleuchtete das hellgrüne Laub der Buchen, als wir die Asche verstreuten und sie bei leichtem Wind in alle Richtungen zerstob.“[52] Diesen Verlust scheint die Familie noch gut zu verkraften. Als aber kurz darauf auch Julie Lihotzky der Krankheit erliegt und sich zeigt, dass Margarete sich angesteckt hat, ist das ein herber Schicksalsschlag. Sie führt noch die Entwürfe für das Volkswohnhaus zu Ende, dann muss sie sich in eine Lungenheilanstalt begeben.

Liegekur mit Folgen

„Der Primararzt Dr. Mändl war ein verständnisvoller Mann. Nach einigen Wochen schon erkannte er, dass das viele Herumliegen ohne Arbeit einer Heilung nicht förderlich war."

Margarete Lihotzky verbringt insgesamt 16 Monate in der Lungenheilanstalt Grimmenstein in Niederösterreich. Die übliche Therapie besteht aus neun Stunden Liegekur an der frischen Luft. Die präventive Impfung wurde noch nicht verbreitet eingesetzt und die ersten Medikamente zur aktiven Behandlung setzten sich erst 20 Jahre später durch. So viel Ruhe ist Margarete nicht gewöhnt. Der Wechsel von übervollen Arbeitstagen zu drei Stunden erlaubten Aufstehens empfindet sie als unerträglich. Dem behandelnden Arzt ist rasch klar, dass er ihr nichts Gutes tut, wenn er sie zum Nichtstun verdammt. Er beginnt sie mit zeichnerischen Aufgaben zu beschäftigen. Zuerst zeichnet sie Röntgenaufnahmen von Lungen ab, doch als er erkennt, welches Potenzial in seiner Patientin steckt, ergreift er die Chance: Die Behandlungsmethoden von TBC-Kranken und die Kliniken sind nicht optimal auf Heilung und Erholung ausgerichtet. Vor allem die Phase des Übergangs nach dem stationären Aufenthalt in der Klinik führt häufig zu Rückfällen, da die Patienten nach monatelangem Ruhen in ihre Berufe zurückkehren. Margarete Lihotzky nutzt die Zeit und analysiert Krankheit, Therapiemethoden und den Aufbau der Heilstätten, um 1925 einen optimierten Entwurf für eine Tuberkulosesiedlung vorzulegen. Er trägt vor allem der langsamen Wiedereingliederung der Patienten in einen normalen Tagesablauf Rechnung, mit deutlichen Vorteilen für die Patienten, die vollständig wiederhergestellt in den Alltag entlassen werden können. Die Reduktion von Rückfällen stellt zudem einen enormen finanziellen Vorteil für die Krankenkassen dar. Auf der Hygieneausstellung im Messepalast in Wien im Frühjahr 1925 wird das Projekt gezeigt. Doch ob jemals eine Lungenheilanstalt nach ihren Plänen gebaut wird, kann Margarete Lihotzky nicht mehr verfolgen, ihre Zeit in Wien geht zu Ende. Sie kehrt zwar gestärkt ins Berufsleben zurück und hat nicht das Gefühl, ihre Arbeit wirklich unterbrochen zu haben, doch während ihrer Abwesenheit hat sich viel verändert.

Bereits 1923 hatte die Abwendung von den Siedlerhäusern hin zum groß angelegten Volkswohnungsbau angefangen. Die größte Not ist beseitigt, die Bauvorhaben im urbanen Raum treten in den Vordergrund. Margarete Lihotzky ist vor ihrem Klinikaufenthalt noch am Bau des Winarskyhofs (seit 1950 teilweise in Otto-Haas-Hof umbenannt) beteiligt und hat diesen Entwicklungsschritt mitgemacht. Doch die finanzielle Situation des Siedlerverbandes hat sich verschlechtert, durch den Erfolg der Siedlerbewegung hat sie ihre Dringlichkeit eingebüßt. Das Baubüro existiert nicht mehr, Margarete Lihotzky ist plötzlich arbeitslos – aber nicht lange. Durch ihren exzellenten Ruf als Architektin und ihre Kontakte hat sie sogleich neue Möglichkeiten. Kurz noch wird sie in Wien bleiben und einen Privatauftrag für die Ausstattung eines Damenzimmers ausführen. Im Zuge dessen wird – typisch Lihotzky – gleich ein architektonisches Problem gelöst: Die optimale Ausnutzung eines Raumes durch „vorgebaute, raumangepasste Möbel", das sie in allen Details als Einrichtungsprinzip entwickelt. Im November 1925 erreicht sie dann ein Telefonanruf aus Frankfurt.[53] Ernst May, den sie bereits drei Jahre zuvor in Wien kennengelernt und von ihren Fähigkeiten überzeugt hat, ist am Apparat. Mittlerweile ist er Stadtbaurat in Frankfurt am Main und will sie in seinem Team. Margarete Lihotzky sagt sofort zu und wird in der zweiten Hälfte der 1920er-Jahre Teil des legendären „Neuen Frankfurt".

Resümee der Wiener Jahre

„Was hat mir die Zeit der ersten Hälfte der zwanziger Jahre beruflich, politisch und persönlich gegeben? Es war eine Zeit intensiver Arbeit und vieler Freundschaften, eine Zeit starker Erlebnisse, die meine spätere Entwicklung nicht unbeeinflusst ließen. (…) Persönliche Freundschaften, politisches Interesse, berufliche Arbeit, das gemeinsame Bestreben, zu einem besseren, schöneren Leben der Menschen beizutragen, all das verband uns. (…) Nachdem mich diese Jahre meinem individuellen Leben des alten Wiener Bürgertums entrissen hatten (…), fand ich die ersten Kontakte zu Arbeitern und zur Arbeiterbewegung. Ich fing an, mich theoretisch mit dem Marxismus auseinanderzusetzen. Die Verquickung von beruflicher Tätigkeit mit politischen Vorstellungen hatte damals schon auf die natürlichste Weise begonnen. In diesen Jahren wurde mir zum ersten Mal bewußt: Nur wenn ich als Teil einer Gemeinschaft für gemeinsame Ziele eintrete und dafür auch kämpfe, erhält mein Dasein auch einen Sinn.“[54]

II Frankfurt

„Das neue Bauen und Wohnen erfordert auch neue Menschen."

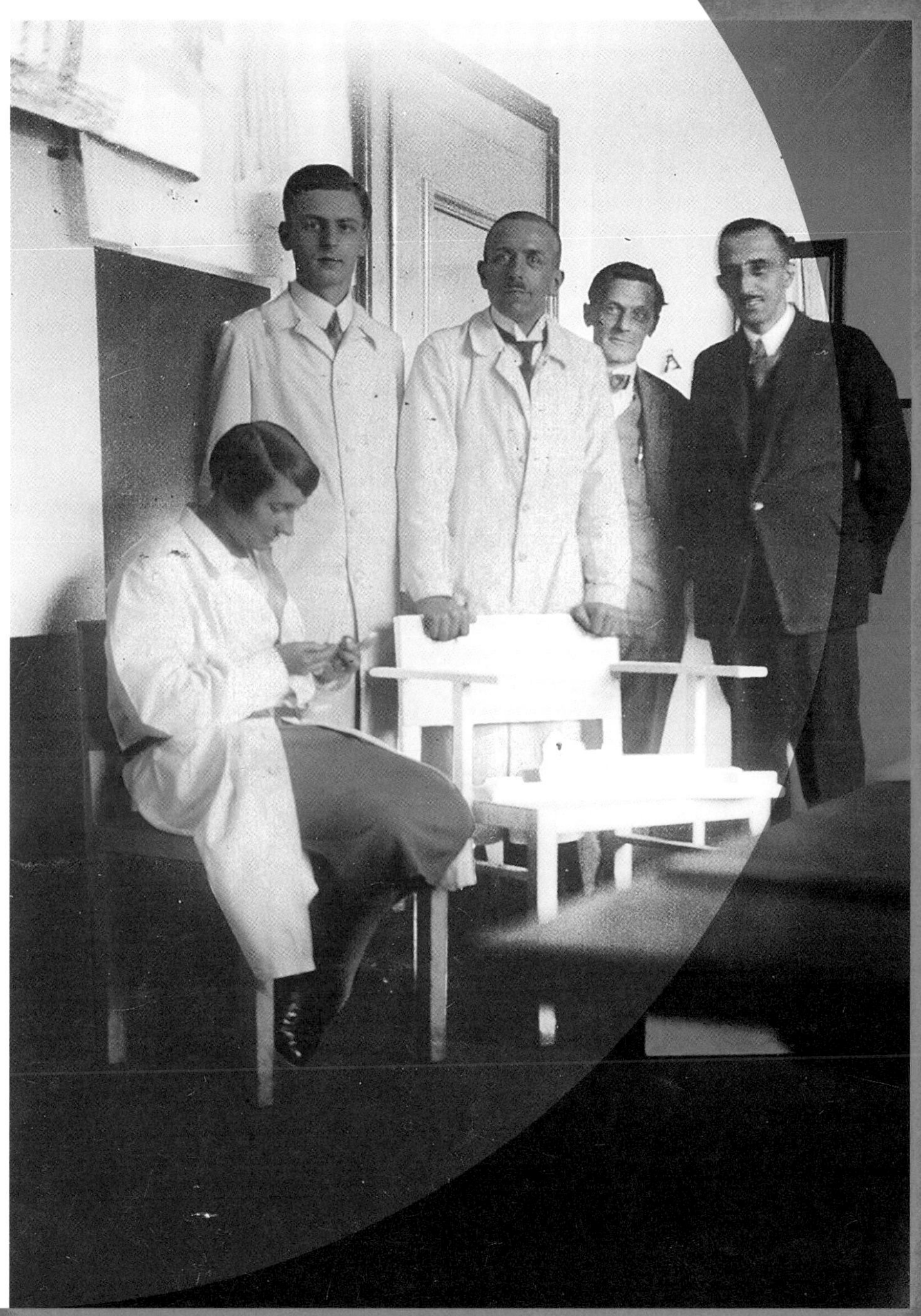

Ab wann kann man ahnen, dass eine revolutionäre Idee erfolgreich ist? Margarete Lihotzky kommt mit der Erfahrung nach Frankfurt, dass es möglich ist, Wohnbau und Stadtplanung zugunsten des Gemeinwohls zu verändern. Der Wohnraumbedarf ist, bedingt durch Stillstand und Zerstörung im Ersten Weltkrieg sowie steigende Bevölkerungszahlen, in beiden Städten enorm, aber die Voraussetzungen in Wien und Frankfurt sind extrem unterschiedlich. Wien zählt in den Nachkriegsjahren bereits fast zwei Millionen Einwohner, Frankfurt weniger als eine halbe Million. In Wien führen die politischen Umwälzungen nach dem Ende der Monarchie und die Bevölkerungsexplosion durch die Industrialisierung zu Instabilität und dramatischen sozialen Problemen. Frankfurt ist trotz Nachkriegskrise eine Stadt mit soliden bürgerlichen Strukturen, die gerade erst beginnt, sich zu einer Wirtschaftsmetropole zu entwickeln: Seit 1924 wird die Stadtentwicklung in Richtung Handels- und Messestadt mit einem Flughafen als Verkehrsknotenpunkt vorangetrieben. Wien agiert in den frühen 1920ern spontan und aus der Not heraus, der Mangel an Geld und Zeit bestimmt das Handeln. Frankfurt kann es sich 1926 leisten, die Stadtentwicklung mit Bedacht und auf hohem architektonischen Niveau anzugehen. Dafür wird eigens das Hochbauamt neu organisiert, damit es „alle Fragen des Städtebaus nach wirtschaftlichen, rechtlichen, kulturellen oder künstlerischer Seite hin einheitlich nach einem großen Programm“[55] lösen kann. An vielen Orten ist die Zeit reif für das Neue Bauen – nicht nur in Frankfurt – und wieder einmal sind die Niederländer wegweisendes Vorbild. In Leiden schließen sich bereits 1917 Maler, Architekten und Designer zur Künstlervereinigung „De Stijl“ zusammen, publizieren eine gleichnamige Zeitung zur Verbreitung ihrer Ideen und finden über die künstlerische Auseinandersetzung zu einer strengen, kubisch-linearen Architektursprache. An der De-Stijl-Bewegung orientieren sich das Bauhaus ebenso wie das Neue Bauen in Frankfurt. Wobei in Weimar und später in Dessau Architektur zwar eine Rolle spielt, aber keine übergeordnete. Das Bauhaus ist eher als experimentelle

S. 51: Margarete 1928 mit Kollegen am Hochbauamt in Frankfurt. In der hinteren Reihe im Anzug ist ihr Ehemann Wilhelm Schütte zu sehen.

Lehrstätte angelegt, wohingegen der Fokus in Frankfurt ganz klar auf einem umfassenden städtebaulichen Konzept liegt, das zudem soziale Züge trägt.

„Als ich nach Frankfurt kam, war ich erstaunt und entsetzt über die politische Uninteressiertheit meiner Kollegen (...).“

Die Grundlage für alle diese Entwicklungen ist dieselbe: die Idee des Neuen Menschen. Sie bildet den intellektuellen Nährboden für das Neue Bauen – ganz besonders am Hochbauamt im Neuen Frankfurt, wo vorwiegend sozialdemokratische, zunehmend aber auch sozialistische Ideale gelebt werden. Der Neue Mensch ist das Hoffnungsziel, das aus der tief sitzenden Verunsicherung durch die Kriegserfahrung in ganz Europa resultiert und sehr schnell politisch vereinnahmt wird. Sowohl der Sozialismus mit kommunistischen Ausprägungen als auch der Nationalsozialismus knüpfen an die Idee des Neuen Menschen an und formen diese nach ihren jeweiligen Weltanschauungen um. Die Erneuerung der Gesellschaft und das sie gestaltende Individuum sind bei beiden politischen Richtungen zentral. Die Umsetzung einer neuen Gesellschaftsordnung verlangt nach einem Neuen Menschen. Die Protagonisten im Hochbauamt in Frankfurt tendieren ideologisch nach links, wie so viele Menschen mit dem Wunsch nach Erneuerung nach 1918. Die Avantgarde ist links, wenngleich ihre Überzeugungen nicht immer einer so grundsätzlich politischen Haltung entspringen wie bei Margarete Lihotzky, bei der sich Arbeiten, Leben und Politik nicht trennen lassen. „Als ich nach Frankfurt kam, war ich erstaunt und entsetzt über die politische Uninteressiertheit meiner Kollegen (...). Ich war von Wien her anderes gewöhnt. (...) Die meisten waren sehr engagiert und fleißig in ihrem Beruf. Darüber hinaus aber fühlten sie keine Verantwortlichkeit. Sie dachten etwa so: Wenn ich meine Kraft und Kenntnisse der beruflichen Tätigkeit widme, dann habe ich meinen Beitrag für das Wohl der Allgemeinheit entrichtet.“[56]

Margarete Lihotzky sieht in dieser Passivität einen Grund für die weitere politische Entwicklung in Deutschland: „Meine Kollegen damals waren keine Nazis, aber durch ihre Gleichgültigkeit gegenüber der politischen Entwicklung ihres Landes hatten sie dem Nationalsozialismus keine feste Überzeugung entgegenzusetzen, wurden von ihm überrollt, manche verfielen ihm. Dagegen war ich von frühester Jugend gefeit."[57]

Margarete Lihotzky setzt Passivität mit Gleichgültigkeit gleich. Für die früh politisch Interessierte und Engagierte eine absolut inakzeptable Haltung. „Es wäre verhängnisvoll zu glauben, dass uns der Kampf um bessere Lebensbedingungen innerhalb des kapitalistischen Wirtschaftssystems den politischen Kampf erspart."[58] Auch als Neuling in Frankfurt passt sie sich nicht an, sondern steht für ihre Überzeugung ein: Der 1. Mai ist seit Ausrufung der Republik in Österreich ein Staatsfeiertag, an dem alle selbstverständlich zu Kundgebungen gehen – nicht jedoch in Deutschland. Als sie dennoch an den auch in Frankfurt stattfindenden Demonstrationen teilnehmen möchte, wird ihr von der Personalabteilung mitgeteilt, dass sie dafür Urlaub einreichen müsste. Margarete Lihotzky ist empört und geht natürlich erst recht mit.[59] Für sie steht außer Frage, dass man sich für seine Ideale einsetzen muss, will man den Gegnern nicht das Feld überlassen. „Die Sozialisten haben immer wieder nachgegeben, bis es schließlich zum Nationalsozialismus kam", resümiert sie noch 1998 ihre Enttäuschung über die politische Entwicklung in Österreich in den Zwischenkriegsjahren.[60]

Ihr politischer Kampf ist ein lebenslanger, begleitet von einer intensiven kritischen Auseinandersetzung und gleichgesinnten Austauschpartnern. Einer der Ersten ist Otto Neurath, den sie in der Siedlerbewegung 1920 in Wien kennenlernt. Der 15 Jahre ältere Nationalökonom gibt ihr das Manifest der Kommunistischen Partei zu lesen. Lihotzky studiert es sehr genau, sie ist hungrig nach politischem Wissen, setzt sich mit der für sie typischen Ernsthaftigkeit auch mit anderen Parteiprogrammen auseinander und wird darum erst vergleichsweise spät Mitglied einer Partei. 1923 tritt sie in die Sozialdemokratische Arbeiterpartei ein: „Beeindruckt durch die Leistungen der Wiener Sozialdemokraten auf dem Gebiet des Wohnungsbaus, des Gesundheits- und Schulwesens und der Kulturpolitik, glaubte ich ehrlich, das alles würde zum Sozialismus führen."[61] Auch in Frankfurt bleibt sie den österreichischen Sozialdemokraten treu und beobachtet das Geschehen in Wien sehr genau. In die SPD einzutreten kommt für sie nicht infrage. Es geht ihr wie immer um mehr als reine Zugehörigkeit, mit der österreichischen Partei fühlt sie sich verbunden und sie fühlt sich ihr verpflichtet – und ist umso mehr enttäuscht, dass sie den Sozialismus im Land nicht durchsetzt. Als sich in der Julirevolte nach dem Brand des Justizpalastes 1927[62] in Wien die Schwächen der Sozialdemokraten deutlich zeigen, tritt sie wieder aus – mit gefestigten politischen Idealen.

In Bezug auf ihre Arbeit als Architektin stärken die politischen Gespräche mit Otto Neurath Margarete Lihotzky vor allem in einem Punkt: Die soziale Frage ist der architektonischen übergeordnet, sie ist die Funktion, nach der die Form definiert wird. In Wien wird Margarete Lihotzky noch getragen von einer optimistischen Euphorie, durch ihr Zutun eine wesentliche Antwort auf die soziale Frage zu geben, allerdings ist sie sich immer der politischen Dimension bewusst und darüber, dass ihr Beitrag einer von vielen ist, die nötig sind, um die Gesellschaft umzugestalten. In Frankfurt intensiviert sie darum die theoretische Auseinandersetzung mit politischen Themen, sucht aktiv Austausch mit politisch Interessierten. Sie beginnt Bücher kommunistischer Autoren zu lesen, wie John Reeds Augenzeugenbericht „Zehn Tage, die die Welt erschütterten" über die Russische Revolution, und Nikolai Ognews „Das Tagebuch des Schülers Kostja Rjabzew" über die Entstehung des Sowjetstaates und die Erziehung des Neuen Menschen aus der Sicht eines Heranwachsenden.[63] Auch den Stummfilm „Panzerkreuzer Potemkin" von Sergej Eisenstein hat sie gesehen, der laut Einschätzung von Historikern insgesamt mehr Menschen vom Kommunismus überzeugt hat als alle anderen Maßnahmen der KPD.[64] Sie folgt außerdem der Empfehlung Neuraths, den Kontakt zu Carl Grünberg zu suchen. Der Direktor des Institutes für Sozialforschung an der Universität Frankfurt wird einer ihrer wichtigsten Ansprechpartner und erweitert als überzeugter Marxist ihren politischen Horizont. Grünberg ist für Lihotzky „als Marxist Lehrer, notwendige Aussprache, politischer Freund und Rückhalt".[65] Er liefert ihr die Argumente für das zwangsläufige Scheitern der Sozialdemokraten in Österreich und legt ihr dar, warum die Vergesellschaftung der Produktionsmittel grundlegend für die Lösung der sozialen Frage ist.

Margarete Lihotzkys Entwicklung zur überzeugten Kommunistin beginnt damit theoretisch in Frankfurt, auch wenn sie erst in einigen Jahren in die Kommunistische Partei eintreten wird und sich erst viel später selbst als Kommunistin bezeichnen wird. Wie sie bei ihrer Ankunft in Frankfurt feststellt, sind die wenigsten ihrer Kollegen politisch aktiv – was durchaus typisch ist für Intellektuelle und Künstler dieser Zeit. Die meisten sind ideologisch inkonsequent, mit „lockerer Klassengebundenheit und oft hemmungsloser Verschiebung ihrer Loyalität von einem politischen Lager zum anderen“.[66] Die wenigsten fühlen sich dem bürgerlichen Lager zugehörig, und noch weniger einer der zwei sich ausschließenden marxistischen Klassen Proletariat oder Kapitalismus, also verharren sie in einem vermeintlich neutralen Dazwischen. Nicht so Margarete Lihotzky – sie ist die berühmte Ausnahme von der Regel. Sie engagiert sich – unabhängig von den Ländern, in denen sie lebt, und von den politischen Gegebenheiten, die sie dort vorfindet – immer nach sozialistischen Prinzipien. Sie beobachtet nicht nur, um zu urteilen, sie lebt aktiv ihre Überzeugung, indem sie sich mit dem Proletariat solidarisiert.

Das Neue Frankfurt

„Wieder war ich an einen Brennpunkt des Wohnungs- und Siedlungsbaus geraten, der weltberühmt werden sollte. Doch davon ahnte ich damals noch nichts."

Das Neue Bauen, das Neue Wohnen, liegen 1926 in der Luft, doch das Neue Frankfurt ist ein sehr ambitioniertes Projekt. Es lässt sich wie folgt skizzieren: Das Wohnungsbauprogramm der Stadt Frankfurt sieht eine Beseitigung der Wohnungsnot in zehn Jahren vor. Dafür ist es nötig, die Bauaufgaben in die Hände gemeinnütziger Bauherren, z. B. der Kommunen, zu legen, um die städtebaulichen, sozialen und ökonomischen Gesichtspunkte des Volkswohnungsbaus im großen Stil zu ermöglichen. Da die Innenstadtlagen teuer sind, muss das Umland aus landwirtschaftlicher Nutzung heraus dem Wohnungsbau zugeführt werden. Die Wohnung ist ein Massenbedarfsartikel und muss als solcher durch Rationalisierung und Typisierung seriell produzierbar werden.[67]

Rückblickend kann man sagen, in Frankfurt werden diese hochgesteckten Ziele erreicht: Zwischen 1926 und 1931 gelingt es dem Team am Wohnbauamt, etwa 12.000 Wohnungen zu schaffen. Wie ist das möglich?[68]

Zunächst ist die politische Disposition in Frankfurt vorteilhaft: Ludwig Landmann wird 1924 Oberbürgermeister. Damit steht der Stadt ein linksliberaler Politiker vor, der klare wohnungspolitische Vorstellungen hat: „Alle Fragen des Städtebaus [sind] nach der wirtschaftlichen, rechtlichen, kulturellen oder künstlerischen Seite hin einheitlich nach einem

ORIENTIERUNGSPLAN FÜR DIE FRANKFURTER SIEDLUNGEN 1926-28

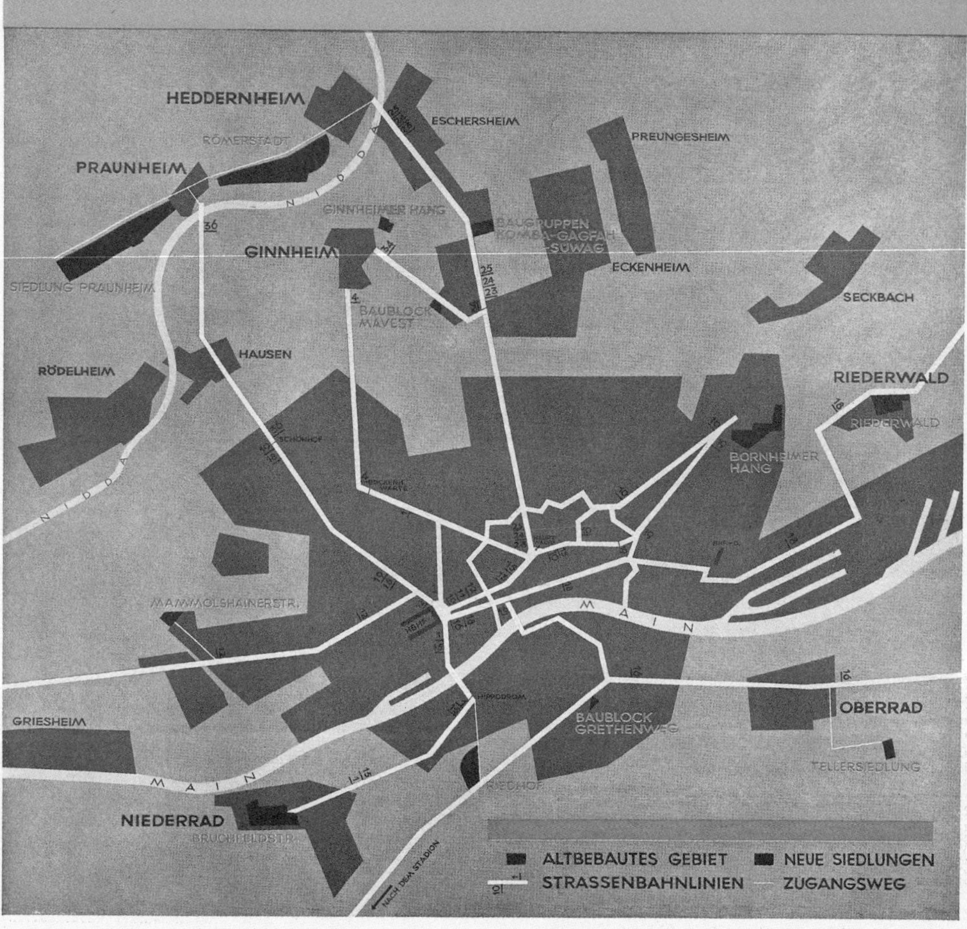

In der Monatsschrift „Das Neue Frankfurt“ stellt Ernst May 1928 die Neugestaltung der Stadt vor.

großen Programm [zu bearbeiten].“[69] Für diese Aufgabe holt Landmann Ernst May zurück in dessen Geburtsstadt. Seit 1919 war May technischer Leiter der Schlesischen Landesgesellschaft in Breslau und mit der Planung der Siedlerstädte in der Region betraut. Er ist Experte für alle Themen, die in Frankfurt anstehen: Organisation eines Verwaltungsapparates, Erschließung neuer Flächen, Entwicklung eines Besiedlungsplans sowie die Rationalisierung, Typisierung und Mechanisierung der Architektur. Da May auch ein exzellenter Kommunikator und Netzwerker ist, schafft er es, als Stadtrat für Bauwesen in kürzester Zeit eine Architekten-Avantgarde am Frankfurter Hochbauamt zu versammeln, die das Ziel eint, ein Exempel für zeitgemäßes Wohnen unter Verwendung modernster Technik zu statuieren.[70]

> „Die Organisation meiner verschiedenen Ämter ist nun soweit gediehen, daß ich an die Aufstellung meiner Mitarbeiter gehen kann. Ich brauche für den Karpfenteich, in dem 190–200 Karpfen herumschwirren, 8–10 Hechte. (...) Wollen Sie kommen?“[71]

Mit diesen Zeilen fragt May bei seinem ehemaligen Mitarbeiter Carl-Hermann Rudloff an – er wird in Frankfurt Leiter der Aktiengesellschaft für kleine Wohnungen. Und noch zwei weitere „Hechte“ gehen mit May von Breslau nach Frankfurt: Herbert Boehm wird als Stadtplaner an fast allen Bebauungsplänen mitwirken und Hans Leistikow leitet das grafische Büro und ist damit für die Gestaltung sämtlicher städtischer Drucksachen sowie die Farbgestaltung der Gebäude zuständig. Martin Elsaesser übernimmt die Planungsabteilung öffentlicher Nutzbauten wie Krankenhäuser, Schulen etc. Eugen Kaufmann kommt aus Südtirol nach

Frankfurt und wird Leiter des Amtes für Typisierung und Bauberatung. Für May steht außer Frage, dass Margarete Lihotzky im Bereich Typisierung eine Idealbesetzung ist, wo alles geplant wird, das sich seriell herstellen lässt. Er bescheinigt ihr gegenüber dem Personaldezernenten des Hochbauamts, dass sie „in künstlerischer und technischer Hinsicht in dem von ihr bearbeiteten Spezialgebiete als erste Spezialistin Deutschlands und der Nachbarländer betrachtet werden kann“ – und empfiehlt, die Architektin bei einem Monatsgehalt von 762 Reichsmark für drei Jahre fest anzustellen.[72]

Das Hochbauamt besteht im Wesentlichen aus drei Abteilungen: eine Abteilung für die Stadtplanung und zwei für die Bauplanung: davon eine für alle individuell zu planenden Großbauten und eine für die Typisierung. Alle Abteilungen unterstehen Ernst May, „er war der Leiter aller Architekten, Stadtplaner, Techniker und Spezialisten, die er sich aus allen Himmelsrichtungen zusammengesucht hatte. Er war die Lokomotive, die alles bewegte. Hätte er nicht die Nerven, die Ellenbogen und vor allem die charakterliche Festigkeit in allen Architekturfragen besessen, um unsere damals so neuartigen Vorschläge in den öffentlichen Körperschaften durchzusetzen, keiner von uns hätte jemals leisten können, was als ‚Das neue Bauen von Frankfurt‘ in die Architekturgeschichte eingegangen ist“.[73]

Mit Führungsqualitäten, Durchsetzungsvermögen, Disziplin und einem pragmatischen Motto führt May das Hochbauamt. „Fasse dich kurz“ steht auf der Wand in seinem Büro – das macht ihn vielleicht nicht sympathisch, aber auf jeden Fall erfolgreich als Teamleader seiner Mitarbeiter, die wiederum ihre Baugesinnung eint. „In erfreulicher Einmütigkeit haben sich private und beamtete Mitarbeiter am Wohnungsamt der Stadt Frankfurt in einer Baugesinnung zusammengefunden, die letzte Erfüllung architektonischer Ästhetik nicht mehr in der schönen Fassade mit der symmetrischen Aufteilung und der Belebung durch Pfeiler, Simse und Ornamente erblickt, die doch nichts mehr mit unseren Begriffen des Wohnens der Massen zu tun hat, sondern die in der Fassade nur mehr das getreue Abbild des Wohnbegriffes, wie er sich aus dem Inneren ergibt, erkennen und gestalten.“[74]

Die Einfamilienhäuser in Praunheim haben einen Garten, der die Versorgung der Familien mit Obst und Gemüse sichert und Erholung im Freien bietet.

„Die Schönheit einer Anlage liegt in der Betonung der Gemeinschaft."

Wer sind die Menschen, für die gebaut wird, und was ergibt sich aus ihren Lebensgewohnheiten für die Architektur? Das sind die Leitfragen, die Margarete Lihotzky bereits aus Wien kennt. In Frankfurt lauten die Antworten darauf ähnlich, sie definieren den Kern des Neuen Bauens: Die hohe Anzahl an Wohnungssuchenden ist das altbekannte Kernproblem. Bei knapp einer halben Million Einwohner in Frankfurt im Jahr 1925 sind 30.000 Wohnungssuchende bei der Stadt registriert, die tatsächliche Zahl dürfte weit darüber liegen. Es handelt sich dabei vor allem um Erwerbslose, Geringverdiener, Kriegswitwen und viele ehemalige Elsässer, die als Konsequenz der Nachkriegsordnung Zuflucht in Frankfurt suchen. Wie in Wien lebt diese sozial schwache Gruppe in erbärmlichen Zuständen dicht gedrängt in Mietskasernen. Die Altstadt ist nicht geeignet, um so viele Menschen aufzunehmen, denn sie ist, abgesehen von ihrer begrenzten Fläche, in schlechtem baulichen Zustand. Da Bauland aber teuer ist und die Baukosten hoch, kommt nur ein kommunaler Lösungsansatz infrage, der auf festen bürokratisch geregelten Füßen steht. Eine Bodenreform muss her, denn auf dem freien Markt kostet der Quadratmeter geeignetes Land 5 bis 15 Reichsmark, ein Preis, der soziales Bauen unmöglich macht. Frankfurt beruft sich auf das preußische Gesetz zur „Umlegung von Grundstücken in Frankfurt am Main", damit kann die Stadt den Quadratmeterpreis auf durchschnittlich 3,50 Reichsmark senken oder sogar Grundbesitzer enteignen. Der Preis der Häuser wird durch das Reichsheimstättengesetz reguliert, das günstige Bedingungen beim Kauf von Einfamilienhäusern vorsieht und der Stadt die Kontrolle über Preissteigerungen beim Wiederverkauf gibt. Geringe Zinsen aus Hauszinssteuer-Hypotheken sichern die Kapitalbeschaffung.[75] Schließlich garantiert die generalstabsmäßige Konzeption des Bebauungsplans von Ernst May das Gelingen.

Margarete mit Wilhelm Schütte. Auf der Rückseite des Fotos steht: „In Herrn Baumeisters Garten", 1929.

Alle diese und anderen Regelungen und Pläne sind stadtpolitische Fragen, die sich juristisch und ökonomisch beantworten lassen. Das Thema Lebensgewohnheiten ist deutlich komplexer, denn die meisten der Wohnungssuchenden haben wenig bis keine tradierten Gewohnheiten, die verbesserungswürdig sind. Margarete Lihotzky und ihre Kollegen müssen darum abstrakte Lösungen finden, auch darum orientieren sie sich am Idealbild des Neuen Menschen. Sie konstruieren ein durchaus erzieherisches Wohnkonzept, das auf Analysen beruht – eine Bevormundung, die uns heute irritiert, aber angesichts des großen Elends in Frankfurt nicht nur als legitim, sondern als notwendig angesehen wird. Margarete Lihotzky bemerkt dazu: „Es war hier, wie überall, zuerst eine eingehende Aufklärung nötig, (…) dass die Schönheit einer Anlage nicht in der Hervorhebung der einzelnen Individualität, sondern in der Betonung der Kollektivität einer Gemeinschaft liegt." In Praunheim, Heddernheim, Ginnheim, Riederwald und Niederrad entstehen so autarke Trabanten mit Stadtanschluss, gebaut als richtungsweisende moderne Siedlungen mit einer seriellen äußeren Ästhetik, die ein Leben als Gemeinschaft unter den Prämissen „klar, sachlich, bequem, wesentlich, sparsam, beglückend, strahlend hell und entlastend" ermöglichen.[76]

Die Gruppe May arbeitet effektiv und verändert die Physiognomie der Stadt derart, dass sie schnell zum Gesprächsthema wird. Das Hochbauamt bekommt den Spitznamen „Mays kleine Sowjetindustrie", die anfänglich umstrittenen Flachdach-Siedlungen werden „Neu-Marokko" tituliert, das wahlweise aus „Eierkisten" oder „giebellosen Hundeställen" besteht.[77] In der Zeitung wird entweder ernsthaft berichtet oder es erscheinen Karikaturen und Spottgedichte – oft in Verbindung mit der Person May. Beim Faschingsumzug 1928 etwa lautet ein Motto: „Der May ist gekommen, die Häuser schlagen aus."[78]

Wie schon in Wien fühlt sich Margarete Lihotzky in Frankfurt als Teil einer verschworenen Gemeinschaft mit einem gemeinsamen Ziel. Es erweist sich darüber hinaus als Vorteil, dass am Hochbauamt kollektiver Teamgeist herrscht, viele der Architekten nahe beisammen wohnen und sich auch in der Freizeit häufig besuchen. Kontakte zu knüpfen ist also weniger schwer als gedacht – Margarete Lihotzkys Sorge zu vereinsamen

Zu Weihnachten 1927 bringen die „Frankfurter Nachrichten“ eine Karikatur von Otto Richter – aus Platzmangel steht sogar der Weihnachtsbaum auf dem Flachdach.

ist umsonst. Sie findet nicht nur schnell Anschluss in der neuen Stadt, mit einigen Kollegen pflegt sie in ihren Frankfurter Jahren eine Freundschaft, mit manchen ein Leben lang, in einem findet sie eine große Liebe. Als sie kurz nach ihrer Ankunft in Frankfurt krank wird und nicht bei der Arbeit erscheint, macht man sich Sorgen. Hans Leistikow besucht sie, um zu fragen, ob und wie er helfen könne. Mit ihm arbeitet Margarete Lihotzky noch über zehn Jahre zusammen, seine Fürsorge in den ersten Wochen hat sie ihm nie vergessen.[79] Ein weiterer enger Freund wird Eugen Kaufmann, ursprünglich ihr Vorgesetzter im Amt für Typisierung. Die sicher wichtigste persönliche Begegnung Margarete Lihotzkys am Hochbauamt ist die mit dem drei Jahre jüngeren Wilhelm Schütte. Schütte ist ebenfalls Architekt und wird bereits im November 1925 von Martin Elsaesser nach Frankfurt geholt. Dort entwirft er hauptsächlich Schulen und wird 1928 zum Leiter der Abteilung Schulbau berufen. Lihotzky und Schütte sind sich in vielem ähnlich und harmonieren beruflich wie privat auf Anhieb so gut, dass schon im April 1927 geheiratet wird. Wilhelm Schütte zieht zu Margarete in das Dachatelier in der Kranichsteinerstraße 26.

Eine kurze Charakterisierung Wilhelm Schüttes verdeutlicht die Geistesverwandtschaft des Ehepaares: Der Architekt gilt als aufrichtig und gradlinig, fleißig und genau. Er setzt sich mit seinen Bauthemen intensiv theoretisch auseinander, sucht den Austausch mit Experten und stellt praktische Experimente an, um zum Beispiel die optimale Beleuchtung mit Tages- und Kunstlicht in Räumen zu erreichen. In Frankfurt entwickelt er sich zu einem Anhänger der Reformschule, wie sie der führende deutsche Schulreformer Fritz Karsen mit Bruno Taut in Berlin realisiert.[80] Auch die Vermittlungsarbeit ist ihm wichtig. Er hält Vorträge, publiziert und erarbeitet grundlegende Richtlinien für den Schulbau. Auf Basis einer Diskussionsreihe mit Experten, die in Wilhelm Schüttes Abteilung am Hochbauamt geführt wird, entsteht so 1928 die wegweisende Frankfurter Richtlinie für die Projektierung von Schulneubauten.

Wilhelm Schütte und Margarete Schütte-Lihotzky – sie trägt nach der Eheschließung einen Doppelnamen, auf dessen korrekter Nennung sie besteht – sind sich auch politisch einig. Beide glauben an die positive

Kraft des Sozialismus und setzen sich mit aller Kraft und aus Überzeugung für die Verbesserung der Lebensumstände des Proletariats ein. Sie diskutieren viel über Architektur im Allgemeinen und deren soziale Aspekte im Besonderen, was Margarete Schütte-Lihotzky mehrmals mit einem Augenzwinkern als den „Nachteil" bezeichnet, mit einem Kollegen verheiratet zu sein, da man dadurch viel zu oft über Berufliches rede. Der Wunsch sich auszutauschen ist groß, bleibt aber unter dem Mantel des Privaten für uns verdeckt, da das Paar zu seinem großen Glück, aber zum Unglück für die Nachwelt fast das gesamte Eheleben gemeinsam verbringt, sodass kein aussagekräftiger Briefwechsel vorliegt. Die privaten Briefe von Wilhelm Schütte an seine Familie sind verschollen und die wenigen Briefe Margaretes aus der Zeit ab 1930 an ihre Schwester beinhalten Reisedetails, aber wenig Privates. Eine große Ausnahme stellt der nahezu vollständig erhaltene Briefwechsel der Eheleute aus der Zeit der Inhaftierung Margarete Schütte-Lihotzkys von 1941 bis 1945 dar. Aus ihm sprechen Vertrautheit, Mut und Verzweiflung, aber auch thematische Zurückhaltung, die der schwierigen bis lebensbedrohlichen Situation geschuldet ist.[81] Das Bild der Ehe muss daher eine Interpretation anhand bekannter äußerer Faktoren bleiben, die teilweise aber für sich sprechen: Von Anbeginn ihres Kennenlernens bis weit über ihre Ehe hinaus – sie lassen sich 1951 scheiden – gehen die beiden gemeinsam auf Reisen und arbeiten an Projekten. Man kann daher durchaus von einem harmonischen und zugewandten Paar ausgehen, das ganz modern gleichberechtigt und in gegenseitigem Respekt lebt. Auch nachdem die Zeit im Widerstand und der Haft Margarete Schütte-Lihotzkys sie als Ehepaar entzweit, bleiben sie einander dennoch verbunden.

Die Frankfurter Küche

„Ich bin keine Küche. (...) Hätte ich gewusst, dass ich ein Leben lang über diese verdammte Küche sprechen muss, dann hätte ich sie nie gebaut."

Margarete Schütte-Lihotzkys Aufgabe am Hochbauamt ist es, ihre in Wien erworbene Fachkenntnis zur Rationalisierung der Hauswirtschaft einzubringen. Sie ist an der Entwicklung der Grundrisstypen für die erste Projekt- und Experimentiersiedlung Praunheim beteiligt, vor allem aber optimiert sie ihre Küchenentwürfe und entwickelt noch im ersten Jahr eine Lösung: die arbeitssparende Küche mit Einbaumöbeln auf kleinstem Raum bei größtmöglicher Kostenersparnis. Die sogenannte Frankfurter Küche ist nicht nur ihr wesentlicher Beitrag zum Neuen Frankfurt, es ist gleichzeitig ihr größter Wurf und macht sie schlagartig zu einem der prominentesten Gesichter am Hochbauamt.

Die Architektin geht ihre Aufgabe wie immer systematisch und umfassend an. Die kleinen Grundrisse bieten nur sehr wenig Platz für die Küche, viel zu wenig für handelsübliche Küchenmöbel. Es muss also eine Einrichtung entworfen werden, die alle Anforderungen erfüllt und dennoch wenig Raum benötigt. Margarete Schütte-Lihotzky weiß schon aus Wien, wie platzsparend Einbaumöbel sind und welche Preisvorteile sie bringen: Durch die serielle Herstellung werden Produktionskosten gesenkt und durch den Einbau kann die Küche den Baukosten zugeschlagen werden – ein wesentlicher sozialer Aspekt, da die Mieter keine Küche anschaffen müssen, sondern ihre Frankfurter Küche über die Miete finanzieren. Konkret bedeutet das für einen Facharbeiter mit einem Monatslohn von 200 Reichsmark, dass er für eine Wohnung mit 60 Quadratmetern Wohnfläche Mietkosten von ungefähr 60 Reichsmark hat, wovon nur 3 Reichsmark auf die voll ausgestattete Küche entfallen.

Als erstes Vorbild für ihren Küchenentwurf dient Schütte-Lihotzky die Mitropa-Speisewagenküche, in der zwei Menschen täglich bis zu achtzig Personen bekochen. Wenn das möglich ist, dann braucht auch eine Hausfrau nicht mehr Platz, so ihr Gedanke. Also beginnt sie wie der amerikanische Ingenieur und Begründer der modernen Arbeitswissenschaft, Frederick Winslow Taylor, die Arbeitsabläufe einer Hausfrau in der Küche zu analysieren, zählt Schritte und Handgriffe, nimmt eine Stoppuhr zu Hilfe.

So ermittelt sie, wie die benötigten Möbel und Geräte angeordnet sein müssen, und auch, wo die Küche innerhalb der Wohnung am besten platziert ist, denn in der reinen Kochküche ist kein Essplatz vorgesehen, dieser muss aber natürlich beim Auf- und Abtragen erreicht werden. Außerdem beachtet sie die hygienischen Anforderungen und organisiert die Belüftungsmöglichkeiten ebenso wie die Material- und Farbauswahl entsprechend. Das Ergebnis ist eine Arbeitsküche als langgestreckter Raum mit 3,44 Metern Länge bei einer Breite von 1,96 Metern. An der inneren Schmalseite befindet sich eine Schiebetür zum Eingangsbereich der Wohnung, auf der inneren Längsseite eine weitere zum Wohn- und Essraum, damit „die Hausfrau und Mutter, während sie in der Küche beschäftigt ist, die Kinder im Wohnzimmer beaufsichtigen kann“[82], an der äußeren Schmalseite zum Garten sorgt ein großes Fenster für Tageslicht. Bis ins kleinste Detail hat Margarete Schütte-Lihotzky alles bedacht: Die Einbaumöbel reichen vom Betonsockel am Boden bis zur Decke, damit sich kein Schmutz ablagern kann, für Mehl ist ein Schuber aus Eichenholz vorgesehen, da Mehlwürmer die Gerbsäure des Holzes meiden, alle übrigen Schuber zur Aufbewahrung der Vorräte von Salz über Getreide bis zu Gewürzen sind aus Aluminium, das sich leicht sauber halten lässt. Als Schütte-Lihotzky in einem wissenschaftlichen Vortrag erfährt, dass Fliegen – damals noch ein ernstes Problem als Überträger von Krankheiten – blaue Flächen meiden, bestimmt sie Ultramarinblau als Lackfarbe für alle Möbel. Da es 1927 noch keine Leuchtstoffröhren gibt, entwickelt sie eine verschiebbare Hängelampe, die nach Bedarf justiert wird und den Arbeitsraum ideal beleuchtet.

Margarete Schütte-Lihotzkys Konzept, die Küche nicht nur als zentralen Ort in der Wohnung, sondern als Labor zu entwerfen, ist revolutionär und sehr erfolgreich: Bereits hundertjährig resümiert die Architektin auf die Frage, wie sie sich den Erfolg erklärt: „Auf Grundlage der größtmöglichen Schritt- und Grifferspärnis entwickelten wir kleine Arbeitsküchen in der Art eines Laboratoriums. Beeinflußt vom Taylorsystem maß ich mit der Stoppuhr Handgriffe und Schritte, um die günstigste Breite und Länge des Raums zu bestimmen. Ich habe das ganz wissenschaftlich gemacht. Gekocht habe ich in jener Zeit nicht viel. Da es noch keine Leuchtstoffröhren gab, habe ich eine in die Decke eingebaute Schiebelampe erfunden. Die Küche stand über eine 90 Zentimeter breite Schiebetür in dichter Verbindung mit dem Wohnraum. Der Weg zwischen Herd und Essplatz betrug nicht mehr als drei Meter. Das war ein wichtiger sozialer Aspekt: Die Frau sollte nicht in die Küche verbannt werden.“[83]

Bei aller Begeisterung der Architektin und ihrer Kollegen über die Innovation, die meisten Hausfrauen hängen an ihren Gewohnheiten ebenso wie an ihren Möbeln. Margarete Schütte-Lihotzky, die selbst wenig kocht und sich die Haushaltsführung mit ihrem Mann teilt, hat nicht mit dieser emotionalen Komponente gerechnet. Die Experten müssen wieder einmal vermitteln: In unzähligen Artikeln und Vorträgen argumentiert Margarete Schütte-Lihotzky für ihre Küche und wirbt in Frauenvereinen mit der wesentlichen Zeit- und Kraftersparnis, es werden Führungen durch die Siedlungen angeboten und andere Städte angeschrieben, um sie als Multiplikatoren zu gewinnen. Die Werbetrommel wird kräftig gerührt – inklusive Radiobeiträgen und Werbefilmen.

Der Einsatz lohnt sich. Die Frankfurter Küche wird in der Main-Metropole 10.000-mal gebaut und erobert von dort die Welt: Der französische Arbeitsminister Louis Loucheur plant in seinem Wohnungsbauprogramm 260.000 Frankfurter Küchen ein. Aus vielen deutschen Städten kommen Anfragen von Stadtverwaltungen, aber vor allem in Amerika und Schweden ist die Frankfurter Küche ein Erfolg. Von dort kommt sie in zahlreichen Varianten nach dem Zweiten Weltkrieg wieder zurück nach Deutschland – mit einem neuen Namen: Einbauküche.

Blick in die Frankfurter Küche vom Flur aus. Ein Nachbau des Originals kann heute in Wien besichtigt werden.

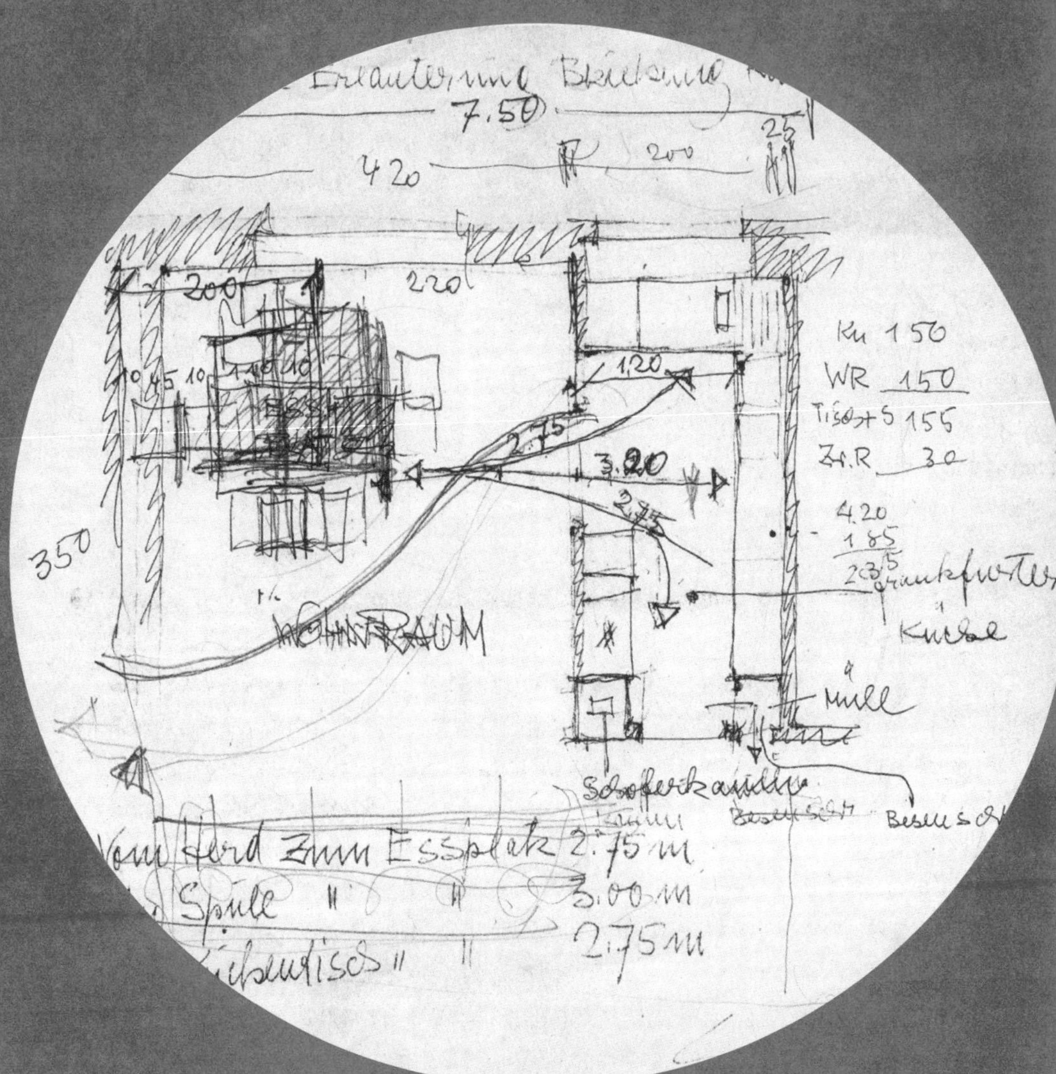

Das Messen von Distanzen in Schritten gewöhnt sich Margarete in Frankfurt an und hält ein Leben lang daran fest: Ende der 1990er-Jahre liegt das von ihr bevorzugte Restaurant mit Mittagstisch 264 Schritte von ihrer Wohnungstür entfernt.

Doch für Margarete Schütte-Lihotzky ist der Erfolg ein zweischneidiges Schwert. Bis heute werden von der Frankfurter Küche ihre vielen anderen Lebens- und Bauleistungen überdeckt, sie gilt als die Erfinderin der Einbauküche, obwohl sie sowohl in architektonischer Hinsicht als auch als politische Aktivistin mindestens ebenso viel geleistet hat. Ihre Empörung darüber beginnt bereits kurz nach den ersten Erfolgserlebnissen und ebbt im Laufe ihres Lebens nicht ab. Noch 1999 – ein Jahr nachdem ihr bezeichnenderweise als Erfinderin der Einbauküche der IKEA-Preis verliehen wird – erklärt sie in einem Interview: „Zur Frankfurter Küche ist es doch gekommen, weil ich erkannt habe, dass die Berufstätigkeit der Frau in unserem Jahrhundert allgemein werden wird."[84] Doch so wenig sie es schafft, in der Außenwahrnehmung aus dem Schatten „ihrer Küche" zu treten, so gut gelingt es ihr beruflich: Als sie 1930 ihren Arbeitsvertrag für die UdSSR verhandelt, besteht sie darauf, nie wieder eine Küche bauen zu müssen – und setzt sich durch.

Dennoch, über einen ungewöhnlichen Beitrag zur Rezeptionsgeschichte hätte sich Margarete Schütte-Lihotzky sicher gefreut. Im Jahr 2008 setzt sich der Musiker Robert Rotifer auf seinem Album „Coach Nr. 12 of 11" mit seiner Wiener Großmutter, Irma Schwager, auseinander. Die antifaschistische Widerstandskämpferin und Politikerin ist nach dem Zweiten Weltkrieg im Bund Demokratischer Frauen aktiv – gemeinsam mit Margarete Schütte-Lihotzky. Achtzig Jahre nach dem Entwurf der „Frankfurter Küche" durch Margarete Schütte-Lihotzky sitzt nun also Rotifer in einem Zug in England und sucht nach einer Idee für einen letzten Song für sein Album. Er möchte ein Lied über etwas schreiben, was eigentlich völlig uninteressant ist, und so mäandern seine Gedanken durch eine Reihe von Alltäglichkeiten – und landen in der Speisewagenküche. Das ist die zündende Idee, denn von der Küche zu Margarete Schütte-Lihotzky ist es für ihn nicht weit, der Bezug zu seiner Großmutter ist enthalten und für eine Grundmelodie ist durch den klangvollen Namen Schütte-Lihotzky auch gesorgt. Das Ergebnis ist das Lied „Frankfurt Kitchen", in dem Rotifer nicht nur die Küche und ihre Architektin besingt, sondern auch ihr legendäres Zitat einbringt: „Hätte ich gewusst, dass ich ein Leben lang über diese verdammte Küche sprechen muss, dann hätte ich sie nie gebaut."[85]

Abschied von Frankfurt

> „May, berauscht von der zukünftigen Arbeit, schlug vor, mit dem großen Zeppelin-Luftschiff nach Moskau zu fliegen."

Die Begeisterung im Hochbauamt ist groß, als im Sommer 1930 Ernst May seinen Mitarbeitern vorschlägt, ihn in die Sowjetunion zu begleiten, um dort die Arbeiterstädte für die Schwerindustrie zu errichten. Die Weltwirtschaftskrise erfasst auch Frankfurt und verändert die Arbeits- und Bausituation stark. Im April 1930 wird beschlossen, dass Margarete Schütte-Lihotzkys Vertrag nicht verlängert werden kann, mit der Begründung, dass die Stadt sich nicht mehr in der Lage sieht, zwei Personen der gleichen Familie zu beschäftigen – die Arbeitslosigkeit ist zu groß.[86] Die Eheleute Schütte müssen allerdings nicht lange beraten, wie es für die Architektin weitergehen wird, ohne zu zögern beschließen sie Ernst May zu begleiten – unter einer Bedingung: Margarete Schütte-Lihotzky möchte nie wieder Küchen bauen. Sie bekommt ihren Wunsch erfüllt und wird in der „Brigade May" für den Bau von Kinderanstalten zuständig. Wilhelm Schütte ist für Schulbauten vorgesehen.

So entsetzt die meisten von Ernst Mays unbescheidenen Reiseplänen sind, so begeistert beginnen sie sofort mit den Vorbereitungen. Im Wohnhaus von May treffen sich alle Russlandfahrer regelmäßig zu organisatorischen Besprechungen, alle fangen an Russisch zu lernen und lesen eifrig russische Literatur und Bücher über Erziehungsmethoden in der Sowjetunion. Wilhelm Schütte kann einen Vertrag über fünf Jahre

VERLAG ENGLERT UND SCHLOSSER IN FRANKFURT AM MAIN

DEUTSCHE BAUEN
IN DER UdSSR

DAS NEUE FRANKFURT

INTERNATIONALE MONATSSCHRIFT FÜR DIE PROBLEME R NEUGESTALTUNG

IV. JAHRGANG · SEPTEMBER 1930

Die Septemberausgabe des „Neuen Frankfurt“ titelt 1930 mit dem Wegzug der „Brigade May“ aus Frankfurt.

abschließen, Margarete Schütte-Lihotzky wird zunächst für ein Jahr verpflichtet. In ihren Erinnerungen schreibt sie zwar, dass sie sowohl bezüglich Verträgen als auch Gehältern nie anders behandelt wurde als ihre männlichen Kollegen, tatsächlich sprechen die offiziellen Dokumente eine andere Sprache: Ihr Mann wird sowohl besser bezahlt als auch vertraglich mit größerer Sicherheit ausgestattet.[87] Demnach ist es ihr subjektives Gefühl von Gleichberechtigung, das aus der Zeit heraus absolut verständlich ist, denn ihre Karriere und ihr Erfolg sind beispiellos für eine Frau in der damaligen Zeit. Ohne Vergleichsmöglichkeiten legt sie wohl andere Kriterien an, als sie heute üblich sind. „Merkwürdig! So wie in meinem Leben wurde mir in meinem Beruf immer alles angeboten, sozusagen auf dem Servierteller entgegengetragen, ohne dass ich selber das Geringste dazu getan hätte."[88]

Nachdem alles Nötige geplant ist, macht Margarete Schütte-Lihotzky mit ihrem Mann noch zwei Wochen Urlaub am Genfer See. Durch Zufall wohnen sie in einer Pension, die früher als Feriendomizil russischer Großfürsten gedient hat. Nun wird sie von den offenbar verarmten Enkeln betrieben, die im Esszimmer unter einem Porträt des Zaren speisen und Tee aus dem Samowar reichen. Eine groteske Situation, auf die gleich die nächste folgt: Zurück in Frankfurt übernachtet das Paar im Hotel, da ihre Wohnung bereits aufgelöst ist. Für ihre letzte Nacht in Frankfurt haben sie ausgerechnet den Basler Hof ausgesucht – und so verbringen sie diese unter einem Dach mit Adolf Hitler, der für einen Vortrag in der Stadt ist. Den beiden schaudert: „Höchste Zeit, aus dem Land herauszukommen."[89]

Resümee der Frankfurter Jahre

„Das Spezialistenteam tat wirklich alles, was es nur konnte, um dem Besten, was in der zweiten Hälfte der zwanziger Jahre in Deutschland technisch und wirtschaftlich möglich war, funktionell und formal Gestalt zu geben. Wieder war ich ein Teil einer Gemeinschaft, der damals verschworenen Gemeinschaft moderner Architekten, geworden, die für bestimmte Prinzipien und Architekturvorstellungen eintraten und dafür auch kompromisslos kämpften. Die ganze Architekturelite, die sich

May zusammengeholt hatte, musste sich der Bevölkerung erst verständlich machen. Damals zog sich eine lückenlos laufende Kette für alle Arbeiten, von der Vertretung in den öffentlichen Körperschaften durch Ernst May über den Architekten, vom ersten Vorentwurf angefangen, über Bau und Ausführungspläne, Baudetails und Kostenvoranschläge, Vergabe, Ausführung bis zum schlüsselfertigen Haus, ja sogar darüber hinaus bis zur Beratung der Bewohner über Einrichtung und Benutzung des Gelieferten. Alles lag in der Hand des planenden Architekten und das funktionierte ausgezeichnet, wohl ein ganz seltener Fall bei einer Stadtverwaltung."[90]

III Sowjetunion

„Kein Einziger von uns war Kommunist."

СОЦГОРОД Н. ТАГИЛ ОКОНЧАТЕЛЬНАЯ СХЕМА
СОЦГОРОД Н. ТАГИЛ
СОЦГОРОД Н. ТАГИЛ
СОЦГОРОД Н. ТАГИЛ

Während Westeuropa durch die Weltwirtschaftskrise geschwächt ist, feiert die Sowjetunion 1929 das „Jahr des großen Umschwungs". In der Kommunistischen Partei setzen sich Stalin und seine Anhänger mit ihrer Vision durch, die Sowjetunion schnellstmöglich zu einem perfekt industrialisierten Land zu entwickeln. Auch auf sie wirkt die Idee des Neuen Menschen als Motor *und* Ziel der sozialistischen Gesellschaft. Hier jedoch führt der Wunsch nach Gemeinschaftlichkeit zur politischen Forderung der Kollektivierung aller Lebensbereiche mit schwerwiegenden Konsequenzen, die auch Schütte-Lihotzky und ihre Kollegen zu spüren bekommen. Das Neue Bauen in Deutschland und zuvor in Österreich hat sich sehr stark an den realen Bedürfnissen der sozial Schwachen orientiert und die nötigen Entwicklungen des Stadt- und Wohnungsbaus daraus entwickelt. In der Sowjetunion entstehen die Neuen Städte auf Basis dieser Erkenntnisse, jedoch in viel größeren Dimensionen und mit einem deutlich veränderten erzieherischen Anspruch. Es geht nicht um besseres Wohnen für die Arbeiterschaft, es geht um die Umerziehung der überwiegend bäuerlichen Gesellschaft zur Arbeiterschaft.

„Wer keine Arbeit bekommen hat, ging aufs sowjetische Konsulat, die haben alle genommen."

Im ersten Fünfjahresplan (1928–1933) wird der Umbau der alten Sozialstrukturen sowie der alten Wirtschafts- und Siedlungsstrukturen beschlossen, um aus dem rückständigen Agrarland einen modernen Industriestaat zu machen. Dabei steht der Aufbau der Schwerindustrie im Mittelpunkt und wird mit allen Mitteln vorangetrieben. Euphorisch beschreibt Stalin

S. 79: Die „Brigade May" arbeitet 1931 an der Entwicklung der Stadt Nizhny Tagil im Ural. Das Foto zeigt Ernst May (Fünfter von links) mit seinen Kollegen im Büro in Moskau.

den schnellsten Weg zum Sozialismus: „Wir gehen mit Volldampf den Weg der Industrialisierung – zum Sozialismus (...). Wir werden zu einem Metallland, einem Land der Automobilisierung, einem Land der Traktorisierung."[91] Doch die Entscheidung gegen eine evolutionäre Veränderung des Landes, wodurch aus eigener Kraft der Umschwung realisierbar wäre, macht die Sowjetunion abhängig von der fortschrittlichen Technologie und den Fachkräften aus dem Ausland, denn beides ist Mangelware im Bauernstaat. Auf dem Weg zum real existierenden Sozialismus nehmen Stalin und seine Anhänger kurzzeitig den kapitalistischen Westen in ihren Dienst, indem sie sich offen und kooperativ in wirtschaftlichen Fragen vor allem gegenüber Deutschland zeigen. Das Resultat ist eine bilaterale Wirtschaftsbeziehung, die für kurze Zeit für beide Länder eine optimale Lösung der jeweiligen Probleme darzustellen scheint. Die Sowjetunion bekommt Expertenwissen, Fachkräfte und Technologie und Deutschland erschließt einen neuen Absatzmarkt, um die miserable Wirtschaft anzukurbeln: Im Jahr 1929 sind in Deutschland offiziell 1,2 Millionen Menschen arbeitslos, im Sommer 1932 sind es bereits 6 Millionen, davon alleine 900.000 im Baugewerbe – neunzig Prozent der Architekten in Deutschland sind arbeitslos.[92] Kein Wunder, dass vor allem sie zu Beginn dem Ruf der sowjetischen Führung in Scharen folgen, pragmatisch und unabhängig von ihren politischen Überzeugungen, wie Margarete Schütte-Lihotzky bezeugt: „Kein Einziger von uns war Kommunist und die Sowjets haben auch nicht danach gefragt. Nach uns sind ja noch Hunderte gekommen, die in Deutschland keine Arbeit bekommen haben, weil ja Krise war. Wer keine Arbeit bekommen hat, ging aufs sowjetische Konsulat, die haben alle genommen."

Den Fachkräften folgt die Industrie: Im März 1932 kommt eine Delegation der führenden Spezialisten von Krupp, AEG, Siemens, Demag, Klöckner und Borsig auf Einladung der sowjetischen Regierung nach Russland, um sich ein Bild vor Ort zu machen – der Exportwert steigt innerhalb von drei Jahren auf 2 Milliarden Mark, die Sowjetunion kauft nahezu fünfzig Prozent aller Waren in Deutschland.[93] Auch im Falle der Gruppe May zeigt sich sehr deutlich, wie die bilateralen Wirtschaftsbeziehungen in den frühen 1930er-Jahren funktionieren. Fachlich spricht ohnehin einiges für May und seine Mitarbeiter, denn außer den Architekten Walter Gropius und Hans Schmidt hat niemand in Deutschland mehr Kompetenzen in der Projektierung und Realisierung des sozialen

Städtebaus. Innerhalb des Hochbauamts hat sich durch die erfolgreiche Pionierarbeit im Neuen Frankfurt die tiefgreifende Überzeugung etabliert, eine Lösung für das Neue Wohnen gefunden zu haben, die nur bedingt durch politische und wirtschaftliche Veränderungen Ende der 1920er-Jahre in Deutschland stagniert. Die Perspektiven in der Sowjetunion bieten die überwältigende Möglichkeit, den Wirkungskreis des sozialen Wohnungsbaus auf eine neue Ebene zu heben: die Entwicklung der sozialistischen Stadt, der Neuen Stadt. Doch es ist nicht das alleine, was May zum Chefingenieur des Projektplanungsbüros der Zentralbank für Kommunalwirtschaft und Wohnungsbau (Cekombank) macht und ihn damit in eine der wichtigsten Positionen im Zentrum des Aufbaus der Sowjetunion bringt: Am 15. Mai 1930 schreibt der deutsche Botschafter in Moskau ein Telegramm an das Auswärtige Amt, in dem er betont, wie wichtig die Besetzung des Postens in der Sowjetunion durch May für die deutsche Wirtschaft sei. Daraufhin telegrafiert das Auswärtige Amt an den Frankfurter Oberbürgermeister Landmann mit der Bitte, May und seinen Mitarbeitern den Wechsel möglichst leicht zu machen. „Der deutsche Botschafter in Moskau unterstreicht den großen Wert, den die Übernahme dieses Auftrags durch Stadtbaurat May im allgemeinen deutschen Interesse haben würde und fügt hierbei hinzu, dass diese deutsche Pionierarbeit zweifellos von großer Auswirkung auf die deutsche Wirtschaft begleitet sein wird. Das Auswärtige Amt bittet, das der Auffassung des deutschen Botschafters vollkommen beitritt, Herrn Stadtbaurat May die Übernahme der ihm in Sowjetrussland angetragenen Tätigkeit weitestgehend erleichtern zu wollen.“[94]

Margarete Schütte-Lihotzky bietet sich erneut die Chance, an einem Brennpunkt der Stadtentwicklung mitzuwirken und gleichzeitig ihr Profil als Architektin zu schärfen. In Wien und Frankfurt hat sie sich überwiegend mit Siedlungshäusern und Kleinstwohnungen beschäftigt und sich im Zuge dessen in die Lebens- und Arbeitsbedingungen von Arbeiterfamilien bzw. Hausfrauen hineingedacht, um den Zweck ihres Bauens zu durchdringen und sinnvoll entwerfen zu können. Nun ist ihr Hauptthema die Erziehung, die in der Sowjetunion oberste Priorität hat. Erziehungsanstalten in der Sowjetunion bilden das Rückgrat der sozialistischen

Gesellschaft, denn durch sie wird sichergestellt, dass Frauen genau wie ihre Männer erwerbstätig sein können. Außerdem wird die Erziehung der neuen, jungen Sozialisten nicht dem Einzelnen überlassen, sondern vom Staat übernommen – in ansteigendem Maße parallel zu den restriktiven Maßnahmen der politischen Führung. 1919 etwa wird beschlossen, dass alle Erziehungs- und Bildungseinrichtungen „aus einem Werkzeug der Klassenherrschaft der Bourgeoisie in ein Werkzeug der vollständigen Aufhebung der Klasseneinteilung in der Gesellschaft, in ein Werkzeug der kommunistischen Umgestaltung der Gesellschaft“ verwandelt werden sollten. „In der Periode der Diktatur des Proletariats (…) muß die Schule nicht nur die Prinzipien des Kommunismus im allgemeinen, sondern auch den geistigen, organisatorischen und erzieherischen Einfluß des Proletariats auf die halbproletarischen und nichtproletarischen Schichten der werktätigen Masse verwirklichen, um eine Generation zu erziehen, die fähig ist, den Kommunismus endgültig zu errichten.“[95]

Wie radikal die Maßnahmen auf „dem Weg zum Kommunismus“ sich entwickeln werden, ist für Margarete Schütte-Lihotzky 1930 noch nicht abzusehen. Sie nimmt ihre Aufgabe euphorisch an und steht gemeinsam mit ihrem Mann, der mittlerweile als einer der kundigsten Architekten des Reformschulbaus gilt, im Zentrum des Aufbaus des ersten sozialistischen Staates. Damit können sich beide identifizieren und stürzen sich in die Arbeit. Die nächsten Jahre der Architektin sind geprägt von der intensiven Beschäftigung mit Kindereinrichtungen inklusive ihrer Ausstattung mit Möbeln, später kommen auch bei Margarete Schütte-Lihotzky Schulen hinzu.

Die Brigade May

„Ich bin mir der Größe meiner Aufgabe und der Tatsache, daß noch nie etwas ähnliches versucht wurde, durchaus bewußt. (...) Neue Fabriken, neue Industrie haben neue Siedlungen zur Voraussetzung. Neue Städte müssen gebaut, andere umgebaut werden. Straßen und Wege sind notwendig, denn da, wo all das entstehen soll, ist heute ödes Steppenland.“[96]

Die „Brigade May“ tritt am 5. Oktober 1930 ihre Fahrt ins „Wunderland“[97] Sowjetunion dann doch nicht mit dem Zeppelin-Luftschiff an, sondern besteigt am Schlesischen Bahnhof in Berlin den Zug. Am Bahnhof drängen sich die Journalisten, in der Hoffnung, ein Interview mit den Russlandfahrern zu bekommen, über deren Vorhaben May vorab in zahlreichen Fachzeitschriften geschrieben hat. Insgesamt besteigen siebzehn Spezialisten mit ihren Familien den Zug, ihr Gepäck füllt zwei Gepäckwaggons, der jüngste Reisende ist der erst sechs Wochen alte Karl Hebebrand, in einem großen Wäschekorb liegend. Zwei Tage und zwei Nächte dauert die Fahrt, mit einem Zwischenstopp in Negoreloje, der russischen

In diesem Haus in der Bolschoj Karetnij Pereulok Nr. 17 teilen sich die Mitglieder der „Brigade May“ mehrere Wohnungen.

Grenzstadt zu Polen, da sich dort die Spurbreite der Gleise ändert. Hier werden sie von einem Direktor der Cekombank und einer Dolmetscherin in Empfang genommen, die sie auf der restlichen Wegstrecke begleiten. Margarete Schütte-Lihotzky ist begeistert von der Landschaft und der Weite der russischen Ebenen und bekommt einen ersten Eindruck von der ungeheuren Größe des Landes – eine Faszination, die sie die nächsten fast sieben Jahre nicht loslassen wird.

Ernst May hat seine sechzehn Mitarbeiter mit Bedacht ausgewählt, für jedes Fachgebiet geht ein Spezialist mit nach Moskau – darunter alleine dreizehn Kollegen aus Frankfurt: Margarete Schütte-Lihotzkys guter Freund Hans Leistikow für die grafische Gestaltung, für den Städtebau Hans Burkart und Walter Schwagenscheidt, für den Krankenhausbau ist Werner Hebebrand dabei, ihn begleitet seine Frau Grete, die Schwester von Hans Leistikow. Die übrigen Frankfurter sind Walter Kratz (Wohnungsbau), Walther Schulz (Bauleitung), Albert Löcher (Städtebau), Max Frühauf (Bauleitung), Ulrich Wolf (Gartenbau), Mart Stam (Wohnungsbau) und Albert Winter. Neu ins Team kommen Erich Mauthner aus Österreich (Städtebau), Hans Schmidt aus der Schweiz (Wohnungsbau) sowie die deutschen Architekten Wilhelm Hauss (Installation) und Carl Lehmann (Tiefbau). Und die Gruppe wächst – 1931 kommt ein weiterer Freund und Kollege Margarete Schütte-Lihotzkys aus Frankfurt nach: Eugen Kaufmann (Typisierung) – zeitweise hat Ernst May bis zu achthundert Mitarbeiter.

Die Brigade May residiert in Moskau kurzzeitig im Nobelhotel Metropol, bis ein für sie vorgesehener Neubaukomplex zwischen dem Garten- und Boulevardring fertig ist. Dort bewohnen dann jeweils zwei Familien eine Vierzimmerwohnung gemeinsam, mit Ausnahme von Ernst May, der das Privileg des Vorgesetzten genießt, und Hans Burkart, der mit seiner Frau und den drei Kindern mehr Platz benötigt. Die anfängliche Enttäuschung darüber, dass nicht jedem eine eigene Wohnung zugeteilt wird, wandelt sich aber bald, denn das Konzept des „gemeinsamen Wohnens und Arbeitens“ erweist sich unerwartet als Vorteil: In der Fremde sind alle aufeinander angewiesen und die Bedenken Mays, dass spätestens nach einem halben Jahr alle zerstritten sein werden, bewahrheiten sich nicht. Margarete Schütte-Lihotzky führt das darauf zurück, dass man im Ausland toleranter miteinander umgeht, weil jeder auf Unterstützung beim Einleben angewiesen ist, vor allem wenn man die Landessprache nicht beherrscht. Der erste Mitbewohner des Ehepaars Schütte ist Walther Schulz, der jedoch schon bald seine Kündigung einreicht. Sein Nachfolger wird 1932 Fred Forbat mit Frau und schließlich zieht die Familie Hans Schmidt ein.

Offizieller Arbeitgeber von May und seiner Truppe ist die Zentralbank für Kommunalwirtschaft und Wohnungsbau (Cekombank). Bereits am Morgen nach ihrer Ankunft gehen alle in das neue Büro im Gebäude der Bank – es wartet viel Arbeit, denn die Dynamik, mit der die junge Sowjetunion ihre optimistischen Wachstumspläne verfolgt, ist enorm. Zu einer der ersten Aufgaben der Architekten gehört die Sichtung, Bewertung und Korrektur von Konzepten und Entwürfen, die seit dem Beginn des ersten Fünfjahresplans 1928 entstanden sind. Daran geknüpft ist die Ausarbeitung oder Neuplanung von bestehenden Städten und Neugründungen: Mit einem für damalige Verhältnisse gigantischen Budget von umgerechnet 16,8 Mio. Euro ausgestattet, sollen 200 Industrie- und 1.000 Agrarstädte entstehen.[98] Die Bauprojekte sind über ganz Russland verteilt, befinden sich also in klimatisch völlig unterschiedlichen Gebieten und stellen jeweils ganz eigene Herausforderungen an Material und kulturelle Gegebenheiten. Das ist zum einen sehr reizvoll, erschwert aber sowohl das kostensparende, standardisierte Bauen wie auch die Überwachung der Baustellen. Am Beispiel der ersten und gleichzeitig größten Projekte sind beispielhaft die Entwicklung des Generalbebauungsplans für die Eisen-Industriestadt Magnitogorsk im südlichen Ural (200.000 Einwohner) und die 2.000 km weiter östlich im sibirischen Kohlenbecken gelegene Stadt Nowokusnezk (100.000 Einwohner).

Bauen in der UdSSR

„Es war hochinteressant – und sehr kompliziert.“

Margarete Schütte-Lihotzky macht sich Anfang 1932 reiselustig auf den Weg in den Ural, um für einen Monat die Bauleitung in Magnitogorsk zu übernehmen. Es wird wahrlich eine interessante Reise.

Für jede neue Stadt wird ein Kinderanteil von 17 Prozent berechnet – für Schütte-Lihotzky bedeutet das im Falle von Magnitogorsk die Planung von Kindereinrichtungen für 34.000 Kinder. Um Aufgaben wie diese bewältigen zu können, stehen ihr als Leiterin der Abteilung für Kinderbauten bis zu dreißig Mitarbeiter zur Seite, darunter Zeichner, Konstrukteure und Dolmetscher, die überwiegend aus der Sowjetunion stammen. Das entspricht der Arbeitsorganisation aller ausländischen Spezialisten, die nicht nur die Entwicklung des Landes vorantreiben, sondern auch die einheimischen Fachkräfte einlernen und fortbilden sollen. Schütte-Lihotzky nimmt auch diese Aufgabe mit großem Einsatz an. Sie ist neugierig, geduldig und unermüdlich im Einsatz, hält außerhalb der Bürozeiten Vorträge, veranstaltet Weiterbildungskurse und publiziert, um die Wirkung ihrer Kompetenz zu maximieren.

Als Margarete Schütte-Lihotzky nach einer Reise von fünf Tagen und Nächten in Magnitogorsk ankommt, trifft sie fast der Schlag: Mitten in der Steppe, wo es nichts gibt außer Erzvorkommen, leben die Menschen teilweise in Baracken und Erdhütten, nur etwa 8.000 Einwohner kommen bereits in den Wohnungen der Gruppe May unter. Die Lebens- und Arbeitsbedingungen sind primitiv und die Probleme fast unüberwindbar. Das abgebaute Eisenerz muss 100 Kilometer weit zur Verhüttung transportiert werden, was noch 1930 nur im Winter mit Pferdeschlitten möglich ist, da es weder eine Zugverbindung noch Straßen gibt. Der Polier und die Arbeiterinnen sprechen nur Kirgisisch, es werden

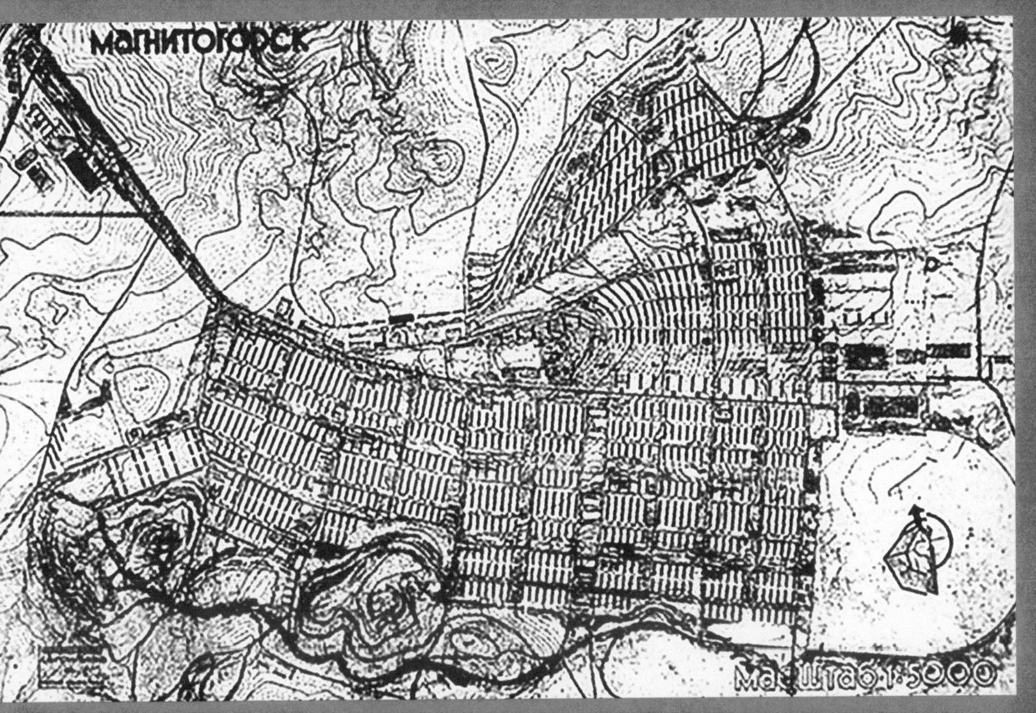

Magnitogorsk, „die Stadt am magnetischen Berg“, wird ab 1929 im Rahmen des ersten Fünfjahresplans errichtet. Das Baukonzept der Industrie- und Arbeiterstadt entsteht unter der Leitung von Ernst May.

darum zwei Übersetzer benötigt, die Arbeiterinnen sind zum einen sehr jung, zum anderen völlig unerfahren, und es fehlen Fachkräfte. Noch wenige Wochen, bevor sie zur Arbeit herangezogen werden, lebten sie als Nomaden in der Steppe, nun sollen sie sich den neuen völlig ungewohnten Lebensbedingungen anpassen und vom Bauen haben sie natürlich überhaupt keine Ahnung. Schütte-Lihotzky wundert sich daher auch nicht über abweichende Messungen von bis zu 15 cm, wenngleich die Perfektionistin früher schon wesentlich geringere Fehler keinesfalls toleriert hätte.

Bereits in Frankfurt war Margarete Schütte-Lihotzky am Entwurf von Kindergärten beteiligt: 1929 entwirft sie gemeinsam mit Eugen Kaufmann ihren ersten Kindergarten für den Ortsteil Ginnheim. Ein kleiner Bau nach dem Montessoriprinzip für nur eine Gruppe. Im Zentrum des Baus steht ein dreiseitig verglaster heller, flexibel gehaltener Gruppenraum, der sich zur Gartenseite öffnet und ideale Voraussetzungen für die freie Entwicklung der Talente und Begabungen des einzelnen Kindes durch das „Selbstlernprinzip“ bietet. Der zweite, deutlich größer dimensionierte Kindergarten Margarete Schütte-Lihotzkys in Frankfurt entsteht ebenfalls 1929 für den Ortsteil Praunheim und ist für hundert Kinder in drei Gruppen geplant. Im Prinzip entwickelt sie hier die Erkenntnisse aus Ginnheim weiter, indem sie zwar an der Grundplanung festhält, sie aber im Pavillonsystem erweitert.

Die Erfahrungen, die sie bei diesen beiden Projekten sammelt, kann sie in Magnitogorsk gut gebrauchen, allerdings muss sie das Pavillonsystem den ökonomischen und klimatischen Bedingungen anpassen, vor allem deutlich niedrigere Temperaturen und Materialmangel zwingen sie dazu, die Fassadenflächen zu verringern. Den Entwürfen aus den Jahren 1930/31, die nicht ausgeführt wurden, sieht man ihr Ringen um die beste Lösung an. Die optimalen Lichtverhältnisse stellen ein Problem dar, denn große Fensterflächen geben in der kalten Jahreszeit zu viel Wärme nach außen ab. Darum müssen die „Defizitmaterialien“ Eisen und Glas, die für die Industrie reserviert sind, weitgehend durch örtliche Baumaterialien ersetzt werden: „Man hatte eine Fensteröffnung nur so breit zu projektieren, wie sie mit einem Holzbalken überdeckt werden konnte, also höchstens zwei Meter vierzig." Die Grundforderungen des Neuen Bauens nach Licht, Luft und Sonne erfordert aber nicht nur große Fenster, sondern auch den freien Zugang zu Terrassen oder den Garten, der für idealerweise jede einzelne Gruppe möglich sein sollte. Eine Vermischung der Gruppen ist aus hygienischen Gründen zu vermeiden, damit sich Krankheitserreger nicht ausbreiten können – die Kindereinrichtungen in der Sowjetunion sind auch darauf ausgelegt, Kinder mit Infektionen zu beaufsichtigen und zu pflegen, um die Produktivität der Mütter aufrechtzuerhalten, die sehr häufig im Schichtbetrieb tätig sind. Diese Anforderungen wirken sich auch auf die Planung von Schlaf- und Sanitärräumen sowie Küchen und Speisesälen aus.

In Magnitogorsk wird schließlich ein Typenentwurf für hundertacht Kinder realisiert. Die Hauptfassade öffnet sich mit großen Fenstern nach Süden, hier liegen die Gruppenräume und eine große Veranda, die im Winter geschlossen, im Sommer offen ist. Die Nordseite zur Straße ist geschlossener, mit Zugängen zu den fünf Gruppen mit den jeweils nötigen Räumen zum Schlafen, Essen und Waschen. Verwaltung und Krankenräume sind separat. An diesen Grundelementen hält Margarete Schütte-Lihotzky bei ihren weiteren Typenentwürfen im Wesentlichen fest, mit entsprechenden Anpassungen in den verschiedenen Regionen, für die sie projektiert: Ob in Moskau, im Ural, in Vorderasien oder am Schwarzen Meer – fast 30 Jahre später bringt sie zur Vollendung, was in diesen Jahren in der Sowjetunion seinen Anfang nimmt und schließlich in ihr „Baukastensystem für Kindertagesheime" münden wird.

Die Notwendigkeit, Typenentwürfe so zu entwickeln, dass multiplizierbare Gebäude mit möglichst vielen vorgefertigten Bauteilen realisiert werden können, gilt nicht nur für Margarete Schütte-Lihotzky, sondern für alle ihre Kollegen. Die Einsicht, dass die Städte zu weit von Moskau entfernt in Russland verstreut liegen, um regelmäßige Kontrollfahrten zu machen, zwingt alle in der Gruppe May dazu, ihre Erkenntnisse aus Frankfurt weiter zu systematisieren. Die Architekten gehen dazu über, in Moskau Gebäudetypen zu entwerfen, die dann in die jeweiligen Städte geschickt werden, wo jeweils Bauleiter aus der Gruppe die Kontrolle übernehmen. Aber es gibt viel zu beachten: In vier klimatischen Zonen mit sehr unterschiedlichen Volksgruppen gibt es nicht das eine ideale Bauwerk. Für jeden Standort müssen individuelle Lösungen gefunden werden, da im kalten Norden andere Bedingungen herrschen als in der

Wüste. Hinzu kommt, dass die schwierigen bis nicht vorhandenen, auf jeden Fall aber sehr langen Transportwege keine einheitliche Fertigung an einem zentralen Standort erlauben. Die Architekten müssen daher mit regionalspezifischem Material arbeiten. Es ist eigentlich unvorstellbar, dass bei diesen Arbeitsbedingungen erfolgreiches Bauen möglich ist, noch dazu unter dem enormen Druck, dass die urbanen und industriellen Veränderungen eine wesentliche Säule für die Umwälzungen in der Sowjetunion darstellen. Ernst May, der als einer der wenigen schon vor 1930 das Land bereist hat, hat das wohl kommen sehen. Bereits vor der Abreise bezeichnet er das Unternehmen als „vielleicht die größte Aufgabe, die je einem Architekten gestellt wurde".[99] Von ihm gibt es eine eindrucksvolle Beschreibung der Reise- und Arbeitssituation der Dienstreisen:

> *„Der technische Hergang der Planung war der, daß ich mit meinem Stabe von Mitarbeitern, unter denen alle einschlägigen Berufssparten vorhanden waren, in unserem Sonderwagon zu dem nächsterreichbaren Punkt der zu planenden Stadt fuhr. Wir ließen uns auf ein Abstellgleis schieben und benutzten unsere Schlafwagen als Quartier. (…) Wir besichtigten das Gelände in Autos, Wagen oder Schlitten, je nach Vorhandensein geeigneter Verkehrsmittel und nach der Jahreszeit. Unsere Arbeit wurde durch das oft gänzlich unzureichende Kartenmaterial bedeutend erschwert. In irgendeinem uns zur Verfügung gestellten Raum – meist der Sitzungssaal der Ortsowjets – arbeiteten wir gemeinsam ein Skizzenprojekt aus, das in wesentlichen Zügen die Trassen der öffentlichen Verkehrsmittel, das Wegenetz, Grundlinien der Be- und Entwässerung sowie eine Ausweisung der erforderlichen Wohnquartiere mit ihren erforderlichen Gefolgsbauten zeigte. Mittels Episkop [Vorläufer des Diaprojektors, Anm. d. A.], das wir stets mitführten, projizierten wir dann die Planung in öffentlicher Versammlung und ergänzten sie aufgrund der Diskussionen. Nach unserer Rückkehr in unser Hauptquartier in Moskau wurden dann die Pläne durchgearbeitet."*[100]

Im Winter 1931 fotografiert Ernst May bei einer Expedition nach Magnitogorsk, wie die Menschen dort leben und arbeiten.

So herausfordernd die Aufgaben und aufregend die Reisen auch sind, der Elan bei vielen Mitarbeitern wird schon im Laufe der ersten zwei Jahre auf eine harte Probe gestellt. Für das intensive kollektive Arbeiten auf Reisen und im Büro in Moskau, das oft noch zu Hause bis spät in die Nacht fortgesetzt wird, ist nicht jeder geschaffen. Das Ehepaar Schütte geht in diesem produktiven Leben in der Gemeinschaft auf, doch viele andere kapitulieren. Bereits 1932 verlassen viele Mitglieder der Gruppe desillusioniert die Sowjetunion, teilweise auch deswegen, weil ihr Idealbild einer sozialistischen Gesellschaft nicht mit den schwierigen Bedingungen des Aufbaus in Einklang zu bringen ist.

Bedeutend ist aber noch etwas anderes, das den großen Unterschied zwischen dem Architektenpaar Schütte und vielen seiner Kollegen macht: Von Anfang an stehen die modernen, ausländischen Architekten, die mit der Stadtplanung betraut sind, vor einem unlösbaren Problem: dem harten Ringen zweier gegensätzlicher Theorien um die ideale sozialistische Stadt. Die Gegner vertreten entweder die urbanistische Theorie, nach der kompakte kollektive Wohnkombinate für maximal 100.000 Menschen angestrebt werden sollen. Die Gegenseite vertritt die desurbanistische Theorie, nach der dezentrale grüne Städte den Unterschied zwischen Stadt und Land aufheben. Für die deutschen Experten ist dieser Ideologienstreit insofern von Bedeutung, weil er zu Machtkämpfen und Verzögerungen führt, die ihre Arbeit stark behindern. Zu Anfang herrscht noch das Vertrauen vor, dass die Lösung dieser Streitpunkte nur eine Frage der Zeit ist und dass „Planlosigkeit und Willkür [nicht] das Feld beherrschen“. Man ist vielmehr zuversichtlich, dass die elementarsten Erkenntnisse der modernen städtebaulichen Planung, die sich in Westeuropa beginnen durchzusetzen, auch zum Alphabet der Planung in der UdSSR werden, wie May 1931 in *Das Neue Frankfurt* schreibt. Doch es kommt anders.

Ernst May geht im September 1931 so weit, sich mit seinen Bedenken in einem Brief an Stalin zu wenden und um eine Audienz zu bitten, die ihm aber nicht gewährt wird. Im Frühjahr 1932 zeigt sich dann endgültig, dass das „Abenteuer Russland“ für die Brigade May zu Ende geht. Erst wird May gekündigt, dann wird die Kündigung in eine Degradierung umgewandelt, weil er sich auf ein deutlich geringeres Gehalt infolge der Valuta-Krise einlässt, durch die vielen ausländischen Experten die Dollarbeträge gestrichen oder gekürzt werden. Einigen seiner Mitarbeiter geht es ebenso. Die politische Stimmung im Land hat sich geändert, die Offenheit gegenüber dem Westen nimmt Schritt für Schritt ab, Stalin festigt seine Macht durch immer größere Repressionen – die erste Terrorwelle zur Entmachtung der wohlhabenden Bauern führt in den Jahren 1932 und 1933 zu einer Hungersnot. Alleine in der Ukraine fallen dem sogenannten „Holodomor" (ukrainisch für „Tötung durch Hunger") über drei Millionen Menschen zum Opfer, in Kasachstan ist es mit 1,5 Millionen Menschen ein Drittel der Gesamtbevölkerung, insgesamt sterben fünf bis sieben Millionen Menschen in der Sowjetunion am „Roten Hunger".[101] Überall werden Regimegegner verhaftet und verschleppt. Ernst May verlässt Moskau im Dezember 1933 in Richtung Afrika. Werner Hebebrand wird Spionage vorgeworfen, er kommt für ein halbes Jahr ins Gefängnis, bleibt aber dennoch bis 1937 in der Sowjetunion, wie auch Hans Leistikow und Margarete Schütte-Lihotzky mit ihrem Mann Wilhelm Schütte. Interessanterweise handelt es sich dabei durchwegs um Architekten, die sich mit kommunalen Bauten wie Kinderanstalten (Schütte-Lihotzky), Schulen (Schütte), Krankenhäusern (Hebebrand) beschäftigen oder auf künstlerischen Gebieten (Leistikow) tätig sind, aber nicht mit der Stadtplanung befasst sind. Man kann nur spekulieren, warum sie sich nicht in den ideologischen Konflikten aufgerieben haben, jedenfalls bleiben Margarete Schütte-Lihotzky und ihr Mann trotz aller Schwierigkeiten, sie passen sich dem neuen Leben und Arbeiten an, ihr fester Glaube an sozialistische Werte und der unbedingte Wille, das Leben von Menschen zu verbessern, werden dabei eine große Hilfe gewesen sein.

Kritisches Resümee der Moskauer Jahre

Die politische Situation in der Sowjetunion wandelt sich unübersehbar zwischen 1930 und 1933 – mit Auswirkungen auf die optimistischen Pläne der Brigade May. Da es aber keine schriftlichen Zeugnisse oder tiefergehende mündliche Äußerungen von Margarete Schütte-Lihotzky oder ihrem Mann zu den Lebens- und Arbeitsbedingungen aus dieser Zeit gibt, hilft nur der Rückgriff auf Aussagen ihrer Kollegen, allen voran Ernst May, der mit Abstand am meisten zu den Moskauer Jahren publiziert und dessen Berichte einen guten Einblick in die Möglichkeit bzw. Unmöglichkeit geben, was man wo und auf welche Art zu einem bestimmten Zeitpunkt sagen konnte und wollte. Mays Tonfall und die Darstellung der Lebenssituation in Russland sind sehr unterschiedlich und sprechen gerade dadurch eine deutliche Sprache. In der *Frankfurter Zeitung* schreibt er euphorisch am 30. November 1930 über die erste Expedition nach Magnitogorsk:

> *„Die Reise war alles andere als eine Strapaze. Wir dachten immer lächelnd der Frankfurter Warner, die uns den Hungertod in der russischen Steppe teils geweissagt, teils gewünscht hatten. Sie hätten die Kisten mit Presskaviar, Schokolade, Zigaretten, Wurst und anderen Sachen sehen sollen, aus denen man uns während der ganzen Fahrt versorgte, und (da ich die Zweifler schon höhnen höre) die Bauersfrauen, die Eier, Milch, Butter und Geflügel feilboten.“*[102]

Im Dezember desselben Jahres schreibt er in *Das Neue Russland* noch deutlicher gegen die ihm bekannte und wohl berechtigte Sorge im Ausland wegen Hungersnöten in der Sowjetunion an:

> *„Die Ernährungslage ist nicht etwa nur für uns Ausländer, sondern auch für die gesamte arbeitende Bevölkerung als sehr gut zu bezeichnen und würde bei den durch die westliche Presse orientierten Besuchern voraussichtlich krasses Staunen hervorrufen. Bei einer 2.500 km weiten Eisenbahnfahrt durch die UdSSR wurden auf fast jeder Station Milch, Butter, Eier, Gebäck, Obst u.a.m. massenhaft feilgeboten, und zwar durchaus zu erschwinglichen Preisen. Unsere mitgenommenen Reisevorräte (Konserven usw.) wurden unberührt wieder mit nach Hause genommen. Selbstverständlich sind in einer Stadt wie Moskau, die für 800.000 Menschen gebaut und von über 2 Mio. Menschen bewohnt ist, die Ernährungsverhältnisse beengter, aber abgesehen davon, dass auch hier auf den Straßen überall Obst, Eier, selbst Butter feilgehalten werden (wenn auch zu höheren Preisen als auf Marken in der Provinz), kann überhaupt niemand davon reden, dass*

irgendwer Hunger leidet. Insbesondere Brot ist in hinreichender Fülle vorhanden."[103]

Die Realität sieht schon damals anders aus. Übersehen das die deutschen Architekten? Schauen sie weg? Oder fügen sie sich dem System aus Selbstschutz zumindest nach außen hin? 1933 erscheint ein Bericht mit einem völlig anderen Grundton in der *Neuen Görlitzer Zeitung*. Der Text stammt sehr wahrscheinlich von Ernst May, allerdings wird er zur Sicherheit unter dem Pseudonym „Ingenieur Henel" veröffentlicht. Es ist der „Versuch einer ungeschminkten reportagehaften Darstellung neurussischer Verhältnisse und hauptsächlich der Lebensbedingungen der russischen arbeitenden Bevölkerung zu machen", schonungslos geschrieben, mit spitzer Feder:

> *„Wir müssen uns den Lebenshaltungskosten zuwenden, wenn es möglich sein soll, ein ungefähres Bild von dem Lebensstandard eines russischen Arbeiters zu erhalten. Die einzelnen Betriebe in Russland haben für ihre Belegschaft staatliche Verkaufsgenossenschaften gegründet. (…) Mit einiger Regelmäßigkeit bekommt [der Arbeiter] trotz der vielen anderen Berechtigungsscheine jedoch nur Brot. Und das auch meist nur nach stundenlangem Anstehen und in fast immer zweifelhafter Qualität. (…) Die Brotration ändert sich mit den Monaten. Nach der Ernte 800 Gramm täglich, vor der Ernte 400 Gramm. (…) Brot ist ja auch fast das einzigste, was es, wie ich schon sagte, durch die Staatsversorgung einigermaßen regelmäßig gibt. Die andern Produkte werden uns weniger beschäftigen. Denn da kommt selten etwas zur Verteilung. Ab und zu eine Dose Fischkonserven (…), oder ein Kilogr. schauderhaften Keks aus Sojabohnenmehl, manchmal etwas Reis und wenn es ganz gut ist, 1/2 Kilogr. Zucker. (…) Erwähnen möchte ich noch, dass die Verteilung selbst dieser kargen Versorgung miserabel organisiert ist. Zumeist ist vieles in den verschieden gelegenen Stadtteilen abzuholen und dann auch meist nur nach stundenlangem Schlangestehen. Solche Schlangen gehören genauso zu den Stadtbildern Sowjetrusslands wie die politischen und antireligiösen Propagandaplakate, auf die man überall stößt. (…) Da der Mensch aber schließlich auch etwas anderes essen möchte und muss, als nur Brot, gibt es in der Sowjetunion wie in allen kapitalistischen Ländern auch noch freie Märkte, auf denen*

es dann aber im schlimmsten Sinne des Wortes kapitalistisch zugeht. (...) Auf diesen Märkten blüht ein Spekulantentum, wie man es sich ‚schöner' gar nicht vorstellen kann. Es wird jedem Ausländer das Bild des Elends unvergesslich bleiben, das sich ihm auf diesem russischen Basar bietet. Hier trifft sich alles, was an Bettelei, Hunger und Armut, Schmutz und Elend, Lumpendem und Gaunerei zu denken ist, um dort jeden Tag von neuem den Versuch zu machen, seine Existenzfrist um weitere 24 Stunden zu verlängern."[104]

Diesen fast schon polemischen Ton seiner Beschreibung des Lebens in der Sowjetunion über insgesamt sechs Kapitel relativiert Ernst May 30 Jahre später in einem Artikel in *Bauwelt*, doch ohne zu beschönigen:

„Wir fanden bei unserer Ankunft einen uns zunächst gänzlich fremden Lebensraum. Überall stießen wir auf Fahnen, Spruchbänder und Plakate, dekorative Werbedenkmäler und öffentliche Lautsprecher, die der politischen Propaganda des Systems dienten. (...) Die Menschen waren zumeist äußerst ärmlich gekleidet und nur selten stieß man auf ein lächelndes Gesicht. Das Leben schien mit tödlichem Ernst erfüllt. In den Läden gab es Lippenstifte und billige Parfums sowie vergoldete Gipsbüsten der politischen Führer in Mengen. Es fehle aber an den so notwendigen Dingen wie Kleiderstoffen, Schuhwerk und vor allem Nahrungsmittel. Wir als Ausländer hatten unter der Knappheit nicht zu leiden, wenn man die seelische Belastung außer Acht lässt, die der weite Abstand zwischen dem uns eingeräumten Lebensstil und dem der breiten Masse der Bevölkerung für uns bedeutete. (...) Bei Dienstreisen trat die allgemeine Not noch krasser in Erscheinung. In den Bahnhofshallen kampierten ganze Familien mit Sack und Pack auf dem Fußboden, die Luft war verpestet, der Boden voller Speichel. Die Eisenbahn konnte den Verkehr noch nicht bewältigen. (...) An den Stationen näherten sich uns in kümmerliche Lumpen gehüllt, halbverhungerte Bettler unter ihnen halbverwilderte Waisenkinder. (...) Es bedurfte unserer ganzen Begeisterung für die Arbeit, um diese seelisch bedrückenden Zustände stillschweigend zu ertragen. Häufig vergossen unsere

Frauen, die nicht durch eine schöpferische Tätigkeit abgelenkt wurden, sondern denen unter obwaltenden Verhältnissen die mühevolle Arbeit der Einkaufstätigkeit für den Haushalt zufiel, bittere Tränen, bis auch sie sich eine seelische Hornhaut zugelegt hatten.“[105]

Reisen

„Wir fahren harte Klasse, was aber weich und gemütlich ist."

Die politisch bedrohliche Situation in der Sowjetunion ab 1933, die auch an Margarete Schütte-Lihotzky nicht spurlos vorbeigeht, wirft die Frage auf, weshalb sie und ihr Mann erst drei Jahre später gezwungenermaßen aktiv darüber nachdenken, das Land zu verlassen. Im August 1936 laufen ihre deutschen Pässe zu einem Zeitpunkt ab, als nur noch eine Verlängerung für sechs Monate möglich ist, verbunden mit der Einschränkung ihrer Gültigkeit für die Sowjetunion und das Deutsche Reich. Für sie kommt es nicht infrage, im Zweifel Zuflucht im Hitler-Deutschland suchen zu müssen. Doch viele Alternativen stehen ihnen nicht mehr offen, einzig in Frankreich scheint eine Passverlängerung mit Reiseerlaubnis noch möglich zu sein, doch die Frage der Arbeitsmöglichkeit im Ausland steht ebenso drängend im Raum. Das bringt England mit ins Spiel, wo nach Aussage von Kollegen vor Ort viel gebaut wird, doch bis die Schüttes Russland endgültig den Rücken kehren, vergehen noch über drei ereignisreiche Jahre in der Sowjetunion und auf Reisen.

Als 1933 die meisten ausländischen Mitarbeiter der Gruppe May beginnen, die Sowjetunion in alle Himmelsrichtungen zu verlassen, bleiben Margarete Schütte-Lihotzky und ihr Mann im Land und gehen eigene Wege. Es ergeben sich Aufträge für das Wissenschaftliche Zentralinstitut zum Schutz der Kinder und Heranwachsenden, für das sie Kindergärten, Kindertagesstätten und Freiklassen entwerfen – ein Arbeitgeber, dessen multithematische Ausrichtung ideal zu den Schüttes zu passen scheint: Im Zentralinstitut laufen die Fäden mehrerer großer Einrichtungen aus ganz Russland zusammen, die das Thema Kinder- und Jugendbildung und Erziehung vorantreiben. Die

Margarete in China, 1934.

Publikationsliste des Instituts in den frühen 1930er-Jahren macht die umfassende Forschung im Bereich Pädagogik und ihre praktische Umsetzung deutlich: Es erscheinen Bücher zum Thema Hygiene, Psychologie, Medizin sowie Kinderspielzeug, Kindersport und Kindereinrichtungen aller Art.[106]

Trotz der Veränderungen der Lebensumstände in Bezug auf Gehalt, soziales Umfeld und politische Grundstimmung bleiben die grundsätzliche Versorgungslage und die beruflichen Perspektiven für das Ehepaar Schütte stabil. Zudem eröffnet sich ihnen die Möglichkeit, 1934 für mehrere Wochen nach Japan zu reisen – eine Konsequenz der zufälligen Begegnung Wilhelm Schüttes mit einer chinesischen Delegation von Pädagogen auf einer Reise nach Berlin. Nur zu gerne folgen die beiden der offiziellen Einladung nach China und verbinden damit zugleich einen Besuch bei Bruno Taut, mit dem sich der kollegiale Kontakt während dessen Aufenthalt in Moskau zwischen 1931 und 1933 zu einer Freundschaft entwickelt hat. Taut und seine Familie werden nach ihrer Rückkehr aus der Sowjetunion nach Berlin als „Kulturbolschewiken" verfolgt und fliehen. Aus einer geplanten Vortragsreihe Tauts in Japan wird ein Aufenthalt von fast drei Jahren.

Am 18. April 1934 „bahnen" sich Margarete Schütte-Lihotzky und Wilhelm Schütte in Moskau Richtung Japan ein. Es sind einige Briefe und Postkarten von dieser Reise erhalten, die in Margarete Schütte-Lihotzkys eigenen Worten einen Eindruck von ihren Erlebnissen geben. Am 21. April schreibt sie:

> *„Dank für die Grüße, die gerade noch vor der Abreise kamen! Am 18. glücklich abgereist, befinden wir uns momentan inmitten von Sibirien, wo eine wundervolle Landschaft den Frühling gerade so ahnen lässt. Diese ungeheure Weite und Größe der Ebene macht großen Eindruck. Ich schaue immer nach Bären aus, habe aber noch keinen gesehen."*[107]

Aus Wladiwostok berichtet sie ihrer Schwester Adele und deren Mann nach Wien:

Das Ehepaar Schütte (ganz links) mit dem Ehepaar Taut (ganz rechts) im Haus bei Shotaro Shimomura in Kyoto, 1934.

„Liebe Dele und lieber Hana! Nach 220-stündiger Fahrt auf die Minute pünktlich hier angekommen. Im ‚harten Wagen' wars sehr gut, mit Matratzen und Bettwäsche und zwei sehr netten Russen, lesen, schlafen, essen und in russischer Gesellschaft oft eine Menge getrunken, Grammophon gespielt im Korridor des Zuges im fernen Osten etwas getanzt, so vergeht die Zeit sehr schnell.“[108]

Reisen gefällt Margarete Schütte-Lihotzky immer gut. Ganz gleich mit welchen Transportmitteln oder wie lange sie unterwegs ist, immer klingen Begeisterung und Neugierde in ihren Reiseberichten durch. Ihre Offenheit gegenüber anderen Kulturen und ihr Naturempfinden sind sehr ausgeprägt. Nach einem dreitägigen Aufenthalt in der Hafenstadt Wladiwostok schifft sich das Paar für weitere drei Tage auf ein kleines japanisches Schiff ein, das sie mit zwei Zwischenstopps in Korea schließlich an die Westküste Japans bringt. Mittlerweile dauert die Reise bereits fünfzehn Tage und noch immer saugt Margarete Schütte-Lihotzky alle Eindrücke begierig auf. Kurz hinter dem Baikalsee sieht sie die Sonne „bei ihrem Aufgang schon als große rote Scheibe, wie sie die Japaner auf ihrer Fahne als Symbol zeigen“. Und auf der Zugfahrt von der Küste nach Kyoto sinniert sie darüber, dass die japanischen Föhren, die die Bergkämme hinauf- und hinunterkriechen, in echt genauso aussehen, wie man sie von Bildern kennt: „Wieso man sie immer nur, wie auf den Bildern, in der bizarren Silhouette sieht, ist mir unerklärlich.“[109]

In Kyoto angekommen, werden die Schüttes von Bruno und Erika Taut empfangen und sind wie sie zu Gast bei dem sehr großzügigen Shotaro Shimomura, einem wohlhabenden Warenhausbesitzer und Kunstsammler.

Bruno Taut verdankt die Gastfreundschaft im Hause Shotaro Shimomura seiner Beschäftigung mit der traditionellen japanischen Handwerkskunst, die er auf ihre Eignung für die Massenproduktion testet, und der Beratung von Warenhäusern, die exportieren möchten. Dafür reist er viel und hat sich 1934 bereits zum Japan-Experten entwickelt, zudem ist er ein hervorragender Reiseführer für seine Gäste.

Auf ihren gemeinsamen Besichtigungstouren begeistert sich Margarete Schütte-Lihotzky vor allem für die harmonischen Holz-Papier-Konstruktionen der japanischen Häuser, die ganz lebensnah in Mattenlängen und nicht in abstrakten Metern gemessen werden: „Wenn ein Haus damals in Japan vermietet oder verkauft wurde, stand in der Zeitungsanzeige beispielsweise: Haus zu verkaufen, mit einem Zimmer, 2 Matten lang und 4 Matten breit usf. (...) Diese ganz konsequent durchgeführten Maßeinheiten, und zwar in allen drei Dimensionen, erzeugen eine Harmonie, die für uns kaum vorstellbar ist."[110] Dieselbe Symmetrie findet sie in den Gärten und Parks wieder. Es bereichert ihre Sicht auf das Zusammenspiel von Außen- und Innenraum, um deren Verbindung sie in allen ihren eigenen Entwürfen mit der Forderung nach Licht, Luft und Sonne seit Jahren bemüht ist. In Japan jedoch kommt ein ästhetisch-gestaltender Aspekt hinzu: „Die Natur gilt in Japan als ein von Menschen geschaffenes Kunstwerk. Deshalb ist die Umgebung des Hauses völlig vom Menschen gestaltet, bis zum Tröpfeln eines Wasserstrahls im Gartenhof, mit dessen Tönen komponiert wird, wie bei einer Komposition für Geige."[111]

„Liebe Dele! Nun sind wir schon 12 Tage hier in Kyoto, die Eindrücke sind die ganze Zeit auf einen eingestürmt wohl die weitaus stärksten Reiseeindrücke (mit Ausnahme der Akropolis), die wir bisher hatten. Eingehendere Reiseeindrücke kann ich erst von M. [Moskau] aus schreiben, da bis jetzt u. von jetzt ab wohl wenig Zeit bleiben wird. Wir haben nämlich vor 2 Tagen ein Telegramm vom Unterrichtsministerium aus Nanking erhalten, dass man uns einlädt, nach China zu kommen. Die Einladung gilt natürlich schon von hier aus einschließlich Reise u. so dampfen wir am 16., also morgen, hier ab nach Kobe, von da mit Expressdampfer durch jap. Binnenmeer nach Shanghai, wo wir am 18. eintreffen u. abgeholt werden, von da gehts weiter nach Nanking. Was die Chinesen weiter mit uns vorhaben, wissen wir nicht, jedenfalls muss Wilhelm dort Vorträge und Konsultationen über Schulbau geben. (...) Hier in Kyoto wars reizend. Wir sind die ganze Zeit bei einem <u>sehr</u> feinen Japaner zu Gast, in dem einzigen ganz europäisch gehaltenen u. geführten Haus, das es hier gibt. Heute machen wir einen Ausflug nach Nara, wo wir im japanischen Gasthaus auf Matten saßen und mit Stäbchen aßen, bei herrlich blühenden Glyzinien und [Akeleien]das alles ist wundervoll schön!! Ich habe oft an Dich

gedacht hier und bedauert, dass Ihr wohl hierher nie kommen könnt. Ich hoffe, Euch bald Fotos zu schicken. Lieber hätten wir ja den Urlaub dazu benutzt uns in der so äußerst kultivierten Atmosphäre Japans, mit seiner wundervollen Landschaft, auszuruhen, aber beruflich ist die Sache sehr ehrend für Wilhelm und wir sind sehr begierig, ob da noch weitere Arbeit dabei herauskommt.“[112]

Zwischen den Zeilen der Reiseberichte ist zu lesen, dass Margarete Schütte-Lihotzky in der Sowjetunion in keinem festen Arbeitsverhältnis steht, denn nur Wilhelm Schütte muss um Urlaubsverlängerung bitten, als sie die Reise zu verlängern versuchen, um ihre beruflichen Perspektiven auszuloten.[113] In China erarbeitet sie im Auftrag des Unterrichtsministeriums Richtlinien für den Bau von Kindergärten. Beiden Architekten wird von chinesischer Seite das Angebot gemacht, dauerhaft in Nanking zu arbeiten, doch das Ehepaar entscheidet sich dagegen, die politische Lage ist ihnen zu instabil: „Mit China bleiben wir natürlich weiter in beruflicher Verbindung, es gäbe dort viele Arbeitsmöglichkeiten für uns, doch würden wir uns nicht so leicht entschließen, endgültig überzusiedeln, doch man kann nicht wissen. Politisch scheint dort alles sehr unsicher.“[114]

Der Weg in die Moderne ist in China – wie überall – gezeichnet von kulturellen, (gesellschafts-)politischen und ökonomischen Grundsatzdiskussionen und Konflikten. 1934/35 ist die Zeit des „Langen Marschs der Roten Armee“, währenddessen es Mao Zedong gelingt, seine Macht innerhalb der Kommunistischen Partei Chinas zu festigen und auszubauen. De facto wird der Weg zum Kommunismus in China von einem jahrelangen Bürgerkrieg begleitet, von dem ihr Reiseführer, ein chinesischer Pädagoge, die Schüttes aber weitgehend abzuschirmen versucht. Bei Tausenden von Kilometern, die sie von der Küstenstadt Shanghai am Ostchinesischen Meer über Nanking, Hankau und Hangtso durch den Nordosten von China bis fast an die Grenze zur Inneren Mongolei nach Peking zurücklegen, bleibt die Unruhe im Land aber natürlich nicht unbemerkt. Auch wenn ihnen keine Kampfhandlungen auffallen, so bemerken sie doch die zahlreichen Bunkerbauten.

Notiz von Margarete: „Peking Innenstadt. Genau nord-südlich orientiert. Breite Verkehrsstraßen, schmale Wohnstraßen. Im Zentrum des nördlichen Teils liegt der Kaiserpalast, eine Stadt für sich, der seinerseits ‚die verbotene Stadt' umfasst."

Margarete Schütte-Lihotzky schreibt auf allen ihren Reisen Tagebuch, nicht nur in Japan und China. So entsteht mit den Jahren ein groß angelegtes Projekt mit dem Arbeitstitel „Besseres Leben durch Städtebau“, allerdings sind nur die China-Reisen als ausgearbeitetes Manuskript im Nachlass erhalten. Aus ihm entsteht das posthum publizierte Buch „Millionenstädte Chinas“. Die Hafenstadt Shanghai (auf Deutsch „Ausfahrt zum Meer“) beeindruckt sie weniger unter städtebaulichen Aspekten – architektonisch ist sie ein Chaos – als vielmehr durch ihren unbeschreiblichen Luxus, wie man ihn in Europa kaum findet. Der Seehandel und die damit einhergehende Internationalisierung prägen die Stadt, internationale Baustile durchziehen die Viertel: „Im ehemals französischen Teil wechseln wieder Cottagehäuser, die ebenso in Wien stehen könnten, mit portugiesischen Wohnhäusern, wechselt Italien mit England und Frankreich mit Holland, manchmal kommt irgendwo China zum Vorschein.“[115]

In ganz China erschließt sich Margarete Schütte-Lihotzky die Rolle von Mauern in der Architektur, wie sie in atemlosem Stakkato festhält: Angefangen bei der Chinesischen Mauer, die sich als 2.500 km langer Schutzwall über die nördliche Grenze erstreckt, über die „Umfassungsmauern ganzer Landbezirke, zu Mauern um jede chinesische Stadt, Mauern um jeden Palast oder Tempel, um jedes Kloster – Mauern um fast jedes Dorf, um jeden einzelnen Bauernhof (ein Wohngehöft ohne Umfassungsmauer ist dort undenkbar) – Mauern um jedes Grundstück in der Stadt, Mauern zur Straßenbegrenzung rechts und links, nur erdgeschossig und ohne Fenstermauern zur Abwehr böser Geister in Gärten und Parks – Mauern in grauen Ziegeln, Mauern in roten Ziegeln, Mauern in herrlichem Naturstein und Mauern, verputzt und mit dem schönen chinesischen Rot bemalt – Mauern mit grauen, gelben oder blauen keramischen Ziegelabdeckungen – Mauern, Mauern und nochmals Mauern. Als Gestaltungsmittel von Gartenräumen und Plätzen, immer in innigster Verbindung mit Natur- und Pflanzenwelt – Mauern, um das Eigenleben nach außen zu begrenzen, wodurch eben gerade dieses Eigenleben nur noch erhöht und gesteigert werden sollte“.[116]

Umfassend begeistert ist Schütte-Lihotzky von Peking (auf Deutsch: „nördliche Hauptstadt“), „eine der schönsten Städte der Erde“.[117]

Entsprechend ausführlich gibt sie ihre Eindrücke wieder, denn die chinesischen Planstädte sind grundsätzlich anders organisiert als europäische Städte. In Europa baut man meist um ein mittelalterliches Zentrum mit verwinkelten Gässchen und Plätzen herum und orientiert die Gebäude nach Ost-West aus, richtet sich also nach der Sonne. Auch in der chinesischen Architektur spielt die Himmelsrichtung eine zentrale Rolle, allerdings umgekehrt: alle Planstädte haben einen schachbrettartigen Grundriss mit Nord-Süd-Ausrichtung, entsprechend der kosmischen Ordnung. Grundlage für die kosmische Ordnung ist die Vorstellung vom Universum, das aus einem runden Himmelsgewölbe, getragen von vier heiligen Bergen und einem heiligen Berg im Zentrum, und einer quadratischen Erdscheibe, besteht. Rotationszentrum des Himmels ist der Polarstern, als dessen Pendant auf der Erde das „Reich der Mitte" liegt – China. Die traditionelle chinesische Stadt ist von diesem Universismus der chinesischen Volksreligion geprägt, nach der das menschliche Leben mit dem Weltgesetz in Harmonie sein muss. Entsprechend ist die Altstadt von Peking mit der Verbotenen Stadt exemplarisch für die traditionelle chinesische Stadt.

Die quadratische Grundfläche wird von Stadtmauer umschlossen (Erdscheibe). Die Straßen verlaufen parallel zu den Mauern und sind exakt nach Nord-Süd ausgerichtet (Sterne). Sie verbinden die vier Stadttürme (vier heilige Berge). Im Zentrum der Stadt liegt die Verbotene Stadt, der Sitz des Kaisers, der Stellvertreter der obersten Gottheit (zentraler heiliger Berg) ist. So wie die Stadtanlage sind auch die Wohnhäuser ausgerichtet, ein Ordnungssystem, das eine so lange Tradition hat, dass sie im Sprachgebrauch rechts und links ersetzt: Ist man zu Gast bei einer chinesischen Familie, so wird man immer neben dem Hausherrn platziert, mit Blickrichtung zur Öffnung des Hauses nach Süden. Die Tischnachbarn sitzen dann nicht rechts oder links, sondern östlich oder westlich. Diese Entdeckung kommentiert Schütte-Lihotzky mit: „Man sieht, es ist kein Zufall, dass gerade die Chinesen den Kompass erfunden haben"[118] – um weitere Erfindungen aufzuzählen. Neben der Schnitzkunst, die in China so präzise und kunstvoll ausgeführt wird, wie Schütte-Lihotzky das nur von europäischen Metallarbeiten kennt, ist sie beeindruckt von der Verwendung von Farben, die in bestimmten Kombinationen mit kräftigen Kontrasten von Rot, Grün, Blau, Schwarz, Weiß und Gold verwendet werden. Die kleinste Zelle der Stadt, das ummauerte Wohnsystem, betritt man durch ein Tor, das zur Straßenseite immer rot gestrichen ist, zur Gartenseite immer grün. Die Eingangstore sind durch Dachgesimse, Inschriften wie „Eintreten – Glück" oder „Glück – Segen" und Lampions individuell dekoriert – auch die linguistischen Wurzeln von Lampion gibt Schütte-Lihotzky amüsiert wieder: „Den Wind ärgern", da dieser das Licht im Innern nicht ausblasen kann. Die Wohnanlagen bestehen aus Pavillons, die um einen Hauptpavillon gruppiert sind, in dem gewohnt und gegessen wird. Wie schon in Japan, ist sie fasziniert von der Symmetrie und den harmonischen Proportionen der Gebäude: „Rechts und links vom Pavillon findet man häufig *Ohrhäuser*, in denen Schlafzimmer, Küche und Bäder untergebracht sind. Die Maße der *Ohrhäuser* sind über die Größe des ‚Kangs' festgelegt, ein 1,20 m breites Bett, das tagsüber als Sitzecke verwendet wird. Dieser Kang ist außerdem auch noch der Heizkörper des Raumes. Er ist aus Ziegeln gemauert und mit einem Lattenrost, auf dem Teppiche, Felle oder Polster liegen, und kann mit Briketts geheizt werden – was klimatisch notwendig und dem Holzbau der Pavillons geschuldet ist."[119]

In einem Monat in China haben die Schüttes „unendlich viel gesehen, alte Kultur, neue Bauten (alleine 50 Schulen und Universitäten mussten wir besichtigen), chinesisches Theater, herrliche Autotouren, viele interessante Menschen, man weiß gar nicht, wo man anfangen soll zu erzählen. Wir bewegten uns in den sogenannten ‚höheren Kreisen'. Einladung beim Kultusminister, Verkehrsminister, Bürgermeister von Shanghai und vielen anderen".[120] Als sie am 22. Juni 1934 in Shanghai an Bord des japanischen Dampfers N.Y.K. Line gehen, um über Nagasaki nach Kobe zu fahren, erleben sie noch eine in Japan übliche Sitte, die Margarete zu Tränen rührt: Im Hafen werfen die Zurückbleibenden den Reisenden bunte Papierschlangen zu, die, an beiden Enden gehalten, über dem Wasser in der Luft flattern. Sie signalisieren Verbundenheit und den beidseitigen Wunsch, in Verbindung zu bleiben. „Nun muss man sich das Bild vorstellen, am Ufer viele Frauen in den bunten Kimonos u. Sonnenschirmen, das Schiff stösst ab, die bunten Papierstreifen in allen Farben vom Wind zu Bogen geformt über dem blauen Wasser, dabei Musik an Bo(a)rd alles ist so rührend, wenn ich

Margarete fotografiert 1934 die japanische Tradition, zum Abschied bei der Hafenausfahrt mit Papierschlangen einen Moment länger verbunden zu bleiben. Diese Geste der Verbundenheit und des beidseitigen Wunschs, in Verbindung zu bleiben, rührt sie zu Tränen.

schon jedes Mal Tränen verdrücke, würde Dele vor Rührung weinen wie ein Schlosshund. Eine schöne Sitte, typisch japanisch."[121] Margarete Schütte-Lihotzkys Begeisterung über die japanische Kultur geht so weit, dass sie „nur noch in japanischer Seide geht", wie Wilhelm Schütte in einem Brief an Dele anmerkt.[122]

In Japan trifft das Paar wieder Bruno und Erika Taut und verbringt noch ein paar eindrucksvolle Tage, Margarete Schütte-Lihotzky tut die Reise offenbar sehr gut, wie Wilhelm Schütte als Gruß unter dem letzten vorhandenen Brief von Bord der N.Y.K. Line notiert: „Grete ist schon kugelrund erholt."[123] Wobei – kugelrund könnte auch auf eine Schwangerschaft hinweisen. Das Paar hat keine Kinder, allerdings nicht aus Überzeugung, „es hat nicht sollen sein", wird Margarete Schütte-Lihotzky ihre Kinderlosigkeit in späteren Jahren kommentieren. In Briefen an Wilhelm Schütte, die sie ihm aus der Gefangenschaft schreibt, formuliert sie ihr Bedauern darüber, nie Mutter geworden zu sein, offener. Letztendlich bleibt es aber ungewiss, ob es nie zu einer Schwangerschaft kam oder ob diese nicht gut verlaufen ist.

Die letzten Jahre in Russland

„Wilhelm wird immer dünner und mit Urlaub sieht's auch wegen übermäßig viel Arbeit schlecht aus, sonst geht's uns aber gut. Aus Deutschland kommen allerdings grausige Nachrichten. Ich habe nur mehr 200 Mark dort."

Die Seefahrt von Japan nach Wladiwostok ist so unruhig, dass Margarete Schütte-Lihotzky befürchtet, das Boot würde untergehen – umso mehr freut sie sich auf die Zugfahrt zurück im „Internationalen" begleitet vom „interessanten Mitreisenden aus den verschiedensten Weltgegenden".[124] Nach der tagelangen Fahrt kommen sie Mitte Juli 1934 erfüllt mit Eindrücken und optimistischen beruflichen Aussichten wieder in Moskau an. Den beiden Viel-Arbeitern gelingt es geschickt, auch ohne die Gruppe May gut beschäftigt zu sein. Vor allem Wilhelm Schütte publiziert sehr viel in den Veröffentlichungen des Staatlichen Zentralinstituts für den Gesundheitsschutz von Kindern und Jugendlichen über den Bau und die Ausstattung von Erziehungs- und Bildungseinrichtungen, in denen auch immer wieder Entwürfe von Margarete Schütte-Lihotzky erwähnt oder als Zeichnungen abgebildet werden.[125]

Mit ihrem ersten bekannten Auftrag für die Akademie der Architektur kehrt die Architektin kurzzeitig zu einem altbekannten Thema zurück: Sie entwirft gemeinsam mit Hans Schmidt Typenentwürfe für Wohnungen für die Akademie für Architektur. Auf Grundlage von Statistiken über die

Auf Propagandaplakaten wie diesem inszeniert sich Stalin als zuverlässiger Kommandant auf dem Weg zum Sozialismus. Unverhohlen inszeniert er sich als Alleinherrscher, seit 1929 trägt er offiziell den Titel „Führer".

Entwicklung der Familiengrößen erarbeiten sie variable Grundrisse inklusive platzsparender, rationeller Möbel. In den farbigen Aquarellzeichnungen von Schütte-Lihotzky sind einige Einrichtungsvorschläge erhalten – eine Technik, die sie offensichtlich gerne anwendet, um ihre Möbelentwürfe lebhaft darzustellen: Einige wenige gibt es aus ihren ersten Jahren in Wien, deutlich mehr aus den Jahren 1935/36, als sie ebenfalls für die Akademie Kindermöbel für Wohnungen entwirft. In ihrer sorgfältigen Art recherchiert sie die Grundbedürfnisse von Kindern vom Säuglingsalter bis 14 Jahren im Austausch mit Ärzten und Pädagogen.

Ihre Forschungsarbeit wird publiziert, doch sie findet zunächst keine Werkstatt zur Herstellung von Mustermöbeln, um sie vor Beginn der Produktion von Kindern erproben zu lassen. Monatelang geht sie von Schreiner zu Schreiner – ohne Erfolg, bis sie schließlich ihre Vorschläge bei der Direktorin des Kulturparks von Moskau einreicht. Schütte-Lihotzky hofft, dass die Kinderabteilung im Park Bedarf hat. Die Direktorin ist begeistert und empfiehlt ihr, sich an Nikita Sergejewitsch Chruschtschow zu wenden: „Warum gehen Sie denn nicht zum Genossen Chruschtschow, er interessiert sich doch so für alles, was für die Kinder ist, weil er sie besonders liebt, er wird Ihnen sicher helfen", hört Schütte-Lihotzky mit Erstaunen. Sich an Chruschtschow zu wenden, der 1935 für das Zentralkomitee der Kommunistischen Partei der Sowjetunion (KPdSU) für die Neubauten in Moskau verantwortlich war, darunter auch für den Bau der Moskauer Metro, hat sie nicht in Erwägung gezogen. Ein Anruf der Direktorin genügt, sie bekommt sofort einen Termin, erinnert sich Schütte-Lihotzky später. „Also wieder mit meiner Mappe wanderte ich einige Tage später in das Gebäude des Zentralkomitees. (…) Im ‚Büro Propusko' erhielt ich sofort meinen ‚Propusk', das heißt Einlassschein, für das große Haus am Boulevard. (…) Im Aufzug fuhr ich nach oben, wo es immer ruhiger und vornehmer wurde. Im obersten Geschoss, durch einfache und elegante Korridore und verschiedene Sekretärzimmer hindurch, kam ich zu Genosse Chruschtschow, 25 Jahre jünger, schlanker und etwas blonder als heute, empfing er mich freundlich, sah sich den Inhalt der Mappe genau an, ließ sich alles erklären, stellte interessierte Fragen und nahm sich erstaunlich viel Zeit für mein Anliegen. ‚Sie hören von uns', sagte er zum Abschied."[126] Bereits am nächsten Tag meldet sich eine Schreinerei, es werden Mustermöbel hergestellt und als Schütte-Lihotzky kurze Zeit später mit den fertigen Modellen unterm Arm durch

Moskau geht, wird sie in den zwanzig Minuten Wegzeit von der Werkstatt nach Hause immer wieder von Frauen angesprochen, die wissen wollen, wo es diese Möbel zu kaufen gibt. Lange müssen sie nicht warten – die Mustermöbel gehen für das Warenhaus Mosstorg in Produktion.

Für das Ehepaar Schütte ergibt sich die Möglichkeit der Zusammenarbeit: Gemeinsam entwerfen sie Schulen in Makeewka für 590 bzw. 800 Schüler und eine Datscha für die Baugenossenschaft des Architektenverbandes.

Mit ihrer letzten (bekannten) Arbeit in der Sowjetunion kehrt Margarete Schütte-Lihotzky nochmals zu ihrem Hauptthema zurück: Sie entwirft für das Volkskommissariat für Gesundheitswesen eine Dorfkrippe für 36 Kinder. Die Geburtenrate in der Sowjetunion erscheint der Staatsführung zu gering, darum wird 1936 das Abtreibungsverbot wieder eingeführt, das seit der Oktoberrevolution abgeschafft ist. Nun rechnet man mit steigenden Geburtenzahlen und einem daraus resultierenden steigenden Bedarf an Kinderkrippen und -gärten. Darauf möchte die Regierung vorbereitet sein und holt den österreichischen Anatom und sozialpolitisch engagierten Mediziner Julius Tandler nach Moskau, um die nötigen medizinischen und hygienischen Grundlagen neu zu erarbeiten. Schütte-Lihotzky wird ihm an die Seite gestellt.[127] Im Mai 1936 schreibt sie ihrer Schwester Dele über ihre Projekte, auch über solche, die teilweise bislang noch nicht bekannt oder erforscht sind: „Ich habe sehr, sehr viel Arbeit, etwa seit 2-3 Monaten. Im nächsten Jahr werden in großem Umfang Kindergärten u. Krippen gebaut, so viel wie seit vorigem Jahr Schulen. Nun, und da bin ich schon bei den Vorprojekten. Außerdem hab ich die Ladeneinrichtung und das Porzellanarchiv und dann eine große Arbeit, Typisierung von Möbeln für die Kinderabteilung von Warenhäusern und die ganze Gestaltung dieser Abteilung vorläufig für ein neues Warenhaus in Novo-Sibirsk und eines in Stalingrad, nachher kommen noch acht neue Warenhäuser im Laufe 1937. Das ist eine Arbeit für das Volkskommissariat für Innenhandel, dem die ganzen Warenhäuser in der SU unterstehen. Außerdem werden meine Kindermöbel für Wohnungen jetzt hergestellt, da muss ich viel in Fabriken fahren, dann muss ich auch Typenmöbel für Kindergärten machen. Du siehst also, es reicht."

Neben der vielen Arbeit genießen die Schüttes das Leben, ihre Energie ist erstaunlich: Zahlreiche Kur- und Urlaubsreisen führen sie u. a. nach Tschechien, in die Türkei, nach Griechenland, in die Ukraine und durch die (gerade noch existierende) Transkaukasische Föderation auf dem Gebiet des heutigen Georgien, Aserbaidschan und Armenien. Neben der Landschaft und den üblichen Reiseerlebnissen bleiben vor allem zwei Eindrücke bei Margarete Schütte-Lihotzky haften: Das multikulturelle Miteinander von 26 verschiedenen Nationen, „eine Stadt von 46.000 Einwohnern mit Zeitungen in 6 verschiedenen Sprachen, ebenso auch Schulen in 6 verschiedenen Sprachen".[128] Und ihr erster Flug: „Das erste Mal geflogen! Es war wunderbar. Bei herrlichem Wetter in einem ganz kleinen offenen Doppeldecker. Das Flugzeug flog absolut ruhig, teils übers Meer, teils übers Land in etwa 400 m Höhe. Auf der einen Seite die hohen beschneiten Berge, auf der anderen das blaue Meer und unter uns das subtropische Land, ein selten schöner Flecken Erde."[129]

Auch Treffen mit Dele finden immer wieder Erwähnung in den Briefen: Dele besucht ihre Schwester in Moskau, gemeinsam reisen sie nach Leningrad, sie treffen sich in Prag und sogar noch Mitte des Jahres 1936 drängt Margarete brieflich: „Lebe wohl und überlegs dir einmal mit dem Herkommen. August oder dann nicht vor November. Ich finde, Hana kann doch auch einmal 1 Monat alleine bleiben, wenn er gesund ist. Vielleicht rufe ich gelegentlich einmal an."[130]

Wenn Margarete Schütte-Lihotzky und Wilhelm in Moskau nicht gerade ins Konzert gehen – 1936 hören sie Beethoven dirigiert von Otto Klemperer und freuen sich über die Ankündigung, dass Bruno Walter ein Gastspiel gibt –, sehen sie Filme im Kino an – von „La Cucaracha" über „Micky Maus" bis „Der Unsichtbare", doch Margarete ist eine kritische Kinogängerin. Sie schreibt an Dele: „Es gab ‚La Cucaracha', der erste gute Farbfilm (amerikanisch), aber vom Technischen abgesehen, ein schrecklicher Kitsch."[131] Außerdem feiert das Paar rauschende Feste: „An meinem Geburtstag hatten wir 36 Menschen eingeladen, wir feierten in 4 Zimmern, in einem hatten wir eine Bar eingerichtet, um 6 Uhr früh gingen die letzten heim. Es war sehr schön, und so fing das neue Lebensjahr gut an, in Gesellschaft vieler interessanter Leute. Zu Hause sind wir ja nur mehr zehn. Du würdest schauen, wie fröhlich hier das Leben geworden ist, so viel mehr für alle, auf Freude und Genuss abgestellt im Vergleich zu 1932, als du hier warst."[132]

Verglichen mit Schilderungen anderer Architekten, wie zum Beispiel Hans Schmidt, mit dessen Familie die Schüttes immerhin die Wohnung teilen, scheinen die zwei Seiten des Lebens auf, die Krisensituationen häufig auszeichnen: Die Verdrängung der Schwierigkeiten durch Hinwendung zu den schönen, vergnüglichen Seiten des Lebens. Was rückwirkend oft wie der sprichwörtliche „Tanz auf dem Vulkan" wirkt, kommt überwiegend in authentischen und persönlichen Mitteilungen vor, die in dieser Lebensphase geschrieben werden. Reflektierende Berichte, die nachträglich und oft auch für eine breitere Leserschaft verfasst werden, beleuchten eher die problematischen Umstände. Hans Schmidt fasst 1967 in einem wissenschaftlichen Artikel die Situation aus dieser zweiten Perspektive zusammen: „Etwa vom Jahre 1936 an wurden die ausländischen Architekten aus Sicherheitsgründen von allen städtebaulichen Arbeiten ausgeschlossen."[133] Die ganze Wahrheit liegt wohl irgendwo dazwischen. Der Weltfrieden wankt gewaltig, durch Briefe und Zeitungslektüre versuchen sich alle auf dem Laufenden zu halten, und sondieren mögliche Alternativen, doch wohin?

Das Deutsche Reich scheidet für die meisten aus, entweder aus politischen oder religiösen Gründen – der deutsche Architekt Philipp Tolziner, wie sein Kollege Hannes Meyer Mitglied der sogenannten Rotfront-Brigade des Bauhauses in Moskau, nimmt als Jude bereits 1935 die russische Staatsbürgerschaft an, um einer drohenden Ausweisung zu entgehen. Die Kollegen aus Frankreich und England berichten darüber, wie schwierig es bereits 1936 ist, eine Arbeitserlaubnis zu bekommen. Spätestens 1938 ist auch Österreich keine Option mehr und auch in den neutralen Ländern wie Schweden oder der Schweiz stehen die Tore für Deutsche nicht weit offen. Die Schicksale einiger Architekten aus dem Umfeld Margarete Schütte-Lihotzkys in der Sowjetunion machen deutlich, wie hart es gewesen sein muss, eine Entscheidung zu treffen:

Der Bauhäusler Hannes Meyer reist 1936 über die Schweiz aus und kommt über Spanien nach Mexiko, seine Lebensgefährtin lässt er mit dem gemeinsamen Sohn in Moskau zurück – als Deutsche bekommen Margarete Mengel und ihr Sohn kein Visum für die Schweiz. Margarete Mengel wird 1938 exekutiert, der Sohn überlebt in einem sowjetischen Erziehungsheim.

Werner Hebebrand, mit dem die Schüttes Ende 1936 noch ihren Urlaub verbringen, bleibt als Letzter und Einziger der Gruppe May in Moskau – er wird im Dezember verhaftet und im Mai 1938 nach Deutschland ausgewiesen. Er geht dort nicht in Opposition, sondern beginnt im Architekturbüro von Herbert Rimpl mitzuarbeiten, der durch Aufträge für die Messerschmitt-Flugzeugwerke und die Hermann-Göring-Werke zu einem der wichtigsten Industriearchitekten des Dritten Reichs gehört.

Philipp Tolziner wird verhaftet und verbringt zehn Jahre in einem sowjetischen Arbeitslager bei Solikamsk.[134] Er arbeitet bis zu seiner Pensionierung 1967 als Architekt in der Sowjetunion.

Als die Schüttes 1937 schließlich die Sowjetunion verlassen, geschieht dies mit schwerem Herzen, nicht freiwillig und natürlich ohne zu wissen, was die Zukunft bringen wird: Sie gehen, weil Wilhelm Schüttes Arbeitsvertrag Ende August 1937 ausläuft, und um zu versuchen, ihre Pässe in Frankreich verlängern zu lassen.[135] Ihre Kollegen, Freunde und Mitbewohner, das Ehepaar Schmidt, reisen mit ihnen ab, sie gehen zunächst in die Schweiz.

Paris – London

„Abschied am Bahnhof. Alle sowjetischen und ausländischen Freunde waren da; zum letzten Mal umarmten wir uns. Es war kein leichter Entschluss gewesen, dieses Land zu verlassen. Ein neues Leben lag vor uns."

Margarete Schütte-Lihotzky versucht von Moskau aus, die Weichen für die nächsten Schritte in ein neues (Berufs-)Leben zu stellen. 1937 ist Frankreich das Land, in dem die Wahrscheinlichkeit am größten ist, Reisepässe mit längerer Laufzeit zu erhalten, ihr erstes Ziel ist darum Paris. Die Chancen, als Architekten Geld zu verdienen, sind dort jedoch gering, denn abgesehen von der stagnierenden Baubranche sind einfach schon zu viele arbeitssuchende Exilanten in der französischen Hauptstadt. Als zweites Ziel wählt sie darum England, dort will das Paar versuchen, eine Arbeitserlaubnis zu bekommen. Das dritte wichtige Anliegen ist die Möglichkeit, sich der Widerstandsbewegungen im Ausland anzuschließen, um sich im Kampf gegen Hitler zu engagieren – für Schütte-Lihotzky ein Aspekt, der durch das Verlassen der Sowjetunion existenziell wird: „Die letzte Frage war die wichtigste."[136]

Bislang stand ihr antifaschistisches Engagement mit der Arbeit für und in einem kommunistischen System in Einklang, die Frage, sich darüber hinaus politisch zu engagieren, stellt sich ihr erst mit dem Verlassen der Sowjetunion. Seit ihrem Austritt aus der Sozialdemokratischen

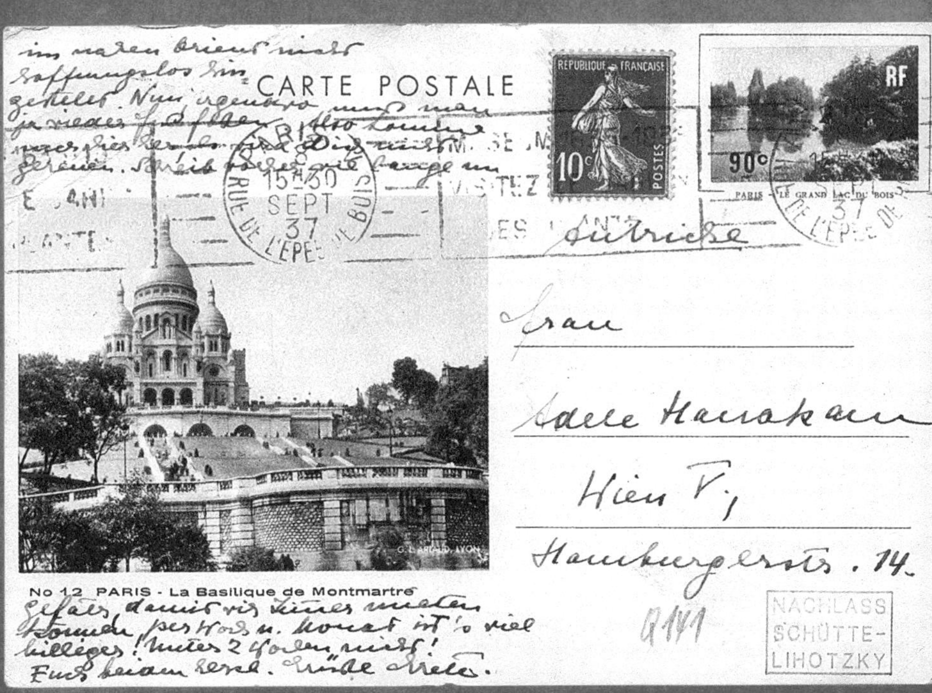

„Ich lag zwei Tage so herum mit wunden Füßen, einfach weil ich in meiner Begeisterung über die schöne Stadt so viel gelaufen bin."[137]

Arbeiterpartei 1927 gehört sie keiner Partei an – in diesem Punkt folgt sie strikt ihrer Überzeugung, dass man sich nur in seinem Heimatland in die Politik einmischen darf. Die Option, als Ausländerin Mitglied in der Kommunistischen Partei der Sowjetunion zu werden, wäre ihrer Ansicht nach „übelster Opportunismus". Doch als zutiefst politischer Mensch setzt sie sich weiter für ihre Ideale ein und nimmt in Paris wie auch in London Verbindung zu kommunistischen Widerstandskämpfern aus Deutschland und Österreich auf, noch bleibt es allerdings beim theoretischen Austausch.

Auf dem Weg in ihr neues Leben kommen die Schüttes über Odessa nach Istanbul, wo sie einen Tag mit Bruno und Erika Taut verbringen. Bruno Taut ist mittlerweile Professor an der dortigen Académie des Beaux-Arts und plant Erziehungsbauten für das Unterrichtsministerium. Er schlägt dem Ehepaar vor, an der Akademie zu arbeiten, doch sie wollen es in Westeuropa versuchen. Ihre Weiterreise von Istanbul über Athen und Triest schildert Margarete Schütte-Lihotzky wie ein Urlaubserlebnis mit „unvergleichlich leuchtenden Tagen im glühend heißen Athen" und einer „herrlichen Küstenfahrt nach Triest". Noch von Moskau aus lädt sie ihre Schwester ein, nach Paris zu kommen, und schickt einen Adressenplan: „Ich hoffe sehr, dass du nach Paris kommen kannst und wir uns dort wieder einmal sehen werden und gemeinsam Paris genießen können."[138] Das Ehepaar Schütte bezieht in Paris ein Balkonzimmer mit Blick auf das Pantheon im fünften Arrondissement. Mit dem ihr eigenen, unverbrüchlichen Optimismus und ihrer Lebensfreude schildert Margarete Schütte-Lihotzky ihre Erlebnisse – Existenzangst scheint sie nicht zu haben: „Das Essen ist sehr billig und überall ausgezeichnet. (...) Im übrigen ist Paris eine herrliche Stadt, ich bummle dauernd durch die Straßen."[139]

Im März 1938 bekommen Margarete Schütte-Lihotzky und ihr Mann tatsächlich Pässe mit der Gültigkeit von fünf Jahren und eine Reiseerlaubnis. Sofort setzen sie ihre Pläne in die Tat um. Im April reisen sie nach London, um sich vor Ort ein Bild vom Arbeitsmarkt und der Chance auf eine Arbeitserlaubnis zu machen. Schütte-Lihotzkys Urteil fällt gnadenlos aus: „Was soll ich nun von London schreiben? Das Wesentliche daran ist wohl, dass wir uns sehr glücklich fühlen, dass wir wieder in Paris sind!!!

Architektonisch genommen ist London überhaupt keine Stadt, bloß ein Häusermeer, das wie ein Brei immer weiter auseinanderläuft. (…) Das Klima ist scheußlich, es stinkt immer und überall nach Kohlenrauch durch die Kamine, es ist schrecklich schmutzig. (…) Wollwäsche, die ich mir für Sibirien gekauft habe und dort nie angezogen habe, zog ich sofort in London an! Man sitzt dauernd beim ‚Fireplace', wo man's von vorn heiß und von hinten kalt hat. Kochen können sie überhaupt nicht (außer Tee) und man bekommt einen unbeschreiblichen Fraß. Elegante Frauen sieht man überhaupt nicht, obwohl es schöne Kleider in den feinen Läden gibt, die Leute verstehen sie eben nicht zu tragen. (…) Man greift sich dauernd an den Kopf und versteht zuerst überhaupt nicht, wieso das Volk, das die halbe Erde beherrscht, es nicht verstanden hat, sein Leben schöner und reizvoller zu gestalten. (…) Also, alles in allem, wir glauben, England ist kein Land für uns."[140]

Zurück in Paris entscheiden die Schüttes dann doch in die Türkei zu gehen. Auf Anregung und durch die Unterstützung von Bruno Taut in Istanbul erhalten sie im Juni 1938 Arbeitsverträge mit dem Türkischen Unterrichtsministerium für drei Jahre, Wilhelm Schütte für die Schulplanung, Margarete Schütte-Lihotzky für Kindergärten. Es ist also doch noch „etwas vom Himmel gefallen", wie es ihr in ihrem beruflichen Leben immer ergangen ist. Sofort organisiert Schütte-Lihotzky mit Eifer ihren Umzug nach Istanbul und ist erleichtert, dass sie aus der Türkei wieder Geld zur Unterstützung der Familie nach Österreich schicken können wird: „Liebe Dele! (…) Du kannst dir denken, dass ich noch sehr viel zu tun habe. Ich gehe noch in die Schule, auch in einen Kochkurs über feine französische Küche und werde wohl heute meine erste Autofahrstunde nehmen. Auf einmal hat man ganz andere Sorgen als vorher. C'est la vie! Auch will ich mir noch einiges Schönes zum Ansehen kaufen. Im Übrigen, sobald ich wieder verdiene, werden alle Verpflichtungen gegen die Verwandten (…) wieder aufgenommen. (…) Wir denken etwa Ende Juli hier abzudampfen über Marseille oder Genua, und mit dem Schiff unten herum, an sich schon eine herrliche Reise."[141]

Türkei

„Eingetreten in die Partei bin ich wegen Adolf Hitler."

Nach Abstechern nach Rom und Portofino nehmen Margarete Schütte-Lihotzky und Wilhelm in Brindisi die Fähre Richtung Athen. Trotz „grauenhafter Hitze" gehen sie am Abend zur Akropolis, „wenn man dort wieder einmal einen Sonnenuntergang erlebt, dann meint man doch, dass man nichts Schöneres sehen kann". Allerdings kann Griechenland in Margaretes Augen nicht mit Frankreich und Italien mithalten: „Abends noch in der Stadt, die ja zum Teil sehr elegant und modern ist, aber alles in allem fehlt da eben doch schon der Charme, den wir in Frankreich und Italien so lieben."[142] Am 24. August 1938 wird das Paar in Istanbul von Erika Taut abgeholt und sie gehen ohne große Umwege direkt zur Akademie, um sich bei ihrem neuen Arbeitgeber vorzustellen.

Wieder hat das Schicksal die beiden Architekten in ein Land geführt, das sich in einem kulturellen und politischen Umbruch befindet. Der Erste Weltkrieg hat den türkischen Feudalismus und das Sultanat erschüttert und die Türkei reformiert sich unter Führung von Kemal Atatürk zu einem modernen Wirtschaftsstaat. Das Ausbildungssystem an Schulen und Universitäten orientiert sich an europäischen Standards und aus dem alten Angora entsteht die neue Hauptstadt Ankara. Die Revolution in der Türkei wird vor allem von einer jungen Generation getragen, die im Ausland studiert hat und teilweise mit Gewalt gegen die Bewohner des ländlichen Raums vorgeht, die an ihren Traditionen hängen. Vor allem dieser Zwiespalt führt bei Margarete Schütte-Lihotzky immer wieder zu großen Bedenken: Sie und ihre ausländischen bzw. im Ausland ausgebildeten Kollegen gehören einer bevorzugten Elite an – und auch nur ihnen ist das türkische Exil möglich, denn in der Türkei finden nur hochqualifizierte Emigranten mit Arbeitsverträgen Aufnahme. Unter den

„Istanbul ist eine fantastisch schöne Stadt", aber es liegt ein Schatten über Margaretes Begeisterung, die sich mit der Ungleichbehandlung der Bevölkerungsgruppen und Nationalitäten nur schwer abfinden kann.

Architekten in Istanbul sind gleichzeitig mit den Schüttes neben Bruno Taut[143] auch die Österreicher Clemens Holzmeister und Ernst Egli. Diese Eliteemigranten – auch in den Bereichen Philologie, Medizin und Musik – ersetzen viele altgediente Lehrkräfte an der Universität in Istanbul und an der Akademie: Auf einem radikalen Weg der Erneuerung von Kultur und Gesellschaft sollen die westeuropäischen Akademiker eine nachwachsende Generation junger türkischer Wissenschaftler ausbilden, damit diese über kurz oder lang die ausländisch besetzten Positionen übernehmen können.

Margarete Schütte-Lihotzky und ihre Kollegen haben gegenüber ihren türkischstämmigen Architekten mehr Rechte und beziehen ein besseres Gehalt – eine Ungerechtigkeit, die Margarete nur schwer erträgt, steht sie doch in krassem Widerspruch zu ihrem Anspruch nach sozialer Gerechtigkeit. Da ist es nur ein kleiner Trost, dass „Istanbul eine fantastisch schöne Stadt“ ist. Gleich nach ihrer Ankunft verschafft sich das Architektenpaar einen Überblick über den Stand von Dorfschulen im Umkreis von Ankara und Istanbul, um sich mit der Topografie und den klimatischen Verhältnissen vertraut zu machen und die lokalen Bauweisen kennenzulernen. Darüber hinaus führen sie Gespräche mit Pädagogen, Ärzten und Schulleitern, um die Bedarfslage zu verstehen und aufbauend auf all diesen Informationen Prototypen zu entwickeln. Für die Architektin ist es ein erfüllendes, sinnvolles Ziel, durch den Bau von Schulen dem Analphabetentum entgegenwirken zu können.[144] Viele ihrer Modellschulen werden aus unbekannten Gründen zwar nicht gebaut, aber ihre Entwürfe werden publiziert und wirken nach. Ebenfalls nicht realisiert ist ihr Anbau für eine Schulanlage für Mädchen in Ankara von Ernst Egli (eröffnet 1929), mit dem sie bereits 1921 in Wien zusammengearbeitet hat.[145] Immerhin bleibt es in den nur zehn Monaten ihres Aufenthaltes in der Türkei nicht nur bei theoretischen Arbeiten, es entstehen auch ein paar Hausprojekte in Istanbul sowie der temporäre Festbogen für einen Brückenkopf anlässlich der Jubiläumsfeierlichkeiten zum fünfzehnjährigen Bestehen der Republik, den sie gemeinsam mit ihrem Mann entwirft.

Neben diesen sinnstiftenden beruflichen Aussichten erweist sich noch ein anderer Aspekt als wegweisend für Schütte-Lihotzky: Durch die

Temporäre Architektur ist beliebt, um zu festlichen Anlässen das Stadtbild zu schmücken. Diesen Festturm für einen Brückenkopf in Istanbul gestaltet Margarete gemeinsam mit ihrem Mann für den Jahrestag der türkischen Republik am 29. Oktober 1938.

geografisch günstige Lage ist Istanbul zu einem beliebten Transitort für kommunistische Flüchtlinge auf dem Weg in die Sowjetunion, zudem herrscht ein reger Austausch unter den Ausländern über linkspolitische Themen, das Vorhaben Schütte-Lihotzkys, sich gegen den Faschismus zu engagieren, wird dadurch erheblich erleichtert. Der Besuch eines Wiener Kollegen öffnet ihr schließlich die Tür, sich dem Widerstand anzuschließen: Herbert Eichholzer ist mit dem Vorsatz in die Türkei gekommen, dort eine Auslandsgruppe der Kommunistischen Partei Österreichs (KPÖ) aufzubauen. Diese Auslandsgruppen sind wichtig, denn im Unterschied zu anderen Ländern stellen die nationalsozialistischen deutschen Besatzer in Österreich kein klares Feindbild dar, gegen das sich ein Widerstand aller nationalen Kräfte bildet. Die kampflose Aufgabe Österreichs und die Sympathie von Teilen der Bevölkerung für die deutschen Besatzer erschwert die Arbeit der Widerstandskämpfer im Land enorm – die Sozialdemokratische Arbeiterpartei (SDAP) und die KPÖ sind bereits vor dem „Anschluss" verboten (KPÖ seit 1933, SDAP seit 1934), 1938 fliehen viele Anhänger endgültig ins Ausland. Zahlenmäßig ist die KPÖ dennoch bis Kriegsende die stärkste Kraft im Widerstand, auch weil viele von den Sozialdemokraten enttäuscht zu ihr wechseln.[146] Margarete Schütte-Lihotzky ist eine davon, sie tritt 1939 in die Partei ein und arbeitet sich mit ernsthaftem Fleiß in die Regeln und ihre neue Rolle als Widerstandskämpferin ein: „Es ist selbstverständlich, daß man die Gesetze des Gastlandes, in dem man lebt und arbeitet, respektiert. Ist man, im Ausland lebend, zum Widerstand gegen das Regime im eigenen Land entschlossen, dann muß man sich gegenüber der eigenen diplomatischen Vertretung im Gastland tarnen, je vollkommener, desto besser."[147] Also beginnt das Ehepaar Schütte, Einladungen des deutschen Konsulates anzunehmen, und sucht gezielt Kontakt zum Generalkonsul. Doch ihre eigentliche Energie stecken sie in die Mitarbeit in der Auslandsgruppe der KPÖ.

Von einem „Einsatz" berichtet Margarete Schütte-Lihotzky in ihren Erinnerungen aus dem Widerstand: Nach siebzehn Haftstrafen und einer Odyssee auf der Flucht vor den Nazis rettet sich ein Mitglied des Zentralkomitees der KPÖ, Willi Frank, unter dem Decknamen „Harald" mit norwegischem Pass in die Türkei. Doch als sein Visum nicht verlängert wird, beschließt er, Richtung Moskau weiterzuziehen: Kurz vor der Abreise aus Istanbul erkrankt er an Typhus und liegt im Bett, einen Arzt hinzuzuziehen wäre lebensgefährlich, doch sein Pass muss noch abgeholt werden. Margarete Schütte-Lihotzky macht sich darum auf den Weg zum Konsulat: „Er konnte das nicht, also ging ich zur türkischen Behörde. Ich musste lange warten, länger als alle anderen. Ich dachte schon, sicher ist die ‚Passgeschichte' aufgeflogen. Doch alles ging glatt und ich bekam den Pass des norwegischen ‚Harald' zurück. Am selben Tag noch konnte ich die sowjetische Einreise besorgen. ‚Flurl', das war Genosse Herbert Feuerlöscher, brachte den fiebernden ‚Harald' im Taxi ins Stadtzentrum, wo ich die Begleitung zum sowjetischen Dampfer nach Odessa übernahm. In der Halle musste ich ‚Harald' verlassen und eilte klopfenden Herzens auf das Dach des Gebäudes, von wo aus man die Schiffe abfahren sah. Würde ‚Harald' auf den Dampfer kommen, würde er nicht zurückgeschickt werden, wegen Infektionsgefahr? Ich sah ihn das Fallreep hinaufwanken, der Dampfer setzte sich in Bewegung."[148]

Willi Frank gelingt die Weiterreise, doch sein Leben endet, wie das vieler Widerstandskämpfer, die Schütte-Lihotzky in ihren „Erinnerungen" erwähnt: „Bei einem Feuergefecht mit der SS nahe an der österreichischen Grenze traf ihn die tödliche Kugel."

Sätze wie diese häufen sich und ergeben ein erschütterndes Fazit, das gerade durch den nüchternen Tonfall die Tragik fühlbar macht:

„Er wurde später in Mauthausen durch Genickschuß getötet." (Julius Kornweitz, Deckname „Bobby")

„Die Flucht ist ihm nicht geglückt. Er ging im Konzentrationslager zugrunde." (Franz Öhler)

„Ich übergab Päckchen und Grüße und zog erschüttert ab. Alle drei sind in Auschwitz vergast worden." (Anonym)

„Sie bekam in der Untersuchungshaft einen Blutsturz und starb noch vor ihrer Verhandlung im Gefängnis." (Therese Konopitzky, Deckname „Tante")

„Er wurde zu Tode verurteilt und am 7. Januar 1943 im Wiener Landgericht enthauptet." (Franz Sebek)

Im Nachhinein stellt sich die Frage eben doch, warum Margarete Schütte-Lihotzky die sichere Türkei verlässt, um als Botin nach Wien zu reisen.

Sie verbringt ihre Zeit ja durchaus mit sinnvollen Tätigkeiten. Zum einen wirkt sie aktiv beim Aufbau des Schulsystems in der Türkei mit und setzt sich damit dafür ein, dass eine heranwachsende Generation Bildungschancen hat. Zum anderen hilft sie bereits mit, den Widerstand zu stärken. Dennoch hat sie die Frage nach ihren Gründen empört: „Oft fragten mich nach 1945 verschiedenste Leute, auch solche, die keineswegs Nazis waren, warum ich denn aus dem sicheren Ausland nach Wien gefahren bin. Immer wieder empört mich die Frage, immer wieder bin ich entsetzt über die mir so fremde Welt, in der diese Frage überhaupt eine Frage ist. (...) Dieser Schritt war nichts anderes als die notwendige Konsequenz jener Erkenntnis, die in mir herangereift war, als ich mir schon Jahre zuvor in Moskau die Frage gestellt hatte: ‚Was haben wir zu tun, damit wir nach dem Sturz Hitlers wieder mit gutem Gewissen in der Heimat leben können? Was haben wir zu tun, um zum Sturz Hitlers beizutragen?'“[149]

Die Reise nach Wien bringt Margarete Schütte-Lihotzky nicht nur in Gefahr, sondern in Todesgefahr, doch ihr ist das 1940 offenbar nur abstrakt bewusst. Sie schätzt ihre Situation falsch ein, vielleicht auch, weil sie schon seit Jahren die Entwicklungen in Deutschland und Österreich aus der Distanz beobachtet: „Schon bald machte ich Herbert Eichholzer den Vorschlag, mich nach Österreich zu schicken. Er stimmte sofort zu. Persönliche Verbindungen zwischen Widerstand im Innern und Leitung im Ausland wurden ständig gebraucht, und ich war für diese Reise gut geeignet. Ich hatte Österreich schon 1926, Deutschland 1930 verlassen, war also keine Emigrantin.“[150]

Alleine die Tatsache, dass Schütte-Lihotzky als Architektin aktiv am Aufbau der Sowjetunion beteiligt war, reicht 1940 aus, um sie verdächtig zu machen. Doch sie ist wild entschlossen und wahrscheinlich ist diese Naivität ihre beste Tarnung – sie verhindert Nervosität. Am 24. Dezember 1940 besteigt sie in Istanbul den Orientexpress mit zwei Wochen Verspätung, da wegen starkem Schneefall in Nordgriechenland die Strecke gesperrt ist. In Zagreb trifft sie „Bobby“, der ihr eine Anlaufadresse in Wien gibt. Sie notieren die chiffrierte Adresse auf Zigarettenpapier, das Schütte-Lihotzky als Papierkügelchen im Ohr versteckt, und sie macht sich alles andere als unauffällig auf die Weiterfahrt: „Als elegante Dame, in einen Persianermantel gehüllt, der noch aus der Sowjetunion stammte, ein Hütchen aus blauen Federn mit Schleier auf dem Kopf, stieg ich in Zagreb in einen Wagen erster Klasse Richtung Wien. Es war der kälteste Winter seit Jahrzehnten, eine Fahrt durch tiefverschneite Wälder und Felder. Die Passkontrolle verlief ohne Besonderheit. Das Kügelchen lag ruhig in meinem Ohr. Von der Grenze an gab es lückenlose Verdunkelung aller Bahnhöfe und Häuser. Man spürte Krieg! Es war die Nacht vom 29. zum 30. Dezember 1940. Ich war völlig ruhig."[151]

IV
Widerstand

„Zu Gerber hatte ich sofort volles Vertrauen, Ossi wirkte kühl und wenig anziehend. Wohin aber käme man in der illegalen Arbeit, wenn man nach so kurzem Zusammensein Antipathien berücksichtigen wollte?“

Die politische Situation Ende 1940 ist verheerend, wie auch Schütte-Lihotzky in ihren Erinnerungen rekapituliert: „Polen, Belgien, Holland und Dänemark waren bereits von deutschen Militärstiefeln niedergetrampelt, Frankreich war zusammengebrochen, London wurde von den Deutschen zwei Monate lang fast pausenlos bombardiert, ein erbarmungsloser Seekrieg war gegen England entfesselt, und auch in Nordafrika tobte der Kampf. Italien hatte Griechenland überfallen, das noch standhielt. Der Einfall deutscher Truppen in Jugoslawien war vorauszusehen. In Österreich war der Widerstand erstarkt, die einzelnen Gruppen waren aktiv und gut organisiert. Umso gefährlicher war die Situation für jeden Einzelnen.“[152]

Es mag sein, dass Schütte-Lihotzky zum Jahreswechsel 1942 noch nicht diesen Klarblick hat, doch selbst wenn, für sie ist die Dringlichkeit, Hitler etwas entgegenzusetzen, größer als die Furcht. Mit unerschütterlichem Glauben an die Sache beginnt sie ihre Arbeit als illegale Widerstandskämpferin in Wien.

In Istanbul beherzigt sie die wichtigste Verhaltensregel: Tarnung. Durch die verzögerte Abreise kann Margarete Schütte-Lihotzky eine Einladung des Generalkonsuls wahrnehmen. Viele der Gäste grüßen mit erhobenem Arm und „Heil Hitler“, die Atmosphäre ist hochoffiziell, ihr wird der Ehrenplatz neben dem Gastgeber zugewiesen. Sie unterhalten sich zunächst über unverfängliche Themen wie archäologische Funde und Kunstschätze in der Türkei, doch dann berichtet sie von ihren Reiseplänen. Der Rat des Generalkonsuls ist eindeutig: „Reisen Sie nicht, das Leben in Wien ist schwierig, die Ernährung mangelhaft. Wieviel schöner ist es jetzt in Istanbul. Sollen doch Ihre Verwandten Sie in der Türkei besuchen.“[153] Bei Schütte-Lihotzky, die ihren Besuch aus rein taktischen Gründen erwähnt, trifft die Warnung auf taube Ohren. Sie empfindet die Situation eher als amüsant: „Wenn ihr nur wüsstet, dachte ich.“[154] Auf dem Empfang kommt sie noch mit einem anderen Gast ins Gespräch mit einem Diplomaten aus Hamburg. Alfred de Chapeaurouge, den

S. 133: 1930 marschiert der Verband der sozialdemokratischen Jugend in Wien. Viele der Teilnehmerinnen schließen sich 1938 dem illegalen Widerstand an.

alle „Rotkäppchen“ nennen, stammt aus einer angesehenen Hamburger Familie und ist mit der Tochter des von der NSDAP eingesetzten Wiener Bürgermeisters Hermann Neubacher verlobt.[155] Er bittet Schütte-Lihotzky, seinem zukünftigen Schwiegervater persönliche Grüße auszurichten. Für ihre Tarnung kann ihr nichts gelegener kommen als der Kontakt zum „Nazibürgermeister“. Gleich nach ihrer Ankunft in Wien übermittelt sie dann auch telefonisch die Grüße und wird nicht nur zum Tee bei der Familie eingeladen, sondern auch auf die Hochzeit. „Tarnung ist eben Tarnung.“

„Da ist ja ein großes weißes Ding drin!“

Um zwei Uhr in der Nacht des 30. Dezember kommt Margarete Schütte-Lihotzky am Wiener Hauptbahnhof an und besteigt ein Taxi, das sie zu ihrer Schwester in die Hamburgerstraße bringt. Die Wiedersehensfreude ist groß. Die beiden sitzen bis in die frühen Morgenstunden zusammen, nach der langen Zeit, während der sie sich nur per Brief austauschen konnten, gibt es viel zu erzählen. Allerdings verschweigt Margarete den wahren Grund ihres Besuchs, und weder Adele noch ihr Mann bemerken in der ganzen Zeit etwas von ihrem Tun. Sie halten es für vollkommen ausgeschlossen, dass es in Wien noch einen organisierten Widerstand gibt, die Gestapo geht schon zu lange scharf gegen alle gegnerischen Organisationen vor. In einem späteren Gespräch beteuert Adele ihre Hochachtung vor allen, die sich gegen die Nazis stellen, sie selbst sei zu ängstlich gewesen. Für Schütte-Lihotzky wird die Erinnerung an die unbewusste Solidarität ihrer Schwester mit ihrem Tun im Gefängnis von großer Wichtigkeit: Sie bewahrt sie davor, sich Vorwürfe dafür zu machen, ihre Familie in eine schwierige Situation gebracht zu haben.

Als Adele zu Bett geht, versucht Margarete Schütte-Lihotzky das Papierkügelchen mit der chiffrierten Adresse ihrer ersten Anlaufstelle aus dem Ohr zu nehmen – ohne Erfolg. Das Erschrecken ist groß. Die Adresse ist das Einzige, was sie hat, um in Wien Kontakt zu anderen Widerstandskämpfern aufzunehmen. Entsetzt fällt ihr die Anekdote von Bekannten ein, die sich einmal gegen Straßenlärm Brotkügelchen in die

Ohren gesteckt haben, um schlafen zu können. Sie mussten einen Arzt aufsuchen, um sie wieder zu entfernen. Doch in ihrem Fall ist ein Arztbesuch ausgeschlossen. „Ich konnte doch unmöglich mit dem Papierkügelchen im Ohr zum Ohrenarzt gehen! Die nazistische Grenzpolizei hatte nichts gemerkt und jetzt sollte ich durch einen Ohrenarzt hereinfallen?“[156] Nach einer schlaflosen Nacht bittet sie schließlich ihren Schwager um Hilfe und alles geht gut. Nichtsahnend entdeckt er „ein großes weißes Ding“, holt es heraus und Margarete nimmt es entgegen. Sie sieht es als eine „Feuerprobe“ an, bei Schwierigkeiten ruhig zu bleiben, es ist eine Gabe, die sie noch gut gebrauchen können wird.

Die Schrift auf dem Zigarettenpapier ist einwandfrei lesbar. Um die Adresse allerdings entschlüsseln zu können, braucht Schütte-Lihotzky ein Buch: Das damals sehr populäre Reisetagebuch „Gari-Gari“ des Wiener Ethnologen und Fotografen Hugo Bernatzik, ein überzeugter Nationalsozialist. Sie findet es in einer Buchhandlung und hat keine Schwierigkeit, damit die Adresse zu dechiffrieren: Lotte Finger, Bäckenbrünnlgasse 1, Wien.

Als sie sich auf den Weg zu Lotte Finger macht, beachtet sie alle von „Harald“ mitgegebenen Regeln der konspirativen Arbeit: Nachdem sie die Richtigkeit der Adresse in einem Telefonbuch kontrolliert hat, fährt sie mit der Tram zur angegebenen Adresse und geht dort so lange spazieren, bis sie sicher ist, dass niemand ihr folgt. In der Wohnung angelangt, bleibt sie mit Lotte und deren schlafendem Säugling alleine in einem Zimmer. In der sogenannten „illegalen Minute“ verabreden sie einen Grund für ihr Treffen, der im Falle einer Verhaftung von beiden gleichlautend angegeben werden kann: „Wir kennen uns von der Hochschule. Du warst bei mir, um Skripte abzuholen.“ Dasselbe soll Margarete auch gegenüber Lottes Mutter sagen, falls diese Fragen stellt. Die Vorsicht im Widerstand macht auch vor der eigenen Familie nicht halt.

Nach drei Treffen mit Lotte Finger hat Schütte-Lihotzky endlich, was sie braucht: Eine Verbindung zu ihrem Ansprechpartner „Gerber“. Über eine weitere Kontaktperson, „Sonja“, soll ein Treffen vereinbart werden. Schütte-Lihotzky hat eine Personenbeschreibung von Gerber, mehr nicht. Die Anonymität soll alle Beteiligten schützen und wird von niemandem hinterfragt. Dass es sich bei „Gerber“ um Erwin Puschmann handelt, den zu diesem Zeitpunkt höchsten Funktionär der KPÖ und führenden Kopf der Organisation der kommunistischen Widerstandsbewegung in Österreich, erfährt Margarete Schütte-Lihotzky erst im Nachhinein.

„Alle Aufträge organisatorischer Art behielt ich noch bei mir.“

Am Neujahrstag 1941 ist Schütte-Lihotzky mit „Sonja“ im Café Viktoria verabredet, ein typisches Wiener Kaffeehaus Ecke Währinger Straße und Maria-Theresien-Straße im neunten Bezirk. „Gerber“ soll dazukommen. Als sie im Café ankommt, entschuldigt sich „Sonja“, sie müsse kurz telefonieren, aber „Gerber“ komme gleich und bringe noch jemanden mit. „Jetzt gleich? Wen bringt er mit, und mit wem muss sie jetzt telefonieren?“, geht es Schütte-Lihotzky laut ihren Erinnerungen durch den Kopf. Doch sie bleibt sitzen. Neben „Gerber“ kommt an diesem Tag auch „Ossi“ zu dem Treffen. Zu viert – gegen die Regel – sitzen sie an dem kleinen Kaffeehaustisch. „Ossi“ und „Sonja“ spielen Liebespaar, während Schütte-Lihotzky auftragsgemäß „Gerber“ mitteilt, dass er so schnell wie möglich das Land verlassen soll. Intuitiv behält sie die Informationen über die Organisation des Widerstands im Ausland für sich, stattdessen hofft sie ihn beim nächsten Mal alleine zu treffen, wenn nicht so viele Ohren mithören.

Margarete Schütte-Lihotzky ist nicht nur bei diesem ersten Treffen irritiert, doch weil sie völlig unerfahren mit der Arbeit im Untergrund ist, traut sie ihren eigenen Instinkten nicht. Mehrmals erwähnt sie in ihren Erinnerungen Situationen, die ihr seltsam vorkommen, vielleicht wird ihr das erst in der Rückschau so deutlich, doch allesamt sind kritisch. Da ihr aber sowohl „Harald“ als auch „Bobby“ versichert haben, dass sie sich ganz auf „Gerber“ verlassen könne, tut sie das – zu ihrer beider Unglück, wie sich herausstellen wird, denn „Gerber“ seinerseits verlässt sich auf „Ossi“. Der Deckname „Ossi“ ist nur eines von vielen Pseudonymen. Der Klarname von „Konrad Hans Klaser“, „Hans Glaser“, „Harry“ oder „Peter“ ist Kurt Koppel, österreichischer Funktionär des Jugendverbandes der KPÖ, der 1936 wegen illegaler kommunistischer Tätigkeiten verhaftet wird. In der Haft lässt er sich als Vertrauensmann der Staatspolizei anwerben und ist ab 1938 Spitzel für die Gestapo. Auch müssen „Ossi" und „Sonja" nicht Liebespaar spielen, „Sonja", die in Wirklichkeit Margarete Kahane heißt, ist seine Geliebte, die beiden haben ein gemeinsames Kind. In den Jahren ihrer Spitzeltätigkeit liefern „Ossi" und „Sonja" über achthundert Menschen an die Gestapo aus.[157]

Nach fünfundzwanzig Tagen in Wien, nach Sichtung von illegalem Material und Flugblättern, nach einem Treffen mit „Ossi", um Berichte für „Bobby" entgegenzunehmen; nach zehn Treffen mit „Gerber" schnappt die Falle zu. Am Mittwoch, 22. Januar, einen Tag vor ihrem Geburtstag und einen Tag vor ihrer geplanten Abreise, trifft sich Margarete Schütte-Lihotzky ein letztes, elftes Mal, mit „Gerber". Sie sind allein. Sie hat Pass, Visum und Fahrkarte in ihrer Handtasche und drängt darauf, dass „Gerber" doch endlich auch ausreisen soll, als zwei Männer der Gestapo sie im Kaffeehaus Viktoria festnehmen. Jahre später hat sie noch „ihre starren, ausdruckslosen Gesichter" vor Augen, ebenso wie ihr „ihr aufgeregtes Schnaufen in den Ohren klingt". Im Vergleich zu Erwin Puschmann ist sie „nur ein kleiner Fisch". Für ihn bedeutet die Verhaftung den sicheren Tod, für sie den wahrscheinlichen.

Im Gefängnis

> „Die Tür fiel knackend ins Schloß. Von jetzt an gab es nicht die geringste Verbindung mit der Außenwelt, weder legal, noch illegal.“

Margarete Schütte-Lihotzky wird in die Zentrale der geheimen Staatspolizei gebracht. Seit April 1938 ist das ehemalige Hotel Métropole am Morzinplatz im ersten Bezirk Hauptsitz der Gestapo. Im Erdgeschoss, dort, wo früher die Gäste des Hauses in der Bibliothek oder in den Sitzecken der Halle saßen, dort, wo sie ihre Mäntel und Hüte abgaben, sind nun die Zellen des Hausgefängnisses. In den Kellerräumen sind neben dem Kohlelager die Folterräume untergebracht. Über die große Freitreppe, die noch immer mit rotem Teppich belegt ist, wird Schütte-Lihotzky in die erste Etage und von dort weiter ins oberste Stockwerk geführt – über eine berüchtigte Wendeltreppe, von der sich viele Gefangene in den Tod stürzen, um sich Haft und Folter zu entziehen. Bei ihrem ersten Verhör steht ihr ein SS-Offizier gegenüber: „Ein fettwanstiger, vierschrötiger Kerl. Eine Karikatur von Georg Grosz konnte ihn nicht schlimmer darstellen. Aber hier war es eine Karikatur aus Fleisch und Blut, wie sie einen in die Träume hinein verfolgt. Er brüllte mich an, drohte, ich würde alle mir bekannten Genossen, auch die aus dem Ausland, hier wiedersehen, beschimpfte mich, schrie, sie alle würden ausradiert. Aber je mehr er brüllte, desto ruhiger wurde ich.“[158]

Margarete Schütte-Lihotzky macht bei diesem ersten Verhör eine wichtige Erfahrung: Je lauter jemand wird, umso beherrschter wird sie selbst. Sie hat verstanden, dass Schreien, Einschüchtern und Drohen gängige Verhörpraktiken sind, mit dem Ziel, sie zu verunsichern und ihr Informationen zu entlocken. Zum Zeitpunkt ihrer Verhaftung tappt die Gestapo noch weitgehend im Dunkeln, wer sie ist, sie wissen nur dies: Schütte-Lihotzky kennt Erwin Puschmann und sie kommt aus Istanbul. Zunächst kennt noch niemand ihren Namen und ihre Adresse. Die Nazis wissen also nur so viel wie ihre Kontakte im Widerstand. Ab diesem Moment ist ihr klar, dass es einen Spitzel geben muss, doch dass „Ossi" der Spitzel ist, bleibt noch bis zum Jahreswechsel 1941/42 eine Vermutung, die auch Schütte-Lihotzky lange nicht glauben möchte – zu eng und zu lange schon ist „Ossi" mit dem Widerstand vernetzt und mit allen und allem vertraut. Aus Selbstschutz an ein Gerücht zu glauben ist leichter, als sich einzugestehen, welche Katastrophe das für den Widerstand und alle Involvierten haben wird. Aber die Hinweise verdichten sich immer mehr: Walter Kämpf, Mitglied der KPÖ, im Widerstand an der Herstellung und Verbreitung illegaler Zeitungen und Flugblätter beteiligt und 1943 wegen Hochverrats zum Tode verurteilt, gelingt es, einen Kassiber aus der Haft zu schmuggeln:

> *„Die Spitzel sind ‚Herta – Olga – Gretl – Sonja', wohnt im 14. Bez. in der Selzergasse Nr.? bei Glaser oder Gläser. Dieser ist ihr Freund - Spitzel ‚Ossi'. Weiters Brüder Kutni [richtig: Koutny], Ziegelofengasse 25, deren Schwester Hermine und ‚Kahane' – Hertas Bruder? Diese verrieten unter anderem auch Fredis Bruder. Auch über mich und meine Freunde (auch 9. Bezirk) ist daher auch alles restlos bekannt. [...] Warnt Parteigenossen vor Spitzeln, die ich nannte.*"[159]

Schütte-Lihotzky wird insgesamt vierzehnmal verhört. Das ist ungewöhnlich viel, zumal sie nur vergleichsweise kurz in Wien ist und viel weniger über den Widerstand weiß als Puschmann und andere. Sehr wahrscheinlich ist die Gestapo vor allem an Informationen über die Türkei interessiert. Schütte-Lihotzky schreibt in ihren Erinnerungen davon, dass „Ossi" bei einem Treffen mit ihr allein vorgefühlt

Das ehemalige Hotel Métropole ist ab 1938 Gefängnis und Gestapozentrale.
Auch Margarete sitzt hier in Untersuchungshaft.

hat, ob sie Material über wirtschaftliche Fragen der Türkei beschaffen könne und ob sie in Verbindung mit Professor Dobretsberger in Istanbul stehe. Der Nationalökonom Josef Dobretsberger gehört in Istanbul zu einem Kreis von antifaschistischen Österreichern, die mit dem britischen Nachrichtendienst kooperieren. Da Schütte-Lihotzky beides bejaht, muss „Ossi" davon ausgehen, dass sie Dinge weiß, die für die Nationalsozialisten „kriegswichtig" sein könnten, und hat das der Gestapo mitgeteilt. Gut möglich, dass die Gestapo sie darum anfänglich für einen „größeren Fisch" hält, als sie ist – diese Einschätzung geht aber wohl auch auf einen gravierenden Fehler zurück, den Schütte-Lihotzky macht, wie in den Verhörakten der Gestapo nachzulesen ist. Die Liste der beschlagnahmten Gegenstände aus ihrer Wohnung beinhaltet neben Pass und hohen Geldsummen ein Adressbuch und zahlreiche Notizen über die Organisation, die politischen Themen und Zielsetzungen des Widerstands. Entgegen allen Regeln hat sie in den wenigen Tagen zahlreiche Informationen zusammengetragen und für sich als Erinnerungsstützen aufgeschrieben, die für die Gestapo von großem Interesse sind und ihr wenig Spielraum lässt, sich zu verteidigen.[160] Sie ist geständig, da ihr kein Ausweg bleibt, möglich, dass sie darum von körperlicher Gewalt verschont bleibt, denn die meisten ihrer Mitgefangenen erleben unvorstellbare Qualen durch Folter – eine gängige Verhörmethode der Gestapo.

Bevor Walter Kämpf mit nur 23 Jahren hingerichtet wird, schreibt er in einem Kassiber, wie die Gestapo Geständnisse erpresst: „[...] Gestapo bringt jeden mit mittelalterlichen Foltern zum Speiben [= Geständnis]. [...] Regierungsrat Höfler schlug mich viel und ließ mich auf Händen aufhängen. In Fritzl (hat nur eine kranke Niere) ließ er 8 Liter Wasser hineingießen, dann drohte er mit weiteren 5 Litern, führte [ihn] auf die Liesl und zeigte ihm durchs Guckerl seine Mutter, die erst nach seinem Geständnis freigeht. Da spie er Abziehapparat. [...] und musste wirklich alles speiben bis auf Pospischil, über den außer mir niemand wusste."[161]

Die jüdische Widerstandskämpferin Selma Steinmetz ist aus Wien nach Frankreich geflohen, von wo aus sie gegen den nationalsozialistischen Terror agiert. Sie überlebt Folter und Krieg und schildert in ihrer Zeugenaussage am 28. Juni 1946:

> *„[Eduard] Tucek wollte von mir unbedingt die Namen und Adressen von denjenigen wissen, mit denen ich in Verbindung gestanden bin und die für die Widerstandsbewegung tätig waren. Da wir dort illegal lebten und strenge Konspirativität geübt wurde, wusste ich von den meisten weder den richtigen Namen noch die Adressen, so hätte ich auch mit bestem Willen nichts preisgeben können. Ich wurde von Tucek in Ketten gelegt, vorerst schlug er mich mit der bloßen Faust. Dann nahm er einen Ochsenzähm [= Ochsenziemer] zu Hilfe, mit welchem er mich am ganzen Körper so schlug, dass mein Körper voll Blutstriemen war und mir die Haut vom Körper hing. Am nächsten Tag wandte er bei mir die Methode eines Bades an. Ich musste mich bis auf meine Unterwäsche ausziehen, wurde an Händen und Füßen gefesselt und in die Badewanne gelegt, welche mit kaltem Wasser angefüllt war. Ich wurde fortwährend mit dem Kopf unter das Wasser getaucht, wenn ich mit dem Kopfe aus dem Wasser kam, hielt man mir die Dusche ins Gesicht, sodass ich durch die Wasserstrahlen ebenfalls fast keine Luft bekam. Dann zog er mich bei den gefesselten Füßen so in die Höhe, dass mein Kopf neuerlich unter Wasser kam. Ich glaubte, jeden Moment ersticken zu müssen. Diese Torturen hat Tucek mit mir sozusagen als Lehrgang geführt, da mehrere junge Gestapobeamte dabei anwesend waren, denen er vorführend erklärte, wie diese Behandlung gemacht werden muss, um die Gefangenen zum Sprechen zu bringen.“*[162]

Rosa Grossmann, die wegen ihres Kontaktes zum KPÖ-Funktionär Gregor Kersche im September 1943 festgenommen wird, versucht sich durch Hinabstürzen der Wendeltreppe im Gestapogefängnis im ehemaligen Hotel Métropole der Folter zu entziehen. Sie überlebt schwer verletzt und berichtet in ihrer Zeugenaussage nach dem Krieg am 19. Dezember 1946:

> *„Als [Anton] Brödl des Schlagens müde wurde, gab er den Stock diesem jungen Gestapobeamten, aber nach kurzer Zeit verlangte*

Brödl von ihm den Stock zurück, mit dem Bemerken: ‚Das ist ja nichts' und schlug mich wie ein Wahnsinniger weiter. Durch diese Misshandlungen wurde ich einige Male ohnmächtig. Zeitweise hieß er mich aufzustehen und zur Abwechslung fesselte er die Hände statt vorne [hinten] am Rücken und drückte meine Arme in die Höhe, dass ich schon glaubte, dass meine Knochen brechen. Dies alles unter der Verabreichung von kräftigen Ohrfeigen. Er zog auch die Kette immer stärker an und fragte höhnisch: ‚Na, weißt es noch immer nicht, willst noch immer nicht die Wahrheit sagen?' Als ich am Diwan lag, trat mich Brödl einige Male mit den Füßen in den Bauch. […] Daraufhin führte er mich auf die Roßauer Lände zurück."[163]

Nach stundenlangen Verhören mit Drohungen, aber ohne Anwendung von körperlicher Gewalt wird Margarete Schütte-Lihotzky gegen Mitternacht mit dem „Grünen Heinrich" in die „Liesl", das Gefängnis an der ehemaligen Elisabethpromenade (heute: Rossauer Lände) im neunten Bezirk, gebracht. Sie hat noch nie zuvor ein Gefängnis von innen gesehen und kennt auch die Prozedur des „Filzens" nicht. Ruhig lässt sie alles über sich ergehen, doch als sie schließlich in die Zelle geführt wird, durch „die grauenhafte Stille einer Strafanstalt um Mitternacht, kein Laut von außen, kein Laut von innen", fällt alle Anspannung von ihr ab – und sie beginnt unkontrolliert und heftig zu zittern. Das Zittern hält zwei Tage an, setzt zu Schütte-Lihotzkys Erstaunen aber aus, als sie wieder das Verhörzimmer betritt. Heute würde man sagen, ihr Körper hat mit einem physiologischen Tremor auf den extremen Stress der Situation reagiert, sie interpretiert das Zittern bzw. dass sie es nicht mit Willenskraft abschalten kann, es aber automatisch in der Situation des Verhörs verschwindet, als Mechanismus der Nerven: „(…) dass die so übermächtige Nervenanspannung beim Verhör, ein noch stärkerer Zwang, den schwächeren einfach ausschaltet."[164] Als die Verhöre enden, hört auch das Zittern auf.

Die Haftbedingungen sind grauenhaft. Die erste Zeit in Gefangenschaft, während sie immer wieder verhört wird, verbringt

Schütte-Lihotzky in wechselnden Zellen mit immer neuen Mitgefangenen. Nachts oder wenn sie allein ist und nichts und niemand sie ablenkt, kreisen ihre Gedanken um den bevorstehenden Prozess, darum, wer außer ihr und „Gerber“ noch verhaftet wurde und welche Strafen sie alle erwarten. Sie kann an nichts anderes denken als daran, dass es für sie alle um Leben und Tod geht. Vor dem Alleinsein hat sie Angst, mit anderen in der Zelle zu sein ist aber auch nicht wesentlich besser. Die politischen Häftlinge werden strikt voneinander ferngehalten, sie teilt ihre Zellen ausschließlich mit Frauen, die als kriminell gelten. Mit ihnen kann sie sich nicht über ihre Themen aussprechen.

Zu dieser enormen psychischen Belastung kommt die physische hinzu: Margarete Schütte-Lihotzky teilt sich zeitweise eine Einzelzelle, die mit zwei weiteren Frauen belegt ist. An einer Längsseite ist ein Klappbett mit Strohsack, das jeden Morgen um fünf Uhr von der Wächterin an die Wand geklappt und abgesperrt wird. An der anderen Längsseite ist ein Klapptisch mit einer schmalen Bank. Von den drei Frauen finden nur zwei gleichzeitig Platz zum Sitzen. Sie wechseln sich darin ab, „fünf Schritte hin, fünf Schritte her“ zu gehen. In einer Ecke gibt es eine verrostete, verschmutzte Toilettenschüssel. Das Fenster ist hoch gelegen und lässt nur wenig Licht in die Zelle. Der winzige Heizkörper ist nur von elf bis dreizehn Uhr eingeschaltet. Das Licht wegen der Verdunkelungspflicht im Krieg immer abgestellt. Einmal in der Woche dürfen die Gefangenen ihre Wäsche von Verwandten abholen und waschen lassen. Wer keine Verwandten in Wien hat, trägt die immer selben, ungewaschenen Kleidungsstücke. Für die Morgentoilette haben die Frauen zwei Minuten Zeit. Das Wasser ist kalt, Seife gibt es keine. „Nachts lagen wir zu zweit auf einem Strohsack. Waren wir zu dritt, mussten wir von irgendwo einen Strohsack holen und auf den harten Holzboden legen. Eine dichte Staubwolke entwich bei jeder Bewegung. Ständiges Husten nachts. Kissen oder Bettwäsche gab es keine. Die Decken waren schmutzig und nicht ausreichend. Man fror entsetzlich. Die Strohsäcke kamen immer wieder in eine andere Zelle, sodass sie jede Nacht von einer anderen Gefangenen benutzt wurden. Sie waren völlig verdreckt, oft mit Menstruationsblut besudelt, oft schon von verschwitzten, ungewaschenen, kranken Frauen benutzt. Ich durfte nur mit Kriminellen in einer Zelle sein.“

Ebenso katastrophal wie die hygienischen Zustände ist die Ernährungslage. Am Morgen gibt es ein Stück Brot und dünnen Kaffee, dem Brom beigemischt ist, um sexuelles Verlangen der Frauen zu unterdrücken. Mittags und abends gibt es „Mehlpapp mit Kraut und Wrunken, einer Art Rüben, die man normalerweise als Schweinefutter verwendet". Das Essen ist so ungenießbar, dass sich Schütte-Lihotzky die ersten Tage übergeben muss. Mit eiserner Disziplin zwingt sie sich dennoch zu essen, um körperlich nicht schwach und anfällig zu werden. Nicht jeder Gefangenen gelingt das. Viele magern ab und werden krank.

Die „Politischen“

„Hier saßen die ‚Schweren‘, die man von den anderen vollkommen abgetrennt haben wollte.“

Nach drei Monaten wird Schütte-Lihotzky in das Bezirksgefängnis in der Schiffamtsgasse im zweiten Bezirk gebracht, wo sich die Haftbedingungen etwas verbessern. Im Gefangenenwagen sitzen außer ihr fünf weitere politische Häftlinge: „Gerbers“ Frau, Hella Puschmann, Therese Konopitzky, Anni Haider, Risa Srch, Marie Tomaschek und Ines Maier, Deckname „Wera“. Letztere ist ebenfalls Architektin und gehört der Auslandsgruppe in Istanbul an. Schütte-Lihotzky hätte sich mit der gebürtigen Chilenin am letzten Tag vor ihrer geplanten Rückreise in Wien treffen sollen. Dazu kommt es nicht mehr, trotz allem ist es wichtig, dass sie ihre Aussagen über Istanbul und vor allem „Bobby“ absprechen, um sich vor der Gestapo nicht in Widersprüche zu verwickeln. Die beiden können auf der kurzen Fahrt die wichtigsten Punkte klären: „Der Wachebeamte Steiner hörte einfach weg!“

Margarete Schütte-Lihotzky kommt in Einzelhaft, dennoch endet mit der Haftverlegung ihre Einsamkeit. Auf dem obersten, vierten Stockwerk des Bezirksgefängnisses sind alle fünfzehn Einzelzellen mit Kommunistinnen belegt. Außerdem ist das Haus über Eck gebaut, sodass man durch die Fenster über den Hof einige der anderen Frauen gut sehen kann.

Die inhaftierten Frauen haben ihre Wege, um zu kommunizieren. Sie verständigen sich durch die Fenster in „Stummerlsprache“, eine einfache Form der Gebärdensprache. Die Frau, die Gangdienst hat, genannt „Fazi“, schmuggelt Kassiber zwischen den Zellen und aus dem Gefängnis hinaus. An Schnüre gebundene Zettel oder Essen werden durch die

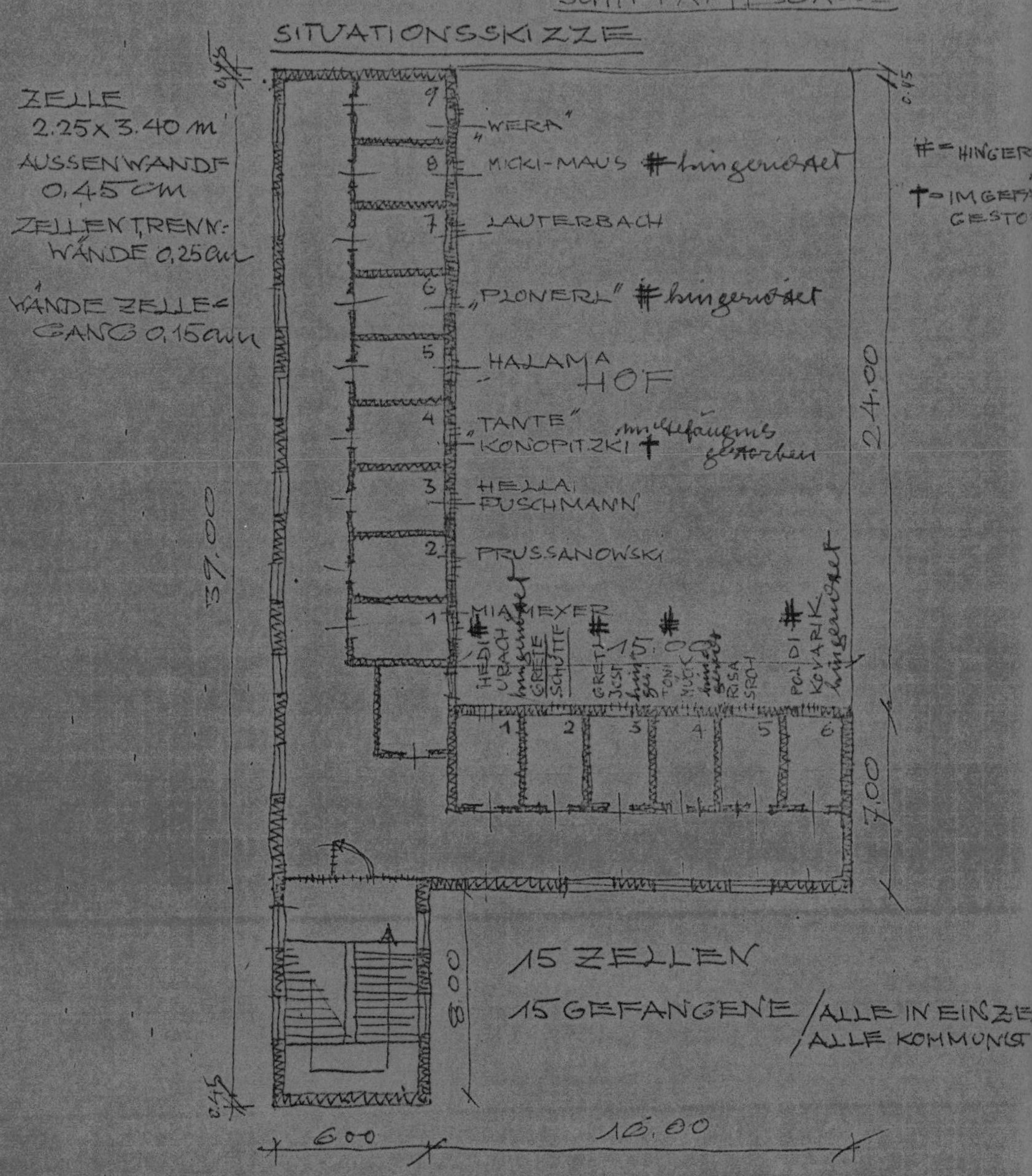

Eine aus dem Gedächtnis gezeichnete Situationsskizze mit Namen der Mitgefangenen im Bezirksgefängnis Schiffamtsgasse.

Fenster getauscht und mit einem vereinfachten Morsesystem verständigen sich die Frauen durch Klopfzeichen. Sogar „Gruppenunterhaltungen" sind möglich: Da die Toiletten durch ein zusammenhängendes Rohrsystem verbunden sind, kann man sich durch sie unterhalten, wenn man das Wasser abschöpft. Auf diese Weise teilen die Häftlinge ihre Sorgen und Gedanken. „Trotz acht Monaten Einzelhaft in der Schiffamtsgasse fühlte ich mich (…) nie mehr allein oder vereinsamt. Ein tiefes Gemeinschaftsgefühl verband uns Politische."
Am 1. Mai 1942 findet sogar eine Maifeier statt. Über die Toilettenrohre singen die Häftlinge die Internationale, es werden Gedichte rezitiert, Festansprachen gehalten und Schütte-Lihotzky hält einen Vortrag über die Rolle der Frau in der Sowjetunion.

Die Zeit bis zur Verhandlung ist geprägt von Unsicherheit und Angst vor dem ausstehenden Urteil – und Langeweile, ein massives Problem. Gefangene, die sich den kreisenden Gedanken um ihr Schicksal hingeben, werden oft zum Opfer der eigenen Ängste und verlieren die Nerven. Schütte-Lihotzky berichtet in ihren Erinnerungen von psychisch Kranken, von Melancholikerinnen, von brüllenden Frauen, die in Zwangsjacken gesteckt werden. Das Leben hinter Gefängnismauern ist für alle schwer erträglich, doch Stimmungen und vor allem Verstimmungen wirken in dieser unausweichlichen Zwangsgemeinschaft besonders ansteckend. Die Nerven zu bewahren ist damit für einen selbst genauso wichtig wie für die Mitgefangenen. Vor allem die politischen Häftlinge müssen Strategien entwickeln, um die Stunden, Tage, Wochen und Monate zu überstehen, denn zum Arbeiten werden sie erst nach Ablauf einer mindestens dreimonatigen Sperrfrist zugelassen. Schütte-Lihotzky ritzt jeden Tag ein „Stricherl" in den Wandputz, am Sonntag ein etwas größeres, um das Zeitgefühl nicht zu verlieren, und stellt fest: „Der ‚Kalender' wuchs erstaunlich schnell. Durch das ewige Einerlei veränderte sich offenbar auch das Zeitgefühl. (…) Auf einer Reise mit vielen neuen Eindrücken erscheint uns die Zeit in der Erinnerung viel länger als in Phasen, in denen wir nichts Bemerkenswertes erleben. Deshalb vergeht die Zeit im Gefängnis verhältnismäßig rasch."[165] Auch in der Haft schafft sie es, sich in eine Gemeinschaft zu integrieren und diese gleichzeitig zu fördern, indem sie verantwortungsvolle Aufgaben übernimmt. Zur Unterhaltung entwickelt sie komplizierte Kreuzworträtsel für ihre Mitgefangenen – so ist sie beschäftigt und die anderen gleich mit. Sie übernimmt aber auch die Rolle der strategischen Beraterin: Vor der Verhandlung bekommt jede Gefangene pro forma ihre Anklageschrift. Um die Aussagen der inhaftierten Kommunistinnen zu koordinieren, schmuggelt der Flurdienst die Dokumente nach Möglichkeit in Margarete Schütte-Lihotzkys Zelle. Sie liest sie und gibt Hinweise, wie und was vor Gericht ausgesagt werden soll, um glaubwürdig zu erscheinen, aber niemanden unnötig zu verraten. Außerdem gibt sie die Devise aus: Kein falsches Heldentum vor den Nationalsozialisten und „Rette sich wer kann“, um künftig Aufgaben übernehmen zu können.

Doch die konspirativen Absprachen sind sehr riskant. Wer beim Schmuggeln von Nachrichten erwischt wird, und, je nach Strenge des Aufsehers, bei einer Unterhaltung, oder wer unerlaubte Gegenstände in der Zelle versteckt, dem droht Isolationshaft bei Brot und Wasser. Da viele Abläufe im Gefängnis einer strengen Routine unterliegen, ist manches berechenbar, nicht abschätzbar sind aber die willkürlichen und strengen Zellendurchsuchungen. Gleich wie klein und scheinbar banal ein Gegenstand auch ist, was nicht erlaubt ist, wird gnadenlos konfisziert. Während der ersten Wochen etwa findet Schütte-Lihotzky eine kleine weiße Kalkkugel in ihrer Zelle, die eine Vorgängerin aus abgeschabtem Wandputz gerollt hat. Mit diesem Kügelchen beschäftigt sie sich und macht damit Notizen, die sich so leicht wegwischen lassen wie Kreide von einer Tafel. Als die Aufseherin nach drei Wochen die Kugel entdeckt, ist es für Schütte-Lihotzky ein Schlag, der sie an Oscar Wildes Gefängniserinnerungen denken lässt, für den eine Spinne in seiner Zelle eine Zeit lang der einzige Gefährte war, mit dem er sprach. Doch der Aufseher entdeckt die Spinne eines Tages und zerquetscht sie. Das literarische Bild und ihr eigenes Erleben decken sich in Spinne und Kalkkügelchen und zeigen, wie wenig im Gefängnis sehr viel sein kann. Erinnerungen an Dinge, die man in der Vergangenheit gelesen, gesehen, gehört oder auch nur gerochen hat, alle Erlebnisse bieten in der Gefangenschaft eine wichtige Zuflucht wie auch der Schlaf, durch den man der Realität entkommt. Margarete Schütte-Lihotzky träumt viel und intensiv, von ihren Reisen und Ausflügen mit Freunden in die Natur, oft sind es Wunschträume, leider aber auch immer wieder von dem, woran es mangelt: Essen. „Träume von wunderbar gedeckten Tischen und herrlichen Speisen, (...) aber immer, wenn die besten Gerichte auf dem Tisch standen und ich sie gerade essen wollte, wachte ich auf."

Margarete Schütte-Lihotzky betont in ihren Erinnerungen noch einen wesentlichen Punkt, der wichtig ist, um die Haft zu überstehen und um vor Gericht besonnen, ruhig und würdevoll das gefällte Urteil anzunehmen: Auch in Erwartung eines Todesurteils stützen die Kommunistinnen sich gegenseitig im Bewusstsein, das Richtige getan zu haben. Sie fühlen sich nicht nur den Nationalsozialisten überlegen, sie fühlen sich verpflichtet, eine Vorbildfunktion für alle Menschen zu übernehmen. Auf einem Transport durch Wien, beim Anblick der Menschen auf der Straße und in Freiheit, fragt sich Schütte-Lihotzky, ob diese wirklich so frei sind: „Ich war ein Feind, mich hatte man eingesperrt, da ich an der organisierten Arbeit gegen die Nazis aktiv teilgenommen hatte. Deshalb habe ich unter dem Freiheitsentzug niemals wirklich gelitten. Niemals fand ich das Anbrüllen und oft unflätige Geschimpfe der Aufseherinnen als ‚Demütigung'. Ich fühlte mich diesen Leuten menschlich überlegen, auch wenn ich hinter verschlossener Tür saß, und ich fühlte mich freier als manche der Menschen, die jetzt da vor mir auf der Straße gingen, während ich in einem Gefangenenwagen saß."[166]

In diesem Zusammenhang wird verständlich, warum sich Schütte-Lihotzky am Abend vor ihrer Hauptverhandlung die Haare eindreht. Zuvor hat sie ihre Schwester per Brief um eine saubere Bluse und schwarze Schuhe gebeten, da sie in ihren weißen nicht zur Verhandlung gehen möchte. Unter den politischen Insassinnen hat sich eingebürgert, äußerlich und innerlich aufrecht vor die Richter zu treten, für sie ist es ist eine Frage der Würde.

Briefe aus der Gefangenschaft

„Körperlich geht's mir gut, nur wenn man kein Herz und Hirn hätte, wäre [es] einfacher."

Margarete Schütte-Lihotzky stellt ihren „Erinnerungen aus dem Widerstand" eine Frage voran: „Was kann man aus der Vergangenheit berichten, das zum Nachdenken führt und für die Gegenwart wichtig ist?" Vierzig Jahre liegen da bereits zwischen ihrem Erleben und ihrem Bericht, der eine klare Intention hat: Eine wichtige Zeit zu dokumentieren, damit Historiker, Nachgeborene sowie Schriftsteller und Filmschaffende Einblick in die Umstände der Zeit und die Rolle der Widerstandskämpfer in Österreich erhalten.

Viele Details werden darum in ihrem Bericht nur nebenbei oder gar nicht erwähnt. Ihre Angst und ihre schlechte körperliche Verfassung etwa. Ihre Sehnsucht nach Wilhelm Schütte, mit dem sie bis zu ihrer Inhaftierung 14 Jahre lang eine symbiotische Ehe führt. Auch ihre Schwester Adele erwähnt sie nur beiläufig, dabei ist sie neben Wilhelm ihre nächste und wichtigste Vertraute, die sie zudem während der Haft tatkräftig unterstützt und versorgt. Dies und andere Aspekte sind in Briefen dokumentiert, die Margarete Schütte-Lihotzky im Gefängnis schreibt. Alle vier Wochen eine dicht beschriebene Postkarte oder ein Brief, immer aufgeteilt in einen Teil für ihre Schwester und einen für ihren Mann, für den sie den Kosenamen „Slib" verwendet und mit „Bib" oder „Bibchen" unterschreibt. Sie berichtet von kleinen Glücksmomenten wie dem Gesang einer Amsel, von den Büchern, die sie liest, und sie versucht unermüdlich ihr Leben und das ihrer Angehörigen zu regeln: Gleich, ob sie Dokumente für sich benötigt, der Schwester

Absender: Schütte

Rossauerlände 7.

Wohnort, auch Zustell- oder Leitpostamt

Straße, Hausnummer, Gebäudeteil, Stockwerk od. Postschließfachnummer

Antwort lediglich auf Postkarte (einmal innerhalb vier Wochen) zulässig.

Postkarte

Postreisescheck

Frau

Adele Hanakam

Wien V,

Hamburgerstr. 14

Straße, Hausnummer, Gebäudeteil, Stockwerk oder Postschließfachnummer

Deutsches Reich

NACHLASS SCHÜTTE-LIHOTZKY

Kerker, schwerer Kerker unter einem Jahr, strenger Arrest und Gefängnis:
Ein Brief alle vier Wochen, ein Besuch alle zwei Monate.

Erholungsreisen und Theaterbesuche vorschlägt, anregt, die Wohnung in der Türkei unterzuvermieten, oder Geburtstagsgeschenke organisiert – sie hält sich am Leben fest. Da jedoch alle Briefe durch drei Zensuren gehen, Gericht, Gestapo und Auslandszensur, muss sie Verbotenes verklausulieren: Sie versteckt laut eigener Aussage ihre Botschaften in „Katzerlgeschichten" und Architekturbeschreibungen. Die Lektüre ihrer Briefe ist damit zweierlei: Ein berührendes Dokument der Privatperson, die in ihren Erinnerungen die Schicksale ihrer Mithäftlinge in den Vordergrund stellt und wie auch sonst so oft hinter der Architektin verschwindet. Es ist aber auch ein Dokument verschlüsselter Informationen, die sich verdichten, von Brief zu Brief eine Fährte legen, aber dennoch vage bleiben. Ihre erhaltenen Briefe der Jahre 1941/42 sind dennoch aufschlussreich. Die Lektüre der bislang nicht publizierten Briefe geben einen tiefen Einblick in Denken und Fühlen Margarete Schütte-Lihotzkys.[167]

Wien, Roßauer Lände, Frühjahr 1941

Meine liebe, liebe Schwester, lieber Hana! Ich denke viel, viel an Euch und immer nur bitte ich Euch um Verzeihung für alles Schwere, das ich Euch angetan habe. Ich habe ja niemanden auf der Welt als Wilhelm und Euch beide! Eure Liebe und Fürsorge ist heute alles für mich, und wenn ich Samstags die Wäsche erhalte, bin ich schon froh, etwas in der Hand zu halten, das Du, Dele, in der Hand hattest. (...) Ich bin gesund und es geht mir soweit gut. Sag allen Leuten ich sei weggefahren, Wilhelm muss unten sagen, dass ich wegen deiner Krankheit hierbleiben muss. Meine Schwiegermutter soll auch glauben, dass ich weg bin, man muss der alten Frau die Aufregung sparen. Bitte um Lebertran in Metallflasche oder Dose, Decke, Fett, Wurst, lieber eventuell Mischbrot statt Schwarzbrot, von dem man viel bekommt. Du hast Wilhelm wohl schon geschrieben, dass ich da bin und längere Zeit bleibe. Der arme, arme Kerl. Grüße ihn innigst von mir, ich denke in großer Liebe an ihn!!! Schreib gleich, wie es ihm geht, wenn er Dir geantwortet hat. In inniger Liebe, Eure

Schwester Grete. (Antwort lediglich auf Postkarte [(einmal innerhalb vier Wochen) zulässig.)

*

Wien, Roßauer Lände, 21.04.1941 (Poststempel)

Meine liebe Dele, lieber Hana! Vielen Dank für alles Liebe. Ich bin gesund und nehme fleißig Lebertran. Wie geht es Euch? Schreibt bitte bald und oft, mich interessiert alles aus Euerm Leben. Bitte schreibe Wilhelm, dass ich gesund bin, Tag und Nacht an ihn denke und mich sehr nach ihm sehne! Meine Gedanken begleiten ihn in seinem ganzen Tagesablauf, besonders auch bei der Arbeit. Bin so froh über seine Briefe, es weht daraus die ganze Frische unseres wunderbaren Lebens. Besonders denke ich an ihn zur Zeit seiner Vorlesungen, ich weiß, wie sehr ihn die Arbeit mit den Studenten freut. Wie er bloß mit dem Lehrstoff auskommt, wenn jetzt im neuen Semester die Montagsvorlesungen ausfallen! Er soll mir regelmäßig alles schreiben, auch aus dem Architekturbuch abschreiben, von dem er schrieb. Vielleicht kann er im Herbst seine Mutter wieder zu sich nehmen. Vorläufig kann er ein Zimmer ausräumen und vermieten. Wenn er auf der Terrasse das Meer sieht, soll er an sein ihn im Geiste innig umarmendes Bibchen denken. Hauptsache für uns ist, gesund bleiben und diese so schwere Trennung zu überstehen. Euch beiden viele innige Grüße!! Schreibt bald, auch wie es Dir mit den Nerven geht. Bitte um ein Leintuch, am nächsten Samstag ein zweites, Haarspangerln und Papierteller zwei Stück. Alles, alles Liebe, Eure Grete.

*

Wien, Schiffamtsgasse, 24.05.1941 (Poststempel)

Liebe Dele! Dank für die zwei Karten. Wie geht es mit Deiner Nervenkrankheit? Hast Du die Kur beendet? Schläfst Du? Schreib bald! Hier ist es viel besser, hab luftigen, sonnigen Raum, Tag und Nacht offenes Fenster, liege nachts zwölf Stunden, alles gut für die Lunge. Gutes Essen, kauf Lebertran, (...) Vitamin C etc.

extra. Fühle mich bloß etwas einsam, aber so lange ich Euch hier weiß, fühl ich mich noch nicht ganz verlassen. (...) Bitte wenn möglich um Frottierhandtuch, einen alten Rock, eine dunkle Arbeitsschürze mit langen Ärmeln und Pantoffeln oder Patschen. Die Jacke kann ich jetzt gut gebrauchen. Bitte schick die zweite Hälfte der Karte an Wilhelm, oder schreib sie für ihn ab. Er soll Euch Geld für alles schicken, auch noch meinen Lebenslauf und den blauen Mantel bei Gelegenheit. Körperlich geht's mir gut, nur wenn man kein Herz und Hirn hätte, wäre [es] einfacher. Dank für alles, Grüße Euch beiden, Grete.

*

Mein lieber, lieber Slib! Schon so viele Briefe hab ich Dir im Geiste geschrieben, so dass ich jetzt gar nicht weiß, wo anfangen. Deine ersten drei Briefe vom II. und III. habe ich erhalten. Meine Gedanken sind immer und immer wieder bei Dir, bei unserem schönen Heim, bei unserem wunderbaren gemeinsamen Leben. Und dass es Dir gut geht und dass das alles noch irgendwo da ist, das ist der Lichtblick in meinem Dasein. Am schwersten ist die Trennung von Dir und dass ich Dir so viel Schweres zufüge. Ich bin ganz gesund, die gesundheitlichen Lebensumstände sind jetzt wirklich gut, so dass ich sehe, dass ich's durchhalten werde. Ich mach jeden Tag ein Stricherl und bin um jedes froh, weil es mich wieder einen Tag näher zu unserem Wiedersehen bringt. Du musst jetzt nur Geduld haben, schau, ein Drittel Jahr ist ja schon um. Hauptsache, dass wir beide diese schwere Trennung ohne körperlichen und seelischen Knacks überstehen. (Bitte gegen Typhus impfen lassen!!) Ich muss immer denken, dass so viele Menschen, die sich lieb haben, in Kriegszeiten getrennt sind. Bin so froh für Deine schöne Arbeit, und dass das Haus gebaut wird, so war meine viele Arbeit vorigen Jahres doch nicht umsonst. Nur wirst du dadurch leider wieder keine längeren Ferien haben. Jeden Abend um acht Uhr sag ich Dir „Gute Nacht, Slib, schlaf gut“, da ist es unten neun? Hab gehört, dass es Dir im April gut ging. Der Hochzeitstag war für mich sehr bitter, ich war fürchterlich traurig! Wie hast Du ihn verbracht? Bitte schreib nur Karten, aber erzähl mir alles, was Du machst. Und grüße alle Hausbewohner, einschließlich des kleinen Katzerl. „Freiheit ist die Einsicht in die Notwendigkeit“ das ist ein großes Wort. Bleib mir gesund!!! Es umarmt Dich innigst und einen Streichler von Deinem Bibchen. In vier Wochen schreibe ich wieder. Kocht die Olga gut für Dich?

Vor allem in den ersten Briefen stehen organisatorische Fragen im Vordergrund. Da sie in der Untersuchungshaft nur an die nächste Verwandte in Wien schreiben darf, spricht Margarete zu Anfang nur Dele und deren Mann Josef Hanakam, genannt „Hana“, an. Margarete Schütte-Lihotzky hält mit ihren Briefen an den Lebensgewohnheiten fest: Sie empfiehlt Dele eine Kur, bittet darum, Wilhelm zum Geburtstag ein Geschenk zu schicken, und gibt sogar Empfehlungen, welche Theaterstücke in Wien sehenswert sind. Erst ab dem 24. Mai 1941 darf sie auch an Wilhelm schreiben, allerdings nur als Teilbrief, der an Dele geht, die ihn nach Istanbul weiterleitet. Nun schreibt Margarete auch von Vermissen und spricht Sorgen an, doch sie beklagt sich nicht wirklich, bewahrt Haltung und kommentiert Wilhelms Leben in Istanbul, von dem er offenbar in seinen Briefen berichtet. Auch er erhält lebenspraktische Hinweise: Er soll mit dem Geld haushalten, an die Verlängerung des Mietvertrages denken und beim Baden nicht zu weit hinausschwimmen. Es finden sich nun auch vermehrt Hinweise auf versteckte Nachrichten wie etwa Grüße an „das Katzerl“.

Wien, Schiffamtsgasse, 07.07.1941 (Poststempel)

Meine liebe Dele! Auf meine Karte vom 24. V leider ohne Antwort. Sorge mich um Eure Gesundheit. Wie geht es Hana mit dem Herzen und Dir mit den Nerven? Müsst unbedingt auf Erholung im Sommer, kann auch einige Zeit ohne Wäschepakete auskommen. Nur Wilhelms Post muss funktionieren. Vielleicht kann Mutter übernehmen? Teile Wilhelm und mir Deine Adresse vor der Abreise mit. Wenn Ihr ins Salzkammergut geht, kannst Du im Besuchsfall ja einmal kommen. Schick Wilhelm zum 14. VIII. ein Sträusserl gepresste Blumen und ein Buch direkt von der Buchhandlung an der Akademie der schönen Künste. (...) Bitte bring leeren alten Koffer hierher, damit ich bei eventueller Übersiedlung meine Sachen tragen kann. Wenn nicht möglich, schreib mir's. Bitte Nagelbürste, Creme in Tube oder Vaseline, Strumpfbandgürtel leihweise, damit meiner zu waschen. Dank für alles. Wilhelms Nachricht vom 10. V., das ist lange her, es ist mein ganzer Trost, dass es ihm gut geht! Bin so froh, dass wir uns jetzt schreiben können. Geht ins Theater, „Kaffeehaus und Das Mädel aus der Vorstadt" im Akademietheater müssen ausgezeichnet sein. Innigste Grüße Eure Grete.

*

22. VI. (152 Stricherl)

Mein lieber Slib! Morgen ist es ein halbes Jahr, dass wir Abschied nahmen, ahnungslosen Abschied, wie wenn ich auf einen Ausflug führe! Wie oft hab ich daran gedacht! Inzwischen bist Du ein wichtiger „Herr Professor", es ist so schön, dass Du beruflich immer Erfolg mit Deinen Vorschlägen hast, gerade als Ausländer und Deutscher. Ich selbst hab ja auch im Ausland immer nur Anerkennung gefunden und das ist wohl die beste Kulturpropaganda für unser Land. Aber bei mir interessiert sich momentan niemand dafür. Wir müssen leider mit einer längeren Trennung rechnen, mehr weiß ich selber noch nicht. Das klingt so nüchtern und dabei tut mir das Herz so weh. Wir müssen nur frisch und gesund bleiben, damit wir die verlorene Zeit des Zusammenseins hinten ausnützen können. Manchmal schließe ich die Augen und sehe uns zusammen in unserer Sitzecke nebeneinander, alles voller Rosen und ich rieche den Duft und bin ganz bei Dir. Man ist sehr auf seine Phantasie angewiesen und ist froh, dass man eine hat. Jetzt weiß ich erst, was Sehnsucht ist, man müsste sie als Plastik, als Frau darstellen. (...) Aufgabe für Eure Bildhauerklasse. Dass Du nun so ganz allein in der Wohnung bist, macht mich traurig.

> Wenn Du vorne arbeitest, vielleicht räum hinten ganz aus und vermiete dort. Meine Kleider und Wäsche tu in Koffer. Du musst auch ans Geld denken und Dir *unbedingt* was sparen. Vergiss nicht Wohnungsvertrag zu erneuern! (...) Beim Baden bitte nicht weit hinausschwimmen!!! Dass Architekt Schinari übersiedelt, ist ja ausgezeichnet, dann siehst Du ihn nicht mehr und er kann Dich nicht mehr so ausnützen, muss selber einmal richtig arbeiten. (...) Neulich war ich beim Zahnarzt und hab den Kahlenberg gesehen! Ein großes Erlebnis nach acht Jahren, so lang war ich nicht in meiner geliebten Heimatstadt! Deine Briefe vom 9. und 12. V. erhalten. Wie lieb, das Photo! Schreib mir wieder Briefe und schick Lebenslauf von mir. Mein äußeres Leben ist absolut erträglich, aber der Mensch lebt nicht vom Brot allein, er hat außer Magen noch Herz und Hirn und muss als *ganzer* Mensch das *ganze* Leben mit allen Freuden und Leiden voll durchleben! Einen lieben, guten Streichler von *Deinem* Bibchen.

Endlich, nach sechs Monaten im Gefängnis, werden die Haftbedingungen gelockert. Nun ist es Margarete Schütte-Lihotzky erlaubt, Bücher zu lesen, und ihr wird Arbeit zugeteilt. Zuerst Näharbeiten, dann wickelt sie Brausetabletten ein, die in Schachteln verpackt werden, die mit Orangen- und Zitronenzweigen dekoriert sind. Offensichtlich sind die Regeln nun nicht mehr ganz so streng, denn sie baut sich sogar kleine Möbel aus den Schachteln. Als sie zum Schreibdienst eingeteilt wird, ist sie überglücklich, denn dabei darf sie ein Lineal benutzen – ganz wie früher als Architektin. Immer wieder fragt Schütte-Lihotzky jetzt nach Verträgen und ihrem Lebenslauf, beides soll geschickt werden. Vor dem Hintergrund dessen, was wir heute über den weiteren Verlauf der Haft und das 1942 verhängte Urteil wissen, scheinen darin die Zuversicht und die Bemühungen um ein Abwenden der Todesstrafe durch. Wilhelm Schütte versucht in Istanbul über seine Verbindungen zum Unterrichtsministerium zu erwirken, dass die türkische Regierung ein Ansuchen nach Berlin schickt, Schütte-Lihotzky als unverzichtbare Expertin in die Türkei zurückzuschicken. Die Schüttes setzen vor allem auf die Neutralität der Türkei im Krieg und dass die Architektin dort großes Ansehen genießt. Anfang der 1940er-Jahre legt das Deutsche Reich noch großen Wert darauf, Beziehungen zu neutralen

Ländern nicht so weit zu belasten, dass diese sich zum Kriegseintritt aufseiten der Alliierten entschließen. Margarete Schütte-Lihotzky nutzt die einzige Möglichkeit, die ihr in Haft bleibt, um ihr Urteil positiv zu beeinflussen: Sie lässt in ihren Verhören Informationen einfließen, die ihre Erfolge als Architektin im Ausland betreffen und vor allem die berufliche Situation und Stellung von Wilhelm Schütte in Istanbul betonen. Sie nennt alle Namen und Institutionen, die das Potenzial haben, zu beeindrucken, wie etwa der NSDAP-treue Bürgermeister Wiens, Neubacher, dessen Schwiegersohn Chapeaurouge und das Deutsche Konsulat in Istanbul. Am 9. Februar 1941 gibt sie zu Protokoll: „Mein Gatte ist derzeit in Istanbul als Lehrer an der türkischen Akademie für bildende Künste tätig. Außerdem hat er auch noch Arbeiten für das türkische Ministerium für Unterricht. (…) Ich möchte nur erwähnen, dass mein Gatte und ich beim Deutschen Generalkonsulat in Istanbul bekannt sind. Im Herbst 1940 waren wir beide auch mit einer Gesellschaft beim Mittagessen eingeladen. Außerdem war ich auch einmal mit meiner Schwiegermutter, die im Herbst 1940 bei uns zu Besuch war, von der Frau des Konsuls zum Tee geladen. Mit dem Gesandten Dr. Ing. Neubacher bin ich schon seit Jahren bekannt, u. zw. während seiner Tätigkeit als Gen. Direktor der ‚Gesiba' hatte ich öfter beruflich mit ihm zu tun. Ich hatte auch für ihn den Privatauftrag u. zw. musste ich das Zimmer seiner Gattin einrichten. Bei meinem jetzigen Aufenthalt in Wien habe ich ihn aufgesucht. Ich möchte betonen, dass ich ihn bei jedem Wiener Aufenthalt aufgesucht habe. Ich bestellte auch bei meinem letzten Besuch bei Ing. Neubacher Grüsse seines angehenden Schwiegersohnes, des Vizekonsuls Chapeaurouge, der beim Deutschen Generalkonsulat in Istanbul tätig ist."[168]

Dass im Januar 1942 „Wera" freigelassen wird, bestärkt Margarete Schütte-Lihotzky zusätzlich in ihrer Hoffnung. Als Staatsbürgerin des neutralen Chile fruchten die Anstrengungen ihrer Familie, sie darf nach einer Zwischenzeit im „Altreich" über Portugal zurück in ihre Heimat.

Wien, Schiffamtsgasse, 6.8.1941(Poststempel)

Liebe Dele! Deine liebe Karte vom 12. V. und all die schönen Sachen mit vielem Dank erhalten. (...) Ich darf jetzt Bücher lesen. Bitte schick „Lehrbücher“ durch die Behörde recht bald, ich hab die Ablenkung so nötig. Jacob Burckhardt „Kultur der Renaissance“, Meier-Graefe „Entwicklungsgeschichte der modernen Kunst“ (wenn nicht zu groß), Architekturprofessor Fritz Schumacher „Mein Leben“ oder so ähnlich, Mutter weiß das. Und Sprachlehrbücher für Französisch für Anfänger und Fortgeschrittene oder italienisches Wörterbuch. Eventuell die Lehrbriefe für Dolmetscher des R.f.D. [Reichsfachschaft für das Dolmetscherwesen] Hast Du Lebenslauf bei der Behörde abgegeben? Bitte schick 20 Mark, Packpapier, Haarspangen. Schreib einem guten Zahnarzt, hab Zahnweh, zu Eurem kann ich nicht. Sonst gesund! Alles Liebe Eure Grete.

*

20. VII. (179 Stricherl)!

Mein lieber, guter Slib! Jetzt kommt bald Dein Geburtstag. Oh, wäre ich nur bei Dir! Alles, alles Schöne und Gute!!! Ich denke an alle die schönen 14. Auguste, wann werden wir wieder vereint sein? Immer warst Du mit Rat und Tat an meiner Seite und jetzt, in der schwersten Zeit meines Lebens, bin ich so einsam. Aber bei all dem schweren tröstet mich immer das feste Band, das sich zwischen uns im Laufe der Jahre gebildet hat, das eben einfach da ist, unabhängig von Zeit und Raum. Ein halbes Jahr hab ich nun schon hinter mir und doch kann ich es immer noch nicht ganz fassen, wie das so über mich kommen konnte. Deine Briefe vom 29. V., 5. und 12. VI. erhalten. Wie schön, das Bild vom Mandelzweig, steht immer auf meinem Tischerl und je mehr man ihn ansieht, desto schöner wird er. Hab jetzt eine Arbeit im Zimmer, die Körper ebensowenig anstrengt wie Geist, da kann ich viel an Dich denken. Wie schön, dass Du von Beethoven schreibst, gerade jetzt für mich! Beigefügt eine Vollmacht, damit Du das Honorar, das jetzt fällig sein muss, für meine Arbeit „Dorfschulen in Anatolien“ bekommen kannst. Für türkische

Übersetzung ist Platz gelassen. Ich schätze 25–30 Pfund sind's, schick das Geld dann gleich in Mark an Dele für mich und schreib, wie Du's erhalten hast. (...) Wenn ich den Mond sehe, denke ich immer, den selben siehst Du auch! Man muß schon ins Weltall flüchten, um Gemeinsames zu erleben. Ein anderer Naturgenuß ist mir das allabendliche Lied einer Amsel, das mich tief ergreift! Ein ganz liebes Geburtstagsbussi von Deinem Bibchen.

*

Wien, Schiffamtsgasse, 6.9.1941 (Poststempel)

Liebe Dele! Danke für Karte vom 20. VII. und 20 Mark. „Leben des Benvenuto Cellini" von Goethe übersetzt (Deutsche Buchgemeinschaft) hätte ich gern. Bitte schick mir nicht mehr Wäsche, als ich gebe, brauch nur zwei Leintücher und behalt Deine Leibwäsche zurück. Ist Koffer da? Man kann stündlich wegkommen. Hast Du Vollmacht erhalten? Bitte um Zahnbürstlhülse und ein Stückl Stoff, wenn möglich, damit ich Agnes Taschentücher machen kann. Gute Erholung und innige Grüße, Eure Grete.

*

Mein lieber Slib! Gerade am 14. erhielt ich, wie ein Geburtstagsgeschenk, das erste Buch von Dele „Jacob Burckhardt" sehr schön! Große Gedanken in so künstlerischer Form sind wahre Tröster in schwerer Zeit. War so froh, Deine drei Karten vom Juli und Deine Briefe vom 28. VII. und 5. VIII. zu erhalten. Da steigt das Stimmungsbarometer gleich um ein paar Grad. Bin gesund, nur die nötige seelische Hornhaut fehlt noch. Freu mich, dass Du's schön hattest. Gerad vor einem Jahr waren wir im Urlaub. Ich leb immer in den schönen Erinnerungen, es ist das Beste, was ich hab. Schick Vertrag von 1930 und 1938, wenn vorhanden. Wie auch das Schicksal uns trifft, ich bin immer in Gedanken und mit all meiner Liebe bei Dir. Dein Bib.

*

Wien, Schiffamtsgasse, 14.10.1941 (Poststempel)

Liebe Dele! Hoffentlich habt Ihr Euch gut erholt. Ich dacht viel an Euch, besonders bei den schönen Mondnächten. Hast Du Deine Kur wiederholt? Schläfst Du wieder? Wie geht's Hana? Hast Du meine Karte vom 9. VIII. erhalten? Besorg für Mutter zum Geburtstag „Die Entzauberten" von P. Lotta, eine Haremsgeschichte mit sehr hübschen Beschreibungen all der schönen Plätze in Istanbul, die ich ihr zeigte. Auch Dir und Hana wird's Freude machen. Wenn nicht erhältlich „Gegen Abend", ein kleines Buch Verlag Piper, war im Volksblatt gut besprochen. Bitte um Wärmeflasche und dicke Socken. Danke für alle schönen Sachen. Seife bekomm ich, Creme nicht. Innigste Grüße, Eure Grete.

*

Mein Slib! Wie schön, Deine Reise! Briefe bis 28. VIII. erhalten. Gehst Du noch oft nach Emirgan baden? Bitte nicht weiter hinausfahren, da ist's gefährlich. Bin weiter gesund, schreibe jetzt pünktlich jeden dritten Samstag. Grüß Mutter innig, sie müsste jetzt nur noch mit irdischen Göttern können. Vor einem Jahr sagte sie, jetzt könne sie ruhig sterben, da sie es bei uns so schön gehabt. Und jetzt hat sie so viel Leid durch mich, aber ich weiß, es ist das erste in diesen 14 Jahren, das ich ihr zufüge, das tut mir sehr weh. Ja, reu ich, wie Du schreibst, [dass ich] beruflich noch was Schönes leisten könnte, wie früher in Deutschland! In der Zeitung steht jetzt viel von künftiger Rationalisierung der Hausarbeit, auf dem Gebiet bin ich wohl der allerbekannteste Architekt in Deutschland. Frau Lüftli könnte sich, wenn nötig, unserer Möbel annehmen. Bleib gesund und lieb und gut! [Von] Deinem Dich umarmenden Bibchen.

*

Wien, Schiffamtsgasse, 25.10.1941 (Poststempel)

Meine liebe Dele! Wie geht's bei Euch? Hab schon so lang keine Post von Dir. Von Mutter erhielt ich Karte vom Juli und September. Gib ihr Kürschnernadeln, wenn sie fährt. (…) Bitte um Überschuhe, graue Socken, alten Wollschal und Mütze (fürs Bett, schlaf direkt unterm Fenster), alten Gürtel (Strumpfband). Vielleicht findet sich ein alter Mantel, brauch ihn nur ein Mal wöchentlich eine halbe Stunde. Leider verlier ich Haare büschelweise, Arzt kann nichts verschreiben, bitte Haarwasser, geh zum Kommandanten hier, sag von Arzt und bitte, dass er es mir zukommen lässt. Haare sind schon ganz schütter. Innige Grüße Grete.

*

(270 Stricherl)

Mein lieber Slib! Karten vom September erhalten. Wie herrlich, die Reise. Mit den 3000 km hast Du für dieses Jahr für uns beide unserer Reiseleidenschaft gefrönt. Meine Tage vergehen einer genau wie der andere und das Wichtigste daran ist eben, dass sie vergehen und man gesund möglichst viel aus der Zukunft in die Vergangenheit befördert. Wie froh bin ich, wenn meine Dorfschulen gebaut werden, gut, dass Du das Honorar erhieltest. Unsere serbischen Kronen und Franc könnte ich nicht einlösen, sind hier ordnungsgemäß deponiert. (…) Also wird Dein Chef nächstes Jahr nicht mehr da sein? Das zweite Kapitel seiner Schrift über den Wohnungsbau ist hier bei den Architekten bekannt und diskutiert worden. Schuster erzählte es mir. Nun bin ich ein dreiviertel Jahr ganz gesund geblieben, war anfangs überzeugt, dass das ganz unmöglich ist, das gibt wieder viel Kraft und Mut für die Zukunft. In zärtlichem Gedenken, Dein Bib.

*

Wien, Schiffamtsgasse, 15.11.1941 (Schreibtag)

Meine liebe Dele! Dank für die warmen Sachen, so lieb, dass Du alles auftreibst. Trag meinen Mantel. Haarwasser und Geld und Buch erhalten. Brauch 4–5 Mark wöchentlich und hab noch 60 Mark. Bitte schick monatlich etwas Reserve, ist gut für Medikamente. Verträge: gib zwei Akten an Behörde, Durchschläge behalten, besonders erstes ist für dort wichtig. Bitte um Reiseetui mit Seifendose und Metallspiegel. Schreib ausführliches über den Zustand Deiner Gesundheit! (...) Kauft Euch von mir das Buch von Lotta zu Weihnachten. Bin gesund. Innigst Eure Grete.

Offensichtlich bemüht sich Wilhelm Schütte nicht nur darum, seine Frau zurück nach Istanbul zu holen, auch seine Mutter soll nicht weiter im Deutschen Reich bleiben. Ende 1941 kommt sie in Istanbul an. Was dafür nötig war und ob daraus abzuleiten ist, dass er auch im Falle seiner Frau Erfolg hat, zweifelt Schütte-Lihotzky zwar an, dennoch fragt sie immer dringlicher nach Akten, Dokumenten, ihrem Lebenslauf oder Zeugnissen.

Mein lieber Slib! Freu mich, dass Mutter kommen konnte, doch mach ich mir deswegen für mich keine großen Illusionen. Bin dankbar für alles, was geschieht. Dass Sedat Bauleiter ist, freut mich, ich hab immer gesagt, er ist rein künstlerisch orientiert und das ist gut für Dich. Unsere Amsel ist schon lange weg und die Naturbetrachtungen erstrecken sich nur auf Wolken und Gestirne. Hast Du gesehen wie hell der Mars war? Habe einen Band Goethe ergattert, mit Entzücken den „Reinecke Fuchs“ gelesen, kann ich schon halb auswendig. Welch herrliche Satire und Sprache! Wenn es dunkelt, leg ich mich schon um 1/2 6 ins Bett, weil ich doch nichts machen kann, dann schließ ich die Augen und lass mir im Geiste Musik vorspielen, z. B. unser ganzes Mozartsches Flötenkonzert, auf einmal weiß ich jeden Ton! Du siehst, trotzdem uns nur das nackte Leben blieb, leb ich unser Leben weiter, die produktive Berufsarbeit fehlt halt. In vier Wochen schreibe ich wieder eine halbe Karte an Dich. Leider! Grüß alle und alles, besonders Mutter und genieße alles Schöne! Dein Bib.

*

Wien, Schiffamtsgasse, 14.12.1941 (Schreibtag)

Meine liebe Dele! Viele herzliche Weihnachtsgrüße und ein gutes, gutes Neujahr Euch beiden. Ich bin froh, dass das alte zu Ende ist, das Euch durch mich so viel Schweres brachte. Möge das neue besser werden und Dir vor allem die volle Gesundheit wiedergeben. Was Eure Fürsorge mir in diesem Jahre bedeutete! 1000 Dank für alles, alles Liebe Euch beiden Eure Grete.

*

(325 Stricherl)

Mein lieber guter Slib! Bis Du diese Karte bekommst, sind wir schon ein Jahr getrennt, 365 Tage und 365 Nächte, leider sind die letzteren so viel schwerer. Mehr denn je schmerzt es mich, dass ich Dir kein Kind schenken konnte. Du weißt, sobald ich sehe, dass die Gesundheit hält, ich auch von anderen materiellen Umständen innerlich nicht abhängig bin, so dass mir diese Seite des Lebens nicht so schwer wird, aber Angst und Sorge um Deine und meine Zukunft drücken mich, drücken mich oft sehr nieder, und nur das Gefühl, dass Du in Liebe immer bei mir bist und die liebevolle Fürsorge meiner Schwester halten mich seelisch oben. Auch der Gedanke der großen Leiden anderer und so vieler Menschen im Kriege helfen, es mir leichter zu machen. Vielleicht kannst Du Dele dazu bringen, dass sie mir regelmäßig über ihren Gesundheitszustand schreibt, was der Arzt sagt etc. Ich bin hier darüber genauso ohne Nachricht wie in Istanbul und sorge mich um sie. Ist bei Deinen Vorlesungen mit den Universitätsleuten immer noch derselbe schlechte Übersetzer wie voriges Jahr? Wenn ja, musst Du sehen, ihn wieder loszuwerden, dann hat das doch gar keinen Sinn. Er sollte Koch werden. Grüße Mutter sehr. Wann kommt sie zurück? Wie merkwürdig, dass wir gleichzeitig anfingen Klassiker zu lesen! Ich möchte so gern nur einmal meinen Kopf an Dich lehnen und mich ausweinen. Innigen Kuss für 1942! Dein Bib.

Ende des Jahres 1941 verfasst die Gestapo ihren Abschlussbericht, damit ist sie offiziell „von den Behörden überstellt". Nun wird Schütte-Lihotzky nicht mehr verhört und bekommt Hafterleichterungen: Sie darf endlich Besuch bekommen und wird aus der Einzelhaft in eine Zelle mit zwei Frauen verlegt. Auf den Besuch ihrer Schwester freut sie sich besonders, es ist der erste nach zwölf Monaten, aber sie sorgt sich auch, dass die Situation für Dele schwierig sein könnte. Vorsorglich warnt sie ihre Schwester vor, denn die Besucher haben nur drei Minuten Zeit, sind durch ein Gitter getrennt, man kann sich nicht berühren und auch nicht frei sprechen, da das Wachpersonal mithört.

Margarete Schütte-Lihotzky ist froh über das Ende der Einsamkeit in Einzelhaft, muss sich allerdings erst wieder an die Gesellschaft anderer Menschen gewöhnen. Sie teilt nun eine Zelle mit den kommunistischen Widerstandskämpferinnen Poldi Starek und Resi Kimlicek und es wäre naheliegend, dass sich die Frauen über ihre politische Arbeit austauschen. Doch in ihren Erinnerungen schreibt Schütte-Lihotzky, dass über die Widerstandsarbeit nicht gesprochen wurde, um sich und die anderen zu schützen. Die Gespräche drehen sich um Briefe der Verwandten, die nun häufiger erlaubt sind, um die Bücher, die sie lesen, aber auch um den Kriegsverlauf, der seit dem Überfall auf die Sowjetunion vor allem Schütte-Lihotzky umtreibt, die sich nach ihrer Zeit dort und durch ihre Aufbauarbeit mit dem Land besonders verbunden fühlt. Sie kann die Freude der anderen Frauen nicht begreifen, die auf die Stärke der Roten Armee und auf ein baldiges Kriegsende hoffen, sie ist vor allem traurig. Doch Themen wie diese dürfen in Briefen natürlich nicht auftauchen.

Wien, Schiffamtsgasse, 04.01.1942 (Schreibtag)

Liebe Dele, lieber Hana! Nun werden wir uns hoffentlich bald sehen und sprechen. Ich bin nun von den Behörden überstellt und bitte Dich, hier zu fragen, wann Ihr mich besuchen könnt. Es kann schon bald sein, aber vielleicht auch noch einige Zeit dauern. (...) Ich werde jetzt auch öfter schreiben können und Briefe. Auch Ihr könnt das tun. (...) Mein Leben hat sich insofern verändert, als ich seit Mitte Dezember nicht mehr alleine bin, so dass ich zu Weihnachten und Neujahr nicht mehr so einsam war. Hoffentlich werden wir bald wieder friedliche Weihnachten feiern

können. Wie habt Ihr die Feiertage verbracht? Hoffentlich in der Natur, das ist immer das Schönste. (...) In den Feiertagen habe ich viel gelesen, es ist die beste Ablenkung und ich bekomme jetzt so schöne Bücher und vertiefe mich vor allem wieder in die Klassiker, man liest alles so ganz anders als in seiner Jugendzeit. Das Neujahr habe ich glücklicherweise an Silvester verschlafen, aber sonst waren meine Gedanken viel bei Euch. Innigste
Eure Grete.

*

Mein lieber Slib! Ich war so glücklich über Dein Telegramm, dass ich Dir das gar nicht schildern kann. Und immer, wenn ich nachts oft so traurig bin, denke ich daran und dann geht es wieder leichter. Jeden Abend wünsche ich mir was Schönes zu träumen, das ist dann die einzige Zeit, wo man nicht da ist. Und ich träume oft so hübsche Dinge, immer von schönen Ausflügen, Natur und Reisen mit Dir, immer Wunschträume und keine Angstträume, ein Zeichen, dass die Wünsche doch viel größer sind als die Angst. (...) Ich bin im 2. Bezirk, mein Zimmer ist im obersten Stock und so habe ich gute Luft vom Donaukanal her. Das Photo ist reizend. Es erinnert mich an einen der herrlichen Sonnentempel am Bosporus. Ich habe gerade gelesen, dass die Alten Griechen, wenn sie sehr glücklich waren, den Göttern geopfert haben, weil sie glaubten, dass ständiges Glück den Menschen nie vergönnt sein wird, vielleicht hätte ich dem Schicksal auch vorgreifen sollen. Ich habe jetzt Goethes Wanderjahre mit großem Genuß gelesen und dachte so viel an unsere Wanderjahre, die im 20. Jahrhundert so anders aussehen als im 18. Es ist wohl der größte Kontrast zu meinem jetzigen Leben, wie viel haben wir von außen her gesehen, wie viel Schönes, und doch dabei die innere Ruhe und Harmonie! (...) Hast Du noch das Katzerl? Vater ist sicher Kater Sim von nebenan, der schöne graue, der einzige, der damals im Garten heil davonkam. Das

nächste Mal mehr. Tausend Wünsche für 1942!
Dein Bib.

*

Wien, Schiffamtsgasse, 18.01.1942 (Schreibtag)

Meine liebe Dele! Sag vor allem dem Hana herzlichste Geburtstagsgrüße und Wünsche von mir, es muß jetzt gerade ein Jahr her sein, dass wir den schönen Spaziergang in der Hauptallee machten! Und bis Du diesen Brief bekommst, ist es schon ein Jahr, dass wir uns nicht sahen, ein Jahr, das ich aus meinem Leben fast ganz ausstreichen muss, wenn man das könnte. Erinnerst Du Dich an den letzten Abend, an mein letztes gutes Essen, die Sprotten mit Butterbrot? (...) Hoffentlich ist alles in Ordnung, man macht sich halt heute Sorgen von einem Tag auf den andern. Ich danke Dir sehr für Hausschuhe und den warmen Nachtanzug, ich schlafe noch immer unterm offenen Fenster und ziehe alles Warme an, was ich habe, so geht es gut. (...) Wenn man einen langen Waschl zum Frottieren des Rückens bekommt, wäre ich froh daran, dann kann ich die Frottiertücher entbehren, die viel Platz nehmen, denn da wir jetzt drei sind, ist es mit dem Platz noch knapper. Grüße mir alle Verwandten und Freunde, wer will, kann mir jetzt schreiben, Briefe oder Karten. (...) Hast Du das Buch von Benvenuto Cellini auftreiben können? Ich hoffe sehr, dass ich bald eine Sprache lernen kann, entweder weiter französisch oder türkisch, es wird jetzt immer zum Lernen der Ostsprachen aufgefordert. Kannst Du Lebertran für mich bekommen? Innigste Grüße Euch beiden. Bin gesund. Grete.

*

Mein lieber Slib! Schon seit dem 28. XI. habe ich keine Post außer Deinem Telegramm, hoffe, dass Ihr gesund seid. Ich habe in der Zeitung gelesen, dass es in Istanbul so abnormal kalt ist, da werdet Ihr ja bei den Nordstürmen in unserer Wohnung schrecklich frieren. Hoffentlich verträgt Mutter das Klima gut und Du bekommst keine Halsentzündung. Ich selbst musste mich in letzter Zeit erst wieder daran gewöhnen mit Menschen zusammen zu sein. Nach 7½-monatiger Einsamkeit ist das ganz merkwürdig, die ersten Tage war ich ganz heiser vom Sprechen und konnte nachts gar nicht schlafen. Aber jetzt bin ich natürlich froh daran, obwohl die Einsamkeit, so entsetzlich sie anfangs war, doch viel für sich hatte. Man war eben gezwungen, sich zu einer inneren Ruhe durchzukämpfen, konnte so viel über alles nachdenken. Du weißt ja, wie stark ich immer in Gegenwart und Zukunft lebe und jetzt habe ich die Vergangenheit so stark in mein Leben einbezogen, weil sie eben das Schönste ist. Es ist falsch, dass man sagt, man zehrt von seinen Erinnerungen, wie wenn man sie aufessen würde. Nein, sie werden immer mehr und mehr, und die Summe allen Erlebten zusammen ergibt ja erst wieder die Art des Erlebens und Betrachtens der Gegenwart. Ich beschäftige mich überhaupt so viel mit dem Relativitätsbegriff der Zeit, habe soeben Grillparzer Traum ein Leben gelesen, wo er sich auch damit auseinandersetzt, den Stoff dafür soll ihm eine Novelle von Voltaire geliefert haben, der sich auch so viel mit den Fragen der Zeit beschäftigte. Auch lese ich die Lebenserinnerungen von Schumacher. Weißt Du, dass er Ehrendoktor wurde? Er schrieb mir übrigens noch zwei Mal vor einem Jahr sehr lieb. Das Buch ist schön, ebenso verfeinert, gebildet und kultiviert wie seine Hamburger Bauten. Grüße Mutter von mir. Nun bin ich schon ein Jahr hier! Und immer sind meine Gedanken bei Dir! Es umarmt Dich innigst Dein Bibchen.

*

Wien, Schiffamtsgasse, 01.02.1942 (Schreibtag)

Meine liebe Schwester! Ich danke Dir sehr für die vielen guten, warmen Sachen, bin sehr froh darum und komme jetzt ganz gut in der Kälte durch. Vor allem aber bin ich froh, durch das Packerl einen Gruß zu haben und das Gefühl, dass Du da warst und so fürsorglich für mich sorgst. Hoffentlich sehen wir uns bald, Du darfst Dich durch die äußere Form dabei nicht erschrecken lassen, man kann sich nicht so direkt sehen, aber doch sprechen. Aber ich kann Dir jetzt schreiben, dass ich gar nicht so schlecht aussehe, habe mich ja soweit ganz gut mit meiner Lunge durchgeschlagen. Leider hab ich schon seit Mitte Dezember keine Post, so dass ich auch nichts zu Neujahr und zu meinem Geburtstag haben konnte. Das ist halt durch die Umstellung und wird hoffentlich bald geregelt sein. Bitte schick Nachstehendes an Mutter und Wilhelm. Innige Grüße Euch beiden, Eure Grete.

*

Liebe Mutter! Nun kann ich schon Briefe schreiben und auch von Euch bekommen. Vielen Dank für das Jackerl und dass Du dich so unseres Haushalts annimmst. Wer hätte das gedacht, als wir am Bahnhof Abschied nahmen, dass ein Jahr später Du dort und ich hier sein werde? Hoffentlich bekommt Dir das Klima im Winter dort nicht schlecht. Wilhelm bekommt jetzt seine guten Puddings, auf die Du so spezialisiert bist. Ich sehe Euch in Gedanken so oft in unserem schönen Wohnzimmer! Alrin auch dabei. Im Sommer miaute öfters ein Katzerl im Hof, genau wie Alrin, wenn sie vor Deinem Fenster sitzt, gleich sah ich wehmutsvoll das ganze Bild vor mir. Es ist doch sehr nett, dass Frau Geheimrat Seiles bei Dir war und überhaupt, dass Du einige Bekannte da hast. (…) Fein, dass Du türkisch lernst! Hoffentlich hast Du eine Hilfe im Haus. Alles Gute.

*

Mein lieber Slib! Am 22. war es nun schon ein Jahr, dass ich Dele nicht sah und jetzt kann ich Dir schon Briefe schreiben und doch kommen mir alle meine Briefe so schrecklich armselig vor im Verhältnis zu dem, was man fühlt und denkt! Wenn Du mir die Füße wärmen könntest, wie Du schreibst so lieb! Aber ich komm ganz gut zurecht mit der Kälte. Vormittags ist geheizt, nachmittags zieh ich alle guten warmen Sachen an, die mir Dele schickt, und nachts möglichst noch mehr, weil ich direkt unterm offenen Fenster lieg,

> wenn drei im Zimmer schlafen, muss man offen haben. Um halb sieben aufstehen, dann wasche und bürste ich mich ganz kalt, nach Frühstück Arbeit bis circa fünf Uhr mit einer Stunde Pause fürs Essen und Zeitung lesen, einmal wöchentlich geh ich spazieren, Samstags putzen und baden, Sonntags lesen. Das ist so das äußere Schema, in welchem man sein Leben zu gestalten hat. Und jeden Tag mach ich Gymnastik! Du siehst, dass ich alles tue, nur um mit der Lunge gut durchzukommen. Gestern träumte mir, dass ich mit Dir auf einem wunderschönen Weg zwischen frischgrünem Rasen spaziert bin, links eine Reihe herrlicher blühender Büsche, und ich sagte zu Dir, dass ich so eine schwere Zeit hinter mir habe, wo ich dachte, nicht mehr mit Dir so etwas Schönes zu sehen. Als ich erwachte, weinte ich, aber doch schlucke ich die Tränen immer gleich hinunter, weil ich an meine Gesundheit denke! (...) Freu mich auf die Amsel im Frühjahr, auch arbeiten dann im Hof Leute, die Wiener Lieder pfeifen oder singen, unter anderem unser eins zwei drei Lied aus dem Buschwald, das wir auf Platte haben. Ganz lieb! Dein Bib.

Dass die Verhandlungen Wilhelm Schüttes in Istanbul Früchte tragen, konnte seine Frau aus seinen Briefen wohl lesen, denn ihre drücken die Hoffnung auf Entlassung aus. Sie richtet Grüße an Menschen aus, deren Namen wahrscheinlich Decknamen sind, ein Kammersänger wird erwähnt und es scheint Geld benötigt zu werden. Nach einem undatierten Brief, den sie sehr wahrscheinlich im Frühjahr 1942 schreibt, fehlt die Korrespondenz bis August. Darin taucht dann „Rotkäppchen“ auf, der nach seiner Hochzeit in Wien wohl nach Berlin gegangen zu sein scheint und von dem sich Schütte-Lihotzky Zugang zu hochrangigen Beamten erhofft. Etwas irritierend sind ihre Bitten um warme Reisekleidung im Hochsommer, und im Widerspruch zu ihren Erinnerungen aus dem Widerstand schreibt sie offen davon, dass sie mit einer Verlegung in das Frauenzuchthaus Aichach in der Nähe von Augsburg rechnet.

Wien, Schiffamtsgasse, 22.02.1942 (Schreibtag)

Liebe Dele! Heute sind es schon 13 Monate, dass ich da bin! Glücklicherweise vergeht die Zeit ja verhältnismäßig rasch, aber das Leben selbst leider auch. (...) Wie froh wäre ich, wenn ich nur irgendetwas, der Allgemeinheit Nützliches arbeiten könnte, ich wäre zu jeder Arbeit bereit und hoffe immer noch darauf, dass es dazu kommt und ich jetzt, wo man alle Arbeit so dringend braucht, in absehbarer Zeit in dieser oder jener Form meine Kraft und Kenntnisse ausnützen könnte und dadurch wieder ein einigermaßen normales Dasein führen dürfte. Hast Du die Verträge abgegeben, besonders den ersten? Wenn nicht bei der früheren, so doch bei der jetzigen Behörde so bald als möglich und schreibe mir darüber. Leider seit 16. XII. ohne Nachricht von Dir und Wilhelm, ich werde wohl dann alles auf einmal kriegen. Wenn Mutters Brief, den sie mir nach Wien schrieb und in dem von ihren gemeinsamen Bekannten wie Frau Geheimrat Seiles die Rede ist, da ist, hebt ihn Euch auf oder gib ihn ab. Ich habe auch noch so ein gutes Foto von Wilhelm als Ansichtskarte, ich hätte es so gerne! Vielleicht schickst Du es mir als Karte. Ich kann jetzt öfter Karten oder Briefe bekommen. Und nun zu Deinem Geburtstag alles Liebe und Gute. Wenn ich nur könnte, ich möchte Dir so gerne im neuen Lebensjahr mehr Freude und Ruhe gönnen als im letzten, es liegt halt nicht in meiner Macht! Aber suche nur, Dich zu einer inneren Ruhe durchzukämpfen, damit Du auch wieder ganz gesund wirst, das wäre mir die größte Freude und Beruhigung. Innigste Grüße Euch beiden Eure Grete.

*

Mein lieber Slib! Nun hab ich schon bald das 400. Stricherl, 400 Tage. Ich bin so froh, dass ich regelmäßig so gute Nachricht von Dir hatte, ich glaube, ich habe alle Deine Briefe mit Ausnahme des dritten vom April bis zum 28. XI. erhalten, seitdem nichts, aber ich hoffe bald, alles auf einmal zu bekommen. Und doch weiß ich schon so wenig von Deinem Lebenslauf, wann Du Vorlesungen hast etc., dass ich Dich nicht mehr so genau in meinen Gedanken verfolgen kann wie früher. Hast Du noch weiter die Universitäts [Klasse][169]? Nimm Dich nur in Acht vor den neu hinzugekommenen, besonders vor Mädchen, Du weißt, ich bin sehr eifersüchtig! Seit Oktober, seitdem ich gute Bücher habe, reserviere ich alle freie Zeit auf Lesen, es lenkt ab und es ist das einzige, woraus man für die Zukunft bleibenden Wert schöpft. Ich fing mit Goethes Reinecke Fuchs an, den ich mit wahrem Entzücken las, lernte ganze Stellen auswendig, Hermann und Dorothea waren mir, trotz der herrlichen Sprache, inhaltlich genau so langweilig wie in meiner frühesten Jugend, dann las ich den Achilleus Goethes, gerade als ich Dich in Pergamon glaubte, das passte grade so gut. Dann las ich fast alle großen Schillerdramen wieder, deren Worte mich mehr denn je packten, besonders Don Carlos, Wallenstein und Maria Stuart. Man liest das alles doch mit ganz anderem Verständnis als in der Jugend. Neulich las ich Shakespeare, leider in halb zerfetzter, schmutziger Ausgabe, wobei ich wehmütig an unsere schöne Shakespeare-Ausgabe dachte. Der Hamlet ist doch großartig, ich dachte so sehr an die letzte Hamlet-Aufführung, die wir gemeinsam sahen! Momentan lese ich Wahrheit und Dichtung, Du weißt, was es für mich für ein Genuss ist, immer wieder Goethe zu lesen. Dabei sehe ich jetzt das ganze alte Frankfurt wieder vor mir. Überhaupt hat sich die bildliche Vorstellungskraft bei mir ungeheuer verschärft, es liegt wohl daran, dass die Augen für mich immer das wichtigste Organ waren, mit dem ich die Welt erfasste, jetzt aber das Auge nichts weiter erfassen kann und sich daher alles viel mehr auf die innere Vorstellungskraft konzentrieren muss. Grüße Deine liebe Mutter sehr! Denke oft an Deinen Sokrates, wäre so froh, wenn es mir nicht schlechter als ihm erginge! Ist Agleja noch <u>dort</u> und siehst Du ihren Vater? Es umarmt Dich innigste, Dein Bib.

*

Wien, Schiffamtsgasse, im Frühjahr 1942

Meine liebe Dele! Ich war so froh, dass Du Dich beim Besuch so tapfer gehalten hast, und bin ganz glücklich, dass ich Dich sah! Ich hatte große Angst, dass es Dich sehr aufregen wird, ich habe den ganzen Tag an Dich gedacht und die ganze Nacht von Euch geträumt. Es muss Dir ja von allem der Kopf geschwirrt haben, die Zeit ist halt so kurz und man hat so viel zu sagen! Wir müssen unser Gespräch halt vier Wochen später so reichhaltig als möglich fortsetzen. Ich hoffe doch, dass Mutter, sobald Wilhelm unten das Wichtigste erledigte, herkommt und mich ein- oder zweimal besucht und nachher nach Berlin fährt. Da ich keinen Lebertran mehr bekomme, schick mir nur weniger Geld, ich brauche nur wöchentlich 2 Mark (...), die vorhandene Reserve ist für Medikamente, wenn ich was brauch. Ich bitte Dich sehr, wenn größere Summen nötig sind, alles, was mir gehört, zu verkaufen, Klavier, die Teppiche, die mir gehören, und meinen Pelzmantel, der wohl vorher repariert werden müsste, das wird was kosten, aber umso teurer kann man ihn anbringen. Ich hänge, wie Du weißt, nicht an Sachen, hingegen sehr an meinem Leben. Nach acht Monaten bin ich vor zwei Tagen untersucht worden, der Winter hat mir halt leider etwas zugesetzt, ich überlege ernstlich, ob ich nicht freiwillig wieder in Einzelhaft gehen soll, weil das Nichtsprechen für die Lunge besser ist und bessere Luft und weniger Staub ist. Aber ich kann mich nur schwer dazu entscheiden. Ich lese viel und gebe französische Stunde. Es darf Dich nicht beunruhigen, wenn es noch sehr lange bis zur Verhandlung dauert, im Gegenteil je später, desto besser, denn der jetzige Zustand ist für die Gesundheit besser wie der spätere, und es wird mir ja die ganze Haft angerechnet. Seit Jänner habe ich fünf Briefe geschrieben, bitte schreib mir gleich, ob Du schon alle bekommen hast. Ich kann jetzt wöchentlich einen Brief bekommen, Karte zählt weniger. Wo ist Gerhart? Grüß alle von mir, besonders auch Magdalene. Ich kann jetzt wieder Fachbücher und Sprachbücher zum Lernen bekommen. Bitte lass Dir beim Richter die Bewilligung geben, damit Du sie bringen kannst. Französisch bitte. Innigste Eure Grete.

*

Mein lieber Slib! Ich bin so glücklich, dass ich Dele endlich sah und alle Post bekam. Durch die Überstellung war ich über ein Vierteljahr ohne Post, das war schwer, aber nun hab ich alles auf einmal bekommen. Und die herrlichen Sonnenblumen! Stehen immer am Wochenende auf dem Tisch. Und heute bekam ich die Ansichtskarte von Renoir und den Brief mit dem Hausplan. Schick, wenn möglich, einmal eine Karte mit ungefähr unserer Aussicht, meine Kolleginnen freuen sich auch so daran. Was sagst Du, ich gebe da im Zimmer französische Stunde! Heute wurde ich das erste Mal zu einer Schreibarbeit herangezogen und musste etwas linieren. Kannst Du Dir vorstellen, wie es mir war, nach vierzehn Monaten ein Lineal in der Hand zu haben? In dem neuen Projektbüro für Berufsschulen möchte ich so schnell als möglich arbeiten (...), sorge bitte für Vertrag auf ein bis 2 Jahre, als Spezialistin für Frauenberufsschulen werden sie ja Wert auf meine Mitarbeit legen. Das wäre das allerwichtigste und so bald als möglich. Wenn es soweit ist, wird ja Mutter kommen und mich besuchen, bevor sie nach Berlin fährt. Dort wird sie ja „Rotkäppchen" wiedersehen, oder noch höhere Kollegen seines Amts, das würde ihr doch Freude machen. Grüße sie sehr, ich freue mich sehr an ihren lieben Briefen, hab nur nie Platz, ihr noch extra zu schreiben. Das wichtigste für mich ist halt nur, dass es nicht länger dauert, als es die Gesundheit aushält. Wenn Geld nötig ist, besprich das mit Dele. Eventuell von Deiner Versicherung. Hast Du eigentlich endlich das Geld für Deinen Artikel in der schwedischen Architekturzeitschrift gutgeschrieben bekommen? Über die Heirat der Lektorin war ich sehr erfreut, gratuliere und grüße herzlichst von mir, ich denke viel an sie. Und der Gatte, wie ist Dein Eindruck? Wird er ganz mit ihr übereinstimmen? Hoffentlich geht's dem alten Kammersänger wieder gut, grüße ihn herzlich, ich denke viel an unsere gemeinsame Urlaubsfahrt. Sein Freund wird ja durch die plötzliche Heirat sehr erschüttert sein. Armer Teufel! Lies von Victor Hugo „Der lachende Mann", ganz groß! Mach am 26. IV. den Weg um

Prinkipo,[170] meine Gedanken werden Dich dabei begleiten. Am 13. IV. fünfzehn Jahre! Wie schön waren sie!! Innig Dein Bib.

*

Wien, Schiffamtsgasse, 02.08.1942 (Schreibtag)

Meine liebe Dele! Nun wird also für mich in absehbarer Zeit eine Entscheidung fallen. Ich danke Euch nochmals beiden innig für alle Sorge, dass Ihr den Anwalt genommen habt usw., es kostet ja große materielle Opfer, aber Ihr braucht Euch nachher nicht vorzuwerfen, etwas versäumt zu haben, und mir ist es auch eine Beruhigung. Ich danke Dir für das Wörterbuch, lerne und lese, so gut ich kann, um mich von der Tragik meines Schicksals abzulenken, und hoffe alle meine Lieben in Gesundheit. Bin selbst soweit ganz ruhig. Ich bitte Dich baldigst um die schwarzen Schuhe, da ich nicht in den weißen zur Verhandlung gehen kann, dass ich bald immer eine reine Bluse habe. Ich kann sehr bald nach der Verhandlung ins Reich transportiert werden, man ist oft sehr lange unterwegs und es ist wichtig, dass ich mich dabei warm anziehen kann. Ich darf nur das mitnehmen, was ich in die Taschen stecken kann, Hände müssen frei sein. Deshalb näh mir bitte in den schwarzen Mantel, den ich am Transporttag trage, zwei größere Innentaschen für Zahnbürste etc. Und Brot. Sonst werde ich warme Wäsche, Bluse und Jumper, warmen Rock (braunen) anziehen. Bitte dann auch um Schal und warme Handschuhe. Wenn Du für die Fahrt auch noch andere Schuhe als Tante Helenes auftreiben könntest, in denen ich außer Strümpfen noch warme Socken anziehen könnte, wäre es gut. Alle Kleider kann ich nach Auskunft sowieso zurückschicken, da ich ja Anstaltskleidung bekomme. Ob ich dort auch Lernerlaubnis bekomme? Bitte frag Anwalt, damit man das rechtzeitig regeln kann. Voraussichtlich komme ich nach Bayern, Besuch alle drei Monate, Briefe alle sechs Wochen. Die Sonne scheint heut so schön, wo werdet Ihr und Wilhelm den Sonntag verbringen? Mein Herz ist traurig, aber man muss halt aushalten. Schick bitte kein Geld mehr vorläufig, ich hab noch genug. Freue mich am Freitag auf das Wiedersehen! Wie geht es den Nerven? Die

Anforderungen, die mein Schicksal an Dich stellt und auch an Hana, sind ja so schwer, aber wer hätte das gedacht? Es umarmt Dich innig Deine Grete.

*

Mein lieber, guter Slib! Mein Krankheitszustand wird nun mal die Krise überstanden haben, ich bin ganz ruhig und gefasst und hoffe, es durchzuhalten. Die Post wird jetzt vielleicht etwas länger dauern, aber schreibe nur so weiter wie bisher. Heute ist ein herrlicher Sonntag, wo und wie wirst Du ihn verbringen? Deine Liebe und die aller Verwandten und Freunde ist für mich der ganze Halt für die Zukunft, in dieser Beziehung geht es ja wenigen Menschen so gut wie mir. Ich lese momentan immer und immer wieder Goethe, jetzt Wilhelm Meisters Lehrjahre, wo ich die herrlichen Verse fand, die mir hier so oft eingefallen sind, aber von denen ich nicht mehr wusste, wo ich sie finden soll: „Wer nie sein Brot in Tränen aß, wer nie die kummervollen Nächte in seinem Bette weinend saß, der kennt Euch nicht, ihr himmlischen Mächte." Ja, ich kenne sie jetzt, aber glücklicherweise nicht nur die traurigen, auch die heiteren und alles Glück, alle Freude und Genuß, und wenn sie noch so klein oder groß waren, nichts ist vorübergehend, alles wird bleiben durch den Eindruck, den sie im Innern hinterlassen haben. Das spüre ich mehr denn je und trotz aller Tragik des Schicksals kommt das lebensbejahende meiner Natur eben doch wieder zum Vorschein. Wo die Gärtnerin, die unsere Blumenkästen besorgte, wohnt, weiß ich nicht, aber es wird Dir schon einfallen. Warst Du schon am Ulu-Dag?[171] Grüße alle Freunde und Bekannten sehr von mir. Wenn ich nur auf die Einladung des Ministeriums kommen könnte! Von meinem Leben kann ich wenig berichten. Lese und lerne viel, auch um mich etwas abzulenken, denke über vieles nach, manchmal mache ich Schreibarbeiten, wobei ich ein Lineal in die Hand bekomme, was mich ganz froh macht, so ist einem der Beruf eingefleischt. Neulich machte ich eine Federzeichnung unserer Aussicht mit allen Moscheen, Bosporus (...) und dem Baum, sah alles so genau vor mir, einschließlich Deiner Person, ich kann mir Dich noch so genau vorstellen, ob einmal der Moment kommt, wo man das nicht mehr kann? Grüße Mutter. Es umarmt und küßt Dich Dein Bib.

*

Wien, Schiffamtsgasse, 23.08.1942 (Schreibtag)

Meine liebe Dele! Habe mich sehr gefreut, dass Du so gut und immer noch so jung aussiehst, auch scheint es Dir mit der Gesundheit endlich besser zu gehen. Wie geht es Hana? Es bleibt gar nie Zeit beim Besuch, alles zu fragen. (...) Bitte um eine dunkle Brille, in dem kleinen Raum bekommt man von der weißen Wand sehr empfindliche Augen. Zum Zahnarzt muss ich drei Mal zum Einpinseln, weil sich der Schwund des Zahnfleisches wieder bemerkbar macht. Bin schon unruhig, weil sich der Anwalt so lange nicht zeigt, ich warte täglich. Der letzte Brief von Wilhelm war vom 18. VII. Hast Du meine letzten zwei Briefe bekommen? Ich lese viel Goethe, dann noch Dickens, Gottfried Keller etc., letzterer so beschaulich, ein starker Kontrast zu dem dramatischen Leben. Die Sehnsucht nach Natur nimmt so furchtbar zu. Vielleicht wird man in der Straße doch ein bisserl was von Natur sehen können. Auf Wiedersehen am Donnerstag und Grüße an alle, Eure Grete.

*

Mein lieber Slib! Über Deinen letzten Brief war ich sehr froh, Du wirst mich also nicht mehr einholen. Ich warte sehr auf Dein nächstes ausführliches Schreiben. Ja es ist so schön, dass man weiß, wo man hingehört, ich denke oft an meinen „Platzi". Ich gehe jetzt einer sehr schweren Zeit entgegen, bin aber sehr ruhig, man muss sich zusammenreißen. Ich habe mich sehr gefreut, dass auch Arbeiten von mir in der Akademieausstellung gezeigt wurden und der Minister so wohlwollend war. Ich weiß nicht, ob und wie der Brief des Ministeriums an mich beantwortet wurde, sag doch dem Generaldirektor im Unterrichtsministerium, dass ich dem Rufe, dort für die Neuen Berufsschulen zu arbeiten, so bald als möglich folgen möchte und so gerne meine Spezialkenntnisse und Erfahrungen für die weiblichen Schulen voll und ganz zur Verfügung stellen will. Wenn ich nur überhaupt wieder einmal in meinem Beruf etwas für die Allgemeinheit leisten kann, das war ja immer die Grundlage meines Lebens und das wird nie anders werden. Ich lese sehr viel in meinem ollen Goethe und bin immer so froh, wenn ich einen Band ergattere. In der Italienischen Reise von ihm stand neulich, was mir so aus dem Herzen geschrieben war, und zwar: „Es ist weit mehr Positives, das heißt Lehrbares und Überlieferbares in der Kunst, als man gewöhnlich glaubt (...) und nirgends glaube ich, dass man mehr lernen kann, im Hohen als im Niedern, als in Rom." Für Deinen Unterricht belehrend, nicht? Dass das aber Goethe schon so sah, erstaunte mich, er war doch in vielen Punkten sehr modern in seiner Kunstauffassung. Ja, wenn wir wieder beisammen sind einmal vier Wochen Rom, ja? Aber ich wage kaum daran zu denken. Die Kunstnachrichten in der Zeitung verfolge ich sehr eingehend, es ist trotz Krieg heute in Deutschland auf künstlerischem und kulturellem Gebiet sehr viel los, in Wien besonders Kunstausstellungen und Musik und ich lese oft von meinen alten Lehrern und Kollegen, Hoffmann, Schuster usw. Dein hübsches Lied, über das Du schriebst, stärkt mich sehr und so hoffe ich doch, alles einigermaßen gesund zu überstehen. Lunge und Herz halten sich momentan ganz gut. Dass Lore sich mit dem Föhn so benommen hat, kann ich schon verstehen, ihr Mann wusste ja genau, dass er nicht mehr reparabel ist. Grüße alle Freunde und Bekannten und Mutter sehr. Vielleicht bist Du bald in Kleinasien zum Urlaub. Ich denke an Dich in aller Liebe und umarme Dich zärtlich, was auch kommen mag, Dein Bib.

Die Abschiedsbriefe an Adele und Wilhelm unterscheiden sich stark in Ton und Themen. Von Dele verabschiedet sich Margarete in Dankbarkeit für deren Fürsorge und zieht ein positives Fazit über ihre Haft und ihr Leben. An Wilhelm schickt sie ihre Erinnerungen an das gemeinsame Leben, ihre Hoffnung auf die Zukunft und ihren Dank an alle, die sich für sie eingesetzt haben, formuliert als: „Empfehlung an die türkischen Herren der Regierung."

Wien, Schiffamtsgasse, 13.09.1942 (Schreibtag)

Meine liebe, liebe Schwester! Nun schreib ich Dir ein letztes Mal vor der Entscheidung über mein weiteres Schicksal. Bitte, sei nur weiter so fest und tapfer wie bisher, ich wünsche so von ganzem Herzen, dass Du Dich weiter des Lebens freuen sollst, trotz meines schweren Schicksals soll Dein Leben nicht auch noch verdorben sein, auch nicht für Wilhelm. Du warst die ganze Zeit der Haft wie eine Mutter zu mir, voll Liebe und Fürsorge, und hast es mir dadurch ungeheuer erleichtert und ich danke Dir und auch Hana für alles. Das Leben hier in der Haft war nicht umsonst, ich habe manchem leidenden Menschen helfen können, viel gelesen und sehr viel dazugelernt. Nur momentan ist es halt sehr, sehr schwer, das sind wohl die größten seelischen Leiden, die ein Mensch erleben kann, man muss es eben ganz durchstehen. Meine Umgebung, meine Zellengenossin ist eben gerade jetzt voller Fürsorge für mich und verwöhnt mich in jeder Beziehung, um mir's ein bisserl zu erleichtern und das tut mir auch sehr wohl. Aber ich habe in den letzten Wochen unglaubliches Leid gesehen und erlebt. Vor dem Wegfahren und dem dortigen Leben habe ich keine Angst und wäre nur froh, wenn es schon so weit wäre!! Werde es schon durchhalten und beim Kriegsende gibt es ja vielleicht doch eine Amnestie oder Begnadigung. Und sollte ich es körperlich doch nicht aushalten, dann denke nur immer, dass ich ein herrliches, reiches und wunderschönes Leben hinter mir habe, dann ist es auch leichter, vom Schauplatz dieses Daseins zu verschwinden. Bis Ihr diesen Brief habt, werdet Ihr ja schon wissen, was mit uns geschieht. Bitte schau, dass Du das Buch von Schumacher zurückbekommst, es liegt hier in der Garderobe, das kleine Bücherl ist für Wilhelm, das Nähzeug für

Dich als Andenken, eine Gefängnisarbeit. Grüße alle Freunde und Verwandten, sie sollen auch weiter in Liebe und Freundschaft meiner gedenken! Es küsst und umarmt Euch Eure
Grete.

*

Mein lieber Slib! Nun werde ich in einigen Tagen hier wegkommen und dann werde ich sehen, was weiter mit mir geschieht. Dele wird Dich ja weiter auf dem Laufenden halten. Es ist so eigenartig, wenn zwei Menschen wie wir so verbunden sind, und der eine vom anderen doch nicht wissen und gleichzeitig mitfühlen kann, welche Leiden der andere erlebt, aber diese werden ja jetzt bald leichter werden für mich. Ich denke immer an das Lied, das Du mir schriebst „Keine Angst, keine Angst, Rosemarie“. Deinen letzten Brief vom 3. VIII. hab ich bekommen. Ich denke immer und immer, wie schön unser Leben war, und dann ist es auch leichter, wenn man nicht durchhalten sollte, als für Menschen, die weniger oder nichts vom Leben hatten. Die Zeit hier im Hause hab ich wirklich verhältnismäßig gut verbracht, ich konnte manchen Menschen seelisch und geistig etwas bedeuten, habe alle meine Lebenserfahrungen, besonders aus den letzten Jahren meines dortigen Aufenthalts verwerten können. Den großen Schmerz, dass wir keine Kinder haben konnten, habe ich ja nun auch überwunden, wenn ich auch sehr froh wäre, wenn Du wenigstens ein Kind von mir hättest. Heute ist ein herrlicher Septembertag, man sehnt sich nach Natur und allem, was einem lieb und teuer ist. Ich hänge ja mit allen Fasern meines Daseins am Leben und hoffe, mir dieses weiter zu erhalten. Dann wird schon alles wieder gut werden. Hoffentlich krieg ich weiter von Dir regelmäßig Post, nur selten, deshalb bitte große Bogen kleiner beschreiben. Du musst Dir Dein schönes Leben weiter erhalten in aller Frische und Freude. Was wirst Du heute tun? Gerade jetzt? In unserer schönen Ecke sitzen oder auf der Terrasse sitzen und lesen? Oder bist Du in Kleinasien? Möchte alles, alles wissen. Grüße Mutter, sie soll auch weiter in Liebe meiner gedenken, ebenso alle Freunde und Empfehlungen an alle türkischen Herren von der Regierung. Und heb vorläufig noch alles für mich auf, vor allem mein liebes, schönes und gutes Platzi! In den nächsten Monaten sehen wir, wie es endgültig mit mir weitergeht. Ich umarme und küsse Dich von ganzem Herzen, Dein Bib.

Vierzehn Tage später folgt die Erleichterung: kein Todesurteil, „nur" 15 Jahre Zuchthaus in der Justizvollzugsanstalt Aichach. Sofort ist ihr Lebensmut zurück. Margarete Schütte-Lihotzky versucht die Fahrt und auch die Haft in Aichach optimal vorzubereiten und schickt ihre organisatorischen Wünsche – auch an ihren Anwalt, Dr. Führer, der sich für ein Gnadengesuch einsetzen soll.

Wien, Schiffamtsgasse, 27.09.1942 (Schreibtag)

Liebe Leute, alle miteinander, das war eine Überraschung, wie ein Wunder! Ihr Armen, werdet Dienstag so furchtbar gewartet haben, erst um drei viertel acht Uhr abends wurde das Urteil verkündet, bis dahin glaubte ich an meinen Tod, es war wirklich auf des Messers Schneide. Könnt Ihr Euch vorstellen, wie das ist? Dr. Führer war außerordentlich nett zu uns und hat sich große Mühe gegeben. Es war für ihn wohl auch ein interessanter Fall. Es tut mir sehr leid, dass Ihr nicht doch da wart, wenn ich gewußt hätte, dass die Angehörigen zur Urteilsverkündung in den großen Schwurgerichtsaal kommen dürfen (das war vorher nicht) und dass ich mit 15 Jahren davonkomme, dann hättet Ihr wenigstens einmal ganz genau gehört, was ich gemacht habe, denn der Präsident hat das eingehend geschildert. Jetzt geht es mir gut, ich bin mit anderen (12) in einer großen Zelle und habe vom ersten Moment an einen unbändigen Appetit und Schlafbedürfnis, beides fehlte in den letzten Wochen. Ich habe 47 kg in den Kleidern bei 1,62 Größe, aber jetzt werde ich mich schon derfangen. Trotz allem war ich körperlich ganz gut beisammen und bei der Verhandlung ganz gefasst, habe keine Träne geweint. Heute war ich in der Kirche, als ich nach so langer Zeit Musik hörte, hat es mich erschüttert. Morgen komme ich hier in die Näherei zur Arbeit, im übrigen warte ich auf den Transport ins „Zuchthäusle", wie eine Schwäbin hier sagt. Das ist bei Augsburg. (...) Sobald ich weg bin, schreibt bitte direkt oder über Anwalt nach Aichach, dass ich meinem Körperzustand entsprechend (...) beschäftigt werde, ich denke Büro oder leichtere Gartenarbeit an frischer Luft, und dass ich Studienerlaubnis für Architektur und Kunstgeschichte und Lernerlaubnis für Sprachen bekomme und ob Ihr entsprechende Bücher schicken könnt. Auch ein Briefbogen Wilhelms geht dazu, damit man unseren Beruf kennt. Ich hoffe Euch hier noch zu sehen, dann erst im April, da macht Ihr eine Osterreise in die Alpen. Ich bin sehr guten Mutes, nach Kriegsende sehen wir uns alle wieder. Sag Dr. Führer, dass ich ihm immer dankbar sein werde, ein Gnadengesuch auf Herabsetzung der Strafe wäre vielleicht von Erfolg und wichtig. Es umarmt euch Eure Grete.

*

Mein liebster Slib! Gerettet! Dem Leben wiedergeschenkt! Bei Kriegsende sehen wir uns sicher wieder. Aber ich bin im allerletzten Moment „dem Totengräber von der Schippe gekippt". Ich war ganz gefasst und habe tapfer dem Tod ins Auge geblickt, aber kannst Du Dir denken, wie einem nachher zumute ist? (...) Um 22 früh hörte ich noch von Deinem Telegramm, war so glücklich darüber. Jetzt bleibe ich am Leben und kann alle Liebe, die mir Dele und auch Hana mir gaben, noch vergelten. Heute war ich in der Kirche, das erste Mal, die Musik nach so langer Zeit, hat mich so erschüttert. Ich dachte so daran, als ich das letzte Mal vor zwei Jahren mit Dir in Istanbul im schönen Kirchenkonzert war. Slib, jetzt müssen wir halt fest und tapfer die Kriegszeit durchhalten, ich habe gar keine Angst und Sorge mehr! Ich bin jetzt mit einigen Freundinnen zusammen. Grüße Mutter und alle Freunde. Küsse – Umarmung, Dein wiedergeborenes Bibchen.

Urteil

„Mein lieber Slib! Gerettet."

Unter den inhaftierten kommunistischen Widerstandskämpfern in der Schiffamtsgasse nimmt die Spannung im Verlauf des Jahres 1942 deutlich zu, denn die Zuversicht auf ein Ende des Krieges, bevor die Verhandlungen beginnen, schwindet von Woche zu Woche. Die meisten von ihnen sind Opfer des Verrats von „Ossi" und anderen Spitzeln, der Anfang 1941 eine große Verhaftungswelle auslöst. Am 2. Juli 1941 meldet der Tagesbericht der Gestapoleitstelle Wien 315 Verhaftungen. Im August werden bei einer Verhandlung gegen elf Kommunisten elf Todesurteile gesprochen. Unter ihnen auch Antonia Mück, die im Bezirksgefängnis nur eine Zelle entfernt von Margarete Schütte-Lihotzky auf ihre Verhandlung gewartet hat. Die Verurteilten nehmen ihr Todesurteil mit Stolz entgegen und singen bei Verlassen des Gerichtssaals die Internationale. Im Gefängnis geht die zynische Redensart um: „In drei Monaten gehst sowieso schon mit dem Kopf unterm Arm." Denn zwischen Urteil und Hinrichtung liegen meistens 99 Tage. Sobald jemand seinen Vorladungszettel und die Anklageschrift erhält, ist oft auch der letzte Hoffnungsschimmer dahin, wenn der Berliner Volksgerichtshofs zuständig ist. Dort, in den sogenannten „Köpflersenaten", werden fast ausschließlich Todesurteile gesprochen, wohingegen eine Verhandlung vor dem Wiener Senat eine etwas höhere Überlebenschance bietet.

Margarete Schütte-Lihotzky erhält am 7. September 1942 ihren Verhandlungstermin für den 22. September vor dem Senat des Berliner Volksgerichtshofs. In derselben Woche finden täglich Verhandlungen über das Schicksal anderer Mitglieder des kommunistischen Widerstands statt. 1943 werden täglich bis zu 70 Verurteilte, überwiegend politische, im Wiener Landgericht hingerichtet. Meist erst nach über einem halben Jahr Warten in der Todeszelle. In der Verhandlungswoche

7 J 181/42
2 H 158/42

1179

Jm Namen
des Deutschen Volkes

In der Strafsache gegen

1.) den Bau- und Maschinenschlosser Erwin P u s c h m a n n aus Wien, geboren am 3. Februar 1905 daselbst,

2.) den Hilfsarbeiter Franz S e b e k aus Wien, geboren am 30. April 1901 in Schlüsselburg bei Blatna (Böhmen),

3.) die Hilfsarbeiterin Anna H a i d e r aus Linz, geboren am 22. März 1902 in Wien,

4.) den Angestellten Franz H a i d e r aus Linz, geboren am 11. September 1907 in Linz,

5.) die Architektin Margarethe S c h ü t t e geborene Lihotzky aus Istanbul, geboren am 23. Januar 1897 in Wien,

6.) den Zimmermalergehilfen Karl L i s e t z aus Wien, geboren dort am 31. März 1913,

sämtlich zur Zeit in dieser Sache in gerichtlicher Untersuchungshaft,

wegen Vorbereitung zum Hochverrat

hat der Volksgerichtshof, 2. Senat, auf Grund der Hauptverhandlung vom 22. September 1942, an welcher teilgenommen haben

als Richter:

Volksgerichtsrat Hartmann, Vorsitzer,
Oberlandesgerichtsrat Fikeis,
SS-Brigadeführer Goetze,
SS-Oberführer Tondock,
Generalarbeitsführer von Wenckstern,

als Vertreter des Oberreichsanwalts:

Erster Staatsanwalt Bischoff,

als Urkundsbeamter der Geschäftsstelle:

Justizassistent Becker,

für Recht erkannt:

Die Angeklagten Erwin Puschmann, Franz Sebek, Anna Haider, Franz Haider, Margarethe Schütte und Karl Lisetz werden verurteilt, und zwar:

a) Puschmann, Sebek, die Schütte und Lisetz wegen Vorbereitung zum Hochverrat, von Puschmann in Verbindung mit landesverräterischer Begünstigung des Feindes begangen,

Puschmann, Sebek und Lisetz

ein jeder zum T o d e und zum Verlust der bürgerlichen Ehrenrechte auf Lebenszeit

und die Schütte zu einer Zuchthausstrafe von 15 – fünfzehn – Jahren und zum Verlust der bürgerlichen Ehrenrechte auf die Dauer von 10 – zehn – Jahren,

Das Gericht verurteilt „Im Namen des Deutschen Volkes (…) die Schütte zu einer Zuchthausstrafe von 15 – in Worten fünfzehn – Jahren."

Anfang September 1942, in der auch Schütte-Lihotzkys Urteil gefällt wird, werden von 25 Angeklagten 19 zum Tode verurteilt. Für Margarete Schütte-Lihotzkys relativ glimpfliches Urteil kommen mehrere Gründe in Betracht.

Gemeinsam mit Schütte-Lihotzky kommen Erwin Puschmann, Franz Sebek, Anna und Franz Haider und Karl Lisetz[172] vor Gericht. Laut Anklageschrift vom 13. Juni 1942 wird allen vorgeworfen, „zur Vorbereitung des Hochverrats einen organisatorischen Zusammenhalt herzustellen und zu erhalten".[173] Bei Puschmann, Sebek und Lisetz kommen noch Anklagepunkte wie Beeinflussung der Massen und der Wehrmacht mit zersetzerischen Absichten hinzu, Puschmann und Schütte-Lihotzky wird zusätzlich vorgeworfen, auch im Ausland tätig gewesen zu sein. Dem Ehepaar Haider wird angelastet, von den Vorhaben gewusst, sie aber nicht angezeigt zu haben. In der Urteilsbegründung wird eine Unterscheidung deutlich: Puschmann, Sebek und Lisetz sind als langjährige Mitglieder der illegalen KPÖ aktiv und zeitweise in Führungspositionen tätig, Schütte-Lihotzky und das Ehepaar Haider sind zwar unterstützend, aber nur auf „Weisung" aktiv im Widerstand. Anna und Franz Haider werden aus Mangel an Beweisen zu 15 bzw. 13 Jahren Zuchthaus verurteilt.

Gegen Margarete Schütte-Lihotzky wird deutlich mehr vorgebracht. Sie wird zwar als „Salonbolschewistin" eingestuft, „die mit den weltrevolutionären Gewaltzielen der KP schon durch ihren langjährigen Aufenthalt in der Sowjetunion voll vertraut gewesen ist. Sie hat zwar ihre Tätigkeit als Gefälligkeit hinzustellen versucht und eine beabsichtigte oder bewußte Förderung der kommunistischen Ziele verneint. Die Aufgabe, mit der sie betraut war und die gewiß als heikel angesehen werden muss, zeigt, daß sie in kommunistischen Kreisen (...) als verlässlich (...) betrachtet worden ist. Sie hat auch nicht behauptet, sich gegen die Übernahme des Auftrags gewehrt zu haben, obwohl sie (...) gewußt hat, Aufgaben im Dienste der KP zu erfüllen". Schütte-Lihotzkys Nähe zur KPÖ und das Vertrauen, das sie in den Kreisen genießt, wird ihr zur Last gelegt, dass sie Mitglied der KPÖ ist, kann jedoch nicht bewiesen werden, ebenso wenig wie ihre Übereinstimmung mit dem Ziel der KPÖ, für Österreich als autonomen Staat zu kämpfen. Dennoch wird sie als Mittäterin gewertet und nicht nur als Gehilfin, vor allem auch weil sie Puschmann Geld gegeben haben soll, um ihm die Ausreise zu ermöglichen. In der Urteilsbegründung steht zu lesen: „Bei der Angeklagten Schütte, die gemäß § 83 Abs. 3 stGB. Zu bestrafen war, hat der Senat schließlich geglaubt, noch von der Todesstrafe und der lebenslangen haftsrafe absehen zu können. Im gegensatz zu dem initiativen, intensiven und beharrlichen Gegenerschaft entsprungenen Verhalten der Angeklagten Puschmann, Sebek und Lisetz ist sie immerhin nur zufällig durch verleitung durch andere, die ihre aus persönlichen Gründen unternommene Reise nach Wien ausgenützt haben, in die Sche hineingezogen worden. Eine geringere Strafe als das für zeitliches Zuchthaus festgelegte Höchstmaß war jedoch bei der Gefährlichkeit ihrer wenn auch einmaligen Betätigung aus Gründen der Staatssicherheit ausgeschlossen."[174]

Schütte-Lihotzky ist also weniger belastet als Puschmann, Sebek und Lisetz, aber doch mehr als das Ehepaar Haider. Die Richter am Berliner Volksgerichtshof sind alles andere als zimperlich, die Anklage „Hochverrat" ist mehr als ausreichend für ein Todesurteil, damals wurde man für weniger weit höher bestraft als mit 15 Jahren Zuchthaus. Die Begründung liest sich seltsam entschuldigend, Gründe für eine Strafmilderung, die hier nicht genannt werden, liegen demnach sehr wahrscheinlich vor. Vielleicht liegt es daran, dass ihre Verteidigung durch Dr. Erich Führer, einen frei gewählten Anwalt, übernommen wird, die übrigen Angeklagten haben nur Pflichtverteidiger, die bei zu erwartenden Todesurteilen zwar üblich sind, jedoch nur selten etwas ausrichten. Allerdings widerspricht Schütte-Lihotzky lange nach dem Krieg dieser Vermutung vehement, auch gegenüber Erich Führer selbst, als der ihr in den 1980er-Jahren anlässlich einer Sendung über sie einen Brief schreibt, in dem er ihr wohl Undankbarkeit vorwirft. Der Brief von ihm ist nicht erhalten, aber das Antwortschreiben Schütte-Lihotzkys: „Ich bin überzeugt, dass Sie damals vor nunmehr 43 Jahren alles getan haben, was in Ihrer Macht stand, um das Urteil des Volksgerichtshofs günstig zu beeinflussen, was ich auch immer zu schätzen wusste. Ebenso aber bin ich überzeugt, dass es nicht Ihre damaligen Bemühungen waren, die mein Leben retteten. Deshalb hat mein Verhalten mit Dankbarkeit oder Undankbarkeit nichts zu tun.

Ich bin vielmehr überzeugt, dass die Lage für mich so gefährlich war, dass niemand, weder Sie, beim besten Willen Ihrerseits, noch jemand anderer hier hätte mein Leben retten können und dass damals (noch 1942) einzig und allein außenpolitische Rücksichten im III. Reich mir ein Todesurteil ersparten.“[175]

„So viel war ihnen mein Kopf dann doch nicht wert.“

Margarete Schütte-Lihotzky spricht damit zwei Punkte an, die wahrscheinlich tatsächlich relevant waren: Wilhelm Schütte steht in Istanbul einer Gruppe um den englischen Journalisten und Mitarbeiter des britischen Kriegsgeheimdienstes, George Gedye, nahe, der Josef Dobretsberger und Herbert Feuerlöscher angehören. Unter dem Decknamen „Max“ ist Wilhelm Schütte ein wichtiger Informant für Feuerlöscher, denn er steht in enger Verbindung mit den antinazistisch eingestellten Beamten am deutschen Konsulat, über die er bestens über die Situation in Deutschland und Österreich informiert ist.[176] Möglich, dass höherrangige Beamte ihren Einfluss geltend machen, um das Todesurteil abzuwenden, die Erwähnung des „Rotkäppchens“ in Margarete Schütte-Lihotzkys Brief im Frühjahr 1942 könnte darauf hinweisen. Was wir sicher wissen, ist, dass sie ihrem Mann in einem Kassiber nahelegt, beim Generaldirektor des Unterrichtsministeriums in Ankara um einen Arbeitsvertrag für sie zu bitten. Sie setzen alle Hoffnung in die 1942 noch bestehende Zurückhaltung des Deutschen Reiches gegenüber der neutralen Türkei: Eine in der Türkei angesehene Architektin im Staatsdienst hinzurichten, deren Mann dort als Professor an der Universität arbeitet, noch dazu mit guten Beziehungen zur deutschen und türkischen Botschaft, hat das Potenzial, die deutsch-türkischen Beziehungen zu belasten. Zur großen Enttäuschung Wilhelm Schüttes lehnt der zuständige Sektionschef im Unterrichtsministerium seine Bitte jedoch ab, auch für die Türkei gilt mittlerweile, dass deutsche Staatsbürger keine Regierungsverträge mehr erhalten. Mit viel

Glück geht der Plan dennoch auf. Der Sektionschef verlässt während der Unterredung kurz den Raum – weshalb auch immer. Wilhelm Schütte nimmt die Gelegenheit wahr, offizielle Briefbögen zu entwenden, und verfasst selbst ein Schreiben, laut dem das türkische Ministerium die Mitarbeit Margarete Schütte-Lihotzkys für die Planung von Frauengewerbeschulen als Architektin benötigt. Mit dem Entwurf geht Wilhelm Schütte zu seiner Cousine, die im Unterrichtsministerium beschäftigt ist. Diese übersetzt das Schreiben ins Türkische und macht mit dem offiziellen Stempel die Fälschung perfekt. Notariell beglaubigt gelangt der Brief über das deutsche Generalkonsulat nach Wien und von dort aus nach Berlin an den Volksgerichtshof. Zwölf Tage später lautet das Urteil 15 Jahre.

Im Frauenzuchthaus Aichach

> „Wir haben in letzter Zeit so viel Alarm, immer in der Zeit von 9 Uhr früh bis 4 Uhr nachmittags oder von 10 Uhr abends bis 4 Uhr früh, aber meist [bei] Tag."

Anfang Oktober wird Margarete Schütte-Lihotzky, wie alle für den Transport nach Aichach vorgesehenen Frauen, in die Sammelzelle im Landgericht verlegt, Tür an Tür mit den Todeskandidatinnen. Die Zellen sind Massenlager im Erdgeschoss, mit Strohsäcken auf dem Boden und einem kleinen Fenster zu einem schmalen Lichthof. Trotz der Überfüllung der Zellen ohne Licht und Luft kommen täglich neue Frauen dazu, sodass nach zehn Tagen die über vierzig Frauen sehnlich auf ihren Transport warten, auch wenn die Angst vor dem unbekannten Zuchthaus in Bayern, weit entfernt von Wien, bei vielen Insassinnen groß ist. Für viele der Frauen liegt Aichach im fernen Ausland, für die weit gereiste Schütte-Lihotzky bedeutet der Ort in Bayern keine ernst zu nehmende Distanz. Nach 16 Jahren im Ausland, vom Ehemann 2.000 Kilometer entfernt, ist es ihr nicht wichtig, wo sie den Krieg übersteht, Hauptsache, sie überlebt. Sie tröstet und beruhigt, so gut sie kann. In der Haft haben sich ihr soziales Bewusstsein und ihre Diszipliniertheit zu einem Rettungsanker entwickelt, zu helfen ist eine Aufgabe, auf die sie sich konzentrieren und an der sie sich festhalten kann, das Leid und die Furcht der anderen lenkt sie von den eigenen Ängsten ab. Wie sonst sollte man Situationen wie die im Landgericht aushalten, mit den zu Tode verurteilten Weggefährtinnen nebenan, die 99 Tage darauf warten, ein paar Zellen den Gang hinuntergeführt und geköpft zu werden? Zwei Mal wöchentlich um 17:45 Uhr werden Frauen abgeholt, um eine letzte Nacht in der Armsünderzelle zu verbringen, die neben dem Hinrichtungsraum liegt. Bis zu 70 Hinrichtungen finden täglich statt – unbemerkt von der Bevölkerung. Damit das auch so bleibt, werden die Leichen nachts abgeholt und in den Hof unter den Zellenfenstern der Gefangenen auf Lastwagen „geworfen", um weggebracht zu werden. Häufig geraten dabei Rumpf und Kopf durcheinander, die Männer, die diese furchtbare Arbeit machen müssen, sind so abgestumpft, dass „Schmeiß mir noch an Schädel her" zu rufen für sie ganz üblich ist. Dass die Häftlinge sie hören können, bleibt Schütte-Lihotzky ein Leben lang als unfassbare Brutalität im Gedächtnis. Sätze, wie „Ja, Tante Gerda hatte eine Schwester, die geköpft wurde. Ihr Kopf ist gar nicht im Grab. Nur ihr Körper", sind im Wien der Nachkriegszeit keine Seltenheit.[177]

Der Mut, die Standhaftigkeit und die Ruhe der Frauen im Gefängnis ist bewundernswert. Eine der Mitgefangenen Ende 1942 ist Hansi Eibensteiner, eine junge Kommunistin, die zu 15 Jahren verurteilt ist. Sie singt jedes Mal, wenn ein Transport ins Zuchthaus abfährt, zum Abschied laut die Internationale. So auch am 31. Oktober um vier Uhr morgens, als Schütte-Lihotzky gemeinsam mit Anni Haider, Risa Srch, Wilma Tessarek und „Cilli" ihre erste Reise nach Aichach antritt. Mit einem der nächsten Transporte kommt auch Hansi Eibensteiner dorthin. Der Gesang in Wien hat ihr mehrfach Arrest im Keller eingebracht, sie aber nicht das Leben gekostet, auch das Konzentrationslager Ravensbrück hat sie überlebt, in das sie noch am 14. November 1944 abtransportiert wird.[178]

Der Abschied gerät ungewöhnlich heiter, als ein Gerichtsdiener zum Ausgangstor kommt, um ein vergessenes Kleidungsstück zu bringen: das blaue Federhütchen, das Schütte-Lihotzky auf ihrer Reise von Istanbul und auch bei ihrer Verhaftung getragen hat. Das elegante Hütchen ist stark mitgenommen, wird unter Gelächter das „g'rupfte Hendel" getauft und ist Anlass für Späße unter den Frauen, bis es beim Zwischenstopp im Salzburger Polizeigefängnis einkassiert wird. Am nächsten Morgen liegen die blauen Federn ihres Hütchens auf den Treppenstufen.[179] „Am nächsten Morgen, als wir die Treppe hinuntergingen, lagen auf jeder Stufe blaue Federn meines Hütchens."

Nach der Weiterfahrt im Zug am nächsten Morgen kommen die Gefangenen in Aichach an. Zuchthaus ist die strengste Bestrafung im Nationalsozialismus und neben der Todesstrafe das übliche Urteil für Kommunisten. Da es in Österreich aber kein Frauenzuchthaus gibt, werden alle dort verurteilten Widerstandskämpferinnen in den kleinen bayerischen Ort nahe Augsburg geschickt. Zwischen 1933 und 1945 steigt die Anzahl der Häftlinge von 550 auf über 2.000 – das entspricht der damaligen Einwohnerzahl Aichachs. Es ist eines der größten Zuchthäuser im Deutschen Reich und die Enge und hygienischen Zustände gelten als katastrophal. Der Empfang ist ein Lehrstück in „Zucht“ für den Neuzugang: Gleich hinter dem Eingang müssen sich die Frauen in vier Reihen aufstellen und stillstehen. Margarete Schütte-Lihotzky steht in der ersten Reihe und hat freie Sicht in die tiefe Zellenflucht des sterilen Zweckbaus mit vergitterten Türen mit Spionen, zur Überwachung vom Flur aus.

Auch die nächsten Tage müssen die Gefangenen stehen, jetzt mit großem Abstand zu den nächsten Frauen links und rechts, Gesicht zur Wand und strenges Sprechverbot.[180]

> „Bei der Leibesvisitation: stehen. Beim Arzt: stehen. Zum Bad: stehen. Zur Einkleidung: stehen. Warten und stehen, schweigend, stundenlang.“

Außerhalb der Zellen besteht Sprechverbot. Wer den geringsten Ungehorsam zeigt, dem drohen strenge Strafen, wie tagelanger Nahrungsentzug. Doch wie in allen Gefängnissen zuvor finden auch die Frauen in Aichach Wege, um die Verbote und Kontrollen zu umgehen. Die Zuchthauskleidung besteht aus einem dunklen Rock mit Schürze und einer Bluse, auf deren Ärmel ein breiter gelber Streifen aufgenäht ist. Die einzige Rocktasche müssen die Frauen beim Verlassen und Betreten der Zelle umdrehen und den Inhalt vorzeigen. Also näht sich Schütte-Lihotzky, wie die meisten anderen auch, eine zweite, geheime Tasche in den Rock. Auch bei der Aufnahmeprozedur ist schnell eine Lücke entdeckt: Zwischen Antritt beim Direktor und Leibesvisitation mit gynäkologischer Untersuchung müssen die Frauen sich in kleinen Badezellen waschen. Diese kurze unbeobachtete Zeit wird genutzt, um kleine Gegenstände und Kassiber, die sie in der Vagina hereingeschmuggelt haben, herauszunehmen und im Rock zu verstecken. Das Sprechverbot in Aichach zu umgehen, ist deutlich schwieriger als die Kommunikation in den Wiener Gefängnissen: Es bestehen keine Sichtachsen zwischen den Fenstern, die bewährte „Stummerlsprache" ist darum nicht möglich. Als Schikane der Zuchthäuslerinnen gibt es auch keine Toiletten mit Wasserspülung, sondern Kübel, die pro Zelle zwei- bis dreimal am Tag entleert und gereinigt werden dürfen. Das „Toilettentelefon" ist darum reduziert auf kurzes Flüstern bei zufälligen Begegnungen im Flur auf dem Weg zum „Kübeln". Aber da die Tische in den Zellen durch die Wand hindurch mit einem Bandeisen befestigt sind, die den Schall gut übertragen, legen die Frauen ihr Ohr auf die Tischplatte und können so mit den Insassinnen in der Nebenzelle sprechen. Auf den Freigängen im Hof, die sich für einen kurzen Austausch anbieten würden, herrscht ebenfalls Sprechverbot und die Aufseherinnen achten streng darauf, wer die Lippen bewegt – also bringen die ältere Generation der Zellengenossinnen den Neuankömmlingen das Bauchreden bei.[181] „In jedem Gefängnis, und geht es noch so streng zu, ist es, wie wenn die Worte durch die Luft flögen, wie wenn selbst die Mauern Münder und Ohren hätten."

Die Zelle, in der Margarete Schütte-Lihotzky die nächsten zweieinhalb Jahre mit drei Mitgefangenen verbringt, ist sieben Quadratmeter groß. „Man muss sich das vorstellen: Tag und Nacht, Nacht und Tag, Wochen, Monate, Jahre immer dieselben der Menschen, zusammengepfercht auf kleinstem, kärglichem, nur für einen Menschen bestimmten Raum, ohne Kontakt mit der Außenwelt!"[182] Isoliert, gefangen in einer Zwangsgemeinschaft mit fremden Frauen, mit stupiden Beschäftigungen wie Socken stricken und immer auf der Hut vor den Aufseherinnen hält sich Schütte-Lihotzky an den unverrückbaren Gesetzmäßigkeiten des Zuchthauses fest. Die geringsten Abweichungen vom Gefängnisalltag bedeuten Angst und Schrecken, dem sie sich ausgesetzt fühlt, „wie ein willenloses Wesen, das wie ein Postpaket verschickt werden kann".[183]

Auch darum ist Solidarität unter den Insassinnen eine der wichtigsten Grundregeln in der Haft, sowohl was die Atmosphäre in den Zellen angeht als auch im ganzen Haus. Jede Abweichung von Absprachen, jeder Regelbruch hat Konsequenzen, die alle zu spüren bekommen.

Für Margarete Schütte-Lihotzky, die bereits ihr Leben lang solidarisch und sozial eingestellt ist, versteht sich das von selbst und sie bleibt dem Grundsatz auch in den schwierigsten Situationen treu. Sie hat immer ein offenes Ohr für die Sorgen und Nöte ihrer Mitgefangenen und viele Jahre später noch sind ihr die Schicksale der Frauen präsent, an deren Namen sie sich oft nicht erinnert, an ihre Erzählungen aber bis ins Detail. Die erste Mitgefangene in Aichach ist Frau Laible, die wegen Nichtanzeige der Spionagetätigkeit ihres Mannes zu acht Jahren Zuchthaus verurteilt ist. Sie ist schon seit 1934 in Aichach und musste die ersten vier Jahre noch in strengster Einzelhaft verbringen, die glücklicherweise nur bis 1939 besteht. Nach vier Jahren ohne eine Ansprache sind viele Frauen verrückt geworden, Frau Laible hat es durchgestanden, allerdings muss sie das Sprechen erst wieder erlernen, und als sie nach wenigen Wochen der gemeinsamen Haft entlassen wird, hat sie fürchterliche Angst vor der Freiheit.

Auf Frau Laible folgen zwei Kommunistinnen aus Österreich, Peppi und Lina Meierhofer. Nun besteht die Gemeinschaft aus Schütte-Lihotzky, zwei weiteren Widerstandskämpferinnen und einer Frau aus Bayern, die wegen Volksverrats zu zehn Jahren verurteilt ist. Sie ist Witwe und hat drei Söhne, einen davon im Feld und einen in einer Nervenheilanstalt. Aus Sorge um ihre Kinder bricht sie eines Tages die Solidarität, als die Gefängnisleitung eine neue Regel zur Steigerung der Sockenproduktion ausruft: Wer fünfzig Paar Socken im Monat strickt, darf häufiger Post empfangen und auch mehr Briefe schreiben. Eigentlich gilt die Losung, nie mehr als neun Paar Socken abzuliefern, gerade so viel, um nicht der Sabotage bezichtigt zu werden. Doch die Zellengenossin Schütte-Lihotzkys ist in Sorge um ihre Söhne und strickt einen Monat lang wie besessen von morgens bis abends, um die Sonderregelung in Anspruch nehmen zu dürfen. Menschlich verständlich, aber riskant in einem so fragilen Gebilde der Haftgemeinschaft, sich als Einzige einem Grundsatz

Blick aus der zentralen Halle in die menschenleeren Gänge des Frauenzuchthauses Aichach.

zu widersetzen. Peppi und Lina reagieren daraufhin auch gnadenlos: Sie sprechen den Rest der Haftzeit kein Wort mehr mit ihr. Margarete Schütte-Lihotzky erscheint das zu hart, sie übernimmt den ausgleichenden Part und grenzt sie nicht gänzlich aus, auch wenn es ihr schwerfällt. Besser eine Gefangene hält ein distanziertes Verhältnis aufrecht als keine, die Lebensbedingungen sind auch so hart genug. Die politischen Häftlinge sind in Aichach streng von den anderen Frauen getrennt, nur zu den „Aufwäscherinnen“ am Gang können sie gelegentlich Kontakt aufnehmen. Zur Reinigung des Bodens werden meist „Kindsmörderinnen“ eingesetzt. Als solche gelten Hebammen, die Abtreibungen vorgenommen haben, was im Dritten Reich streng verboten ist und mit vielen Jahren Zuchthaus geahndet wird. Aber auch Frauen, die nach Vergewaltigungen Kinder zur Welt bringen, die sie gleich nach der Geburt aus Verzweiflung umbringen, um die Schwangerschaft zu vertuschen. Weil ihnen allen Grausamkeit unterstellt wird, werden sie im Gefängnis zu körperlich schweren Arbeiten eingeteilt oder zur Betreuung von Babys, die im Zuchthaus zur Welt kommen und sofort den Müttern entzogen werden. Schütte-Lihotzky berichtet allerdings, dass sich diese Frauen als besonders liebevolle Betreuerinnen erwiesen haben.

Zwei Mal während der Zeit in Aichach öffnet sich die Zellentür und eine Aufseherin befiehlt: „Schütte. Nehmen Sie Ihre Sachen und kommen Sie mit.“ Beide Male erschrickt Schütte-Lihotzky, schließlich weiß sie nicht, was sie erwartet. Beide Male wird sie nach Wien gebracht, um dort als Zeugin vor Gericht aufzutreten. Im März 1943 soll sie gegen Konopitzky aussagen, in dessen Haus sie das illegale Material gesichtet hat und mit dessen Frau Therese sie in Wien zeitweise die Zelle teilt. Nach ein paar Tagen, die Schütte-Lihotzky in der Sammelzelle im Landgericht verbringt, während sie auf die Verhandlung wartet, wird sie mit Ketten gefesselt, in Zuchthauskleidung zu Fuß durch Wien zum Gericht geführt. Die Passanten auf den belebten Straßen starren sie an, teils erstaunt, teils mitleidig, doch Schütte-Lihotzky stören die Ketten nicht, sie genießt nach der langen Zeit hinter Mauern den Spaziergang durch Wien, den Sonnenschein, das Gefühl sich zu bewegen, und letztendlich fühlt sie sich überlegen: „Da seht ihr, welche Angst die Nazis vor ihren Gegnern haben! Wir werden doch die Sieger sein."[184] Adele hat erfahren, dass Margarete an diesem Tag vor Gericht aussagen soll, und erwartet sie vor dem Justizgebäude. Ihr Schrecken ist groß, als sie die abgemagerte, gefesselte Schwester sieht. Miteinander zu sprechen ist unmöglich, sie können sich nur über Blicke und Gesten austauschen, also versucht Margarete durch alberne Gebärden zu beweisen, wie sehr sie über den Dingen steht. Warum auch immer, nach dem Urteilsspruch – Anton Konopitzky bekommt sechs Jahre Zuchthaus – werden er und Schütte-Lihotzky in einen Raum geführt, wo sie sich ungestört unterhalten können. Es ist März 1943, beide rechnen mit dem baldigen Kriegsende, die Rückeroberung Stalingrads durch die Rote Armee stimmt sie zuversichtlich und in den Wiener Gefängnissen ist der Vollzug bereits gelockert. Konopitzky und Schütte-Lihotzky sind froh um die kurze Zeit miteinander und verabschieden sich zuversichtlich, nur noch wenige Monate von der Befreiung entfernt zu sein. Tragischerweise fällt Konopitzky aber im April 1945 einem Massaker in der Strafanstalt Stein zum Opfer, als die Rote Armee schon nahe ist und der Gefängnisdirektor alle freilassen möchte. Schon in Zivilkleidung und bereit für die Freiheit, haben sich die Gefangenen im Gefängnishof versammelt, als eine Einheit der SS hereinstürmt und den Direktor, vier seiner Angestellten und vierzig Insassen erschießt, unter ihnen auch Konopitzky.

Auf dem Rücktransport nach Aichach wird Schütte-Lihotzky in einen allgemeinen Transport gesteckt. Der Zug ist mit Frauen und Kindern überfüllt, alle sind erschöpft und ausgezehrt. Es sind jüdische Griechinnen, die nach Mauthausen transportiert werden. Am dortigen Bahnsteig sieht Schütte-Lihotzky erstmals KZ-Häftlinge und ist erschüttert vom elenden Anblick der „Gerippe menschlicher Wesen in gestreiften KZ-Anzügen"[185]. Nach einem weiteren Zwischenstopp in München, die sie bei Fliegeralarm im Keller des Polizeigefängnisses verbringt, ist sie zurück in Aichach. Auch Augsburg ist jetzt immer häufiger das Ziel von Luftangriffen. Die Frauen im Zuchthaus bleiben jedoch verschont. Wann immer die Bomben auf die 25 Kilometer entfernte Stadt fallen, rund um Aichach regnet es nur bunte Lichtpunkte, die durch die Nacht tanzen und schön anzusehen sind, die sich aber niemand erklären kann. Nach Kriegsende erfährt Schütte-Lihotzky, dass ihre verschlüsselte Nachricht über Lage und Architektur des Zuchthauses ihren Mann in Istanbul erreichte, der diese Informationen an den englischen Geheimdienst weiterleitete. Die sogenannten „Christbäume“ werden zum Schutz der mittlerweile überwiegend politischen Häftlinge abgeworfen, die als nichtfeindliches Ziel gelten.

Als Schütte-Lihotzky im Sommer 1944 wieder für eine Verhandlung nach Wien geholt wird, gerät sie in den ersten Großangriff auf die Stadt aus der Luft. Am 10. September 1944 werfen rund 350 US-Flugzeuge ihre Bomben ab, neun Bezirke sind betroffen und werden schwer zerstört, rund 791 Menschen sterben in dieser Nacht – auch im Landesgericht gibt es Opfer, als eine Bombe im Treppenhaus einschlägt. Margarete Schütte-Lihotzky verbringt die Nacht in einer völlig überfüllten Sammelzelle, aus Platzmangel in der Toilettenecke. Als sie am nächsten Morgen hört, dass einer der gefürchtetsten Aufseher umgekommen ist, nimmt sie das mit einer gewissen Genugtuung wahr: „Dabei hat's den ‚Dreihzehner‘ erwischt.“[186] Dieses Mal ist sie in Wien, um als Zeugin im Prozess von Franz Öhler auszusagen. Öhler und Schütte-Lihotzky kennen sich bereits aus Istanbul, sie besitzt also deutlich mehr Informationen über ihn und seine Arbeit im Widerstand, als das bei Konopitzky der Fall war. Schon bei ihrem Gerichtsauftritt ein Jahr zuvor hat sie bemerkt, wie die Restriktionen durch Schutzpolizei und Aufsicht sich zu lockern beginnen, und nun stellt sie fest, dass auch ihr Anwalt Dr. Führer versucht, seine Weste mit kleineren und größeren Gefälligkeiten reinzuwaschen. Er besucht Schütte-Lihotzky unaufgefordert regelmäßig im Gefängnis und immer bringt er Schinkenbrote mit – 1944 eine Delikatesse, doch in seiner Position eine Kleinigkeit. Deutlich riskanter ist sein Einsatz für den bevorstehenden Prozess gegen Franz Öhler. Er arrangiert ein Treffen zwischen Angeklagtem und Kronzeugin zur Absprache im Sprechzimmer der Anwälte. „Jetzt gleich wird Herr Öhler mit einem meiner Anwälte kommen. Dann können Sie alles für die Verhandlung mit ihm vereinbaren.“[187] Öhler wird dann auch freigesprochen, kommt aber nach Mauthausen ins Konzentrationslager, das er nicht überlebt. Schütte-Lihotzky durchschaut das Verhalten von Dr. Führer als „Opportunist reinsten Wassers, bekannter Nazi und Mitglied des NS-Sicherheitsdienstes“, der für sich zu retten versucht, was zu retten ist. Die Schinkenbrote nimmt sie dennoch an.[188]

„Schinkensemmeln waren wertvoller als Diamanten in diesen Tagen."

Schütte-Lihotzky wird wieder in die Schiffamtsgasse verlegt, wo die Haftbedingungen gegenüber dem Zuchthaus in Aichach unvergleichlich viel besser sind. Die Häftlinge müssen auch hier für den Krieg arbeiten. Sie stanzen Bleche und sortieren Schrauben, aber da sich das Überwachungspersonal ebenso nach einem Ende des Krieges sehnt und innerlich bereits kapituliert hat, ist Sabotage an der Tagesordnung und wird nicht mehr streng geahndet. Einmal simuliert Schütte-Lihotzky eine Grippe und darf zwei ganze Wochen auf der Krankenstation bleiben. Vor wenigen Monaten noch undenkbar: „Ich stahl dem Krieg zwei volle Arbeitswochen."[189] Doch als sie schon nicht mehr damit rechnet, vor Kriegsende wieder nach Aichach zu müssen, wird sie am 19. Februar 1945 doch noch auf den letzten Transport geschickt. Der Zug fährt von einem Bombenalarm in den nächsten. Zeitweise steht der Waggon mit den Gefangenen frei auf den Gleisen, den Tieffliegern völlig ausgeliefert. Die Lokomotive wird getroffen, der Zugführer und fünf Zivilisten in den ersten Waggons sind sofort tot. Nach Zugwechsel und weiteren Angriffen verbringt Schütte-Lihotzky auf dem letzten Zwischenstopp die Nacht im Münchener Bombenhagel, in Augsburg heult der Alarm los, als ihr Zug gerade einfährt, nur das Zuchthaus in Aichach steht unzerstört. Dort sitzen 1945 noch 90 politische Gefangene aus Österreich und ein paar wenige deutsche Frauen, die für antinazistische Aktionen verurteilt sind, sowie ungezählte Häftlinge aus anderen Nationen von England über Frankreich, Italien und der Sowjetunion. Schütte-Lihotzky kommt mit zwei Kommunistinnen in die Zelle, eine sitzt bereits seit 13 Jahren, die andere hat für ihre Mitarbeit im deutsch-französischen Widerstand lebenslänglich bekommen, seit elf Jahren ist sie in Haft. Ihr wertvollstes Stück ist die Fotografie ihres mittlerweile zwölfjährigen Sohnes, den sie zuletzt als Säugling gesehen hat. Schütte-Lihotzky bleibt es unverständlich, weshalb sie überhaupt noch einmal nach Deutschland verlegt wird, die Alliierten stehen vor Wien und vor Berlin. Dass der Krieg verloren ist, leugnen nur noch verzweifelte Nationalsozialisten. Tag für Tag wartet sie, bis schließlich, in den frühen Morgenstunden des 29. April 1945, kanadische Einheiten in Aichach stehen. Die Haftzeit ist zu Ende.

„Und dann? Aber dann kam alles ganz, ganz anders als erwartet."

Der Hunger, die überwältigende Freude, das Aufeinandertreffen von Frauen und Männern nach jahrelanger Isolation lassen sofort ein unkontrollierbares Chaos ausbrechen. Es wird gemeutert, es wird geplündert, viele versuchen sofort aus Aichach wegzukommen, aber noch herrscht Krieg, noch wird geschossen, die Zellentüren stehen zwar offen, aber der Weg nach Hause in die Freiheit noch nicht. Um die Ordnung wiederherzustellen, werden einige Frauen, unter ihnen auch Margarete Schütte-Lihotzky, aufgefordert, als Vertreterinnen ihrer Nationen eine Art Selbstverwaltung zu organisieren, da dafür zu wenige Alliierte im Haus sind. Unter großen Anstrengungen werden die wichtigsten Dinge wie Essensverteilung, Zurückhaltung beim Alkoholkonsum und Nachtruhe in den Zellen wieder eingerichtet. Bis am 9. Mai ab 12:00 Uhr mittags der Krieg offiziell zu Ende ist, überstehen alle Insassen diese letzten Tage und Nächte ohne weiter Schaden zu nehmen. Die meisten finden sich zu Mittag noch in der zentralen Halle ein und feiern das Kriegsende mit Gesang und dem Läuten der Glocke, die bisher den Hofgang signalisiert hat, dann beginnen die Rücktransporte. Die meisten Deutschen machen sich zu Fuß auf den Weg, die Regierungen der anderen Länder organisieren den Rücktransport ihrer Häftlinge per Flugzeug, Güterzug und Transportern, nur aus Wien gibt es noch kein Signal, wie die Österreicherinnen wieder in ihre Heimat kommen sollen. Es dauert noch weitere zehn Tage, bis ein österreichisches Hilfskomitee aus München in Aichach eintrifft. Endlich können auch Margarete Schütte-Lihotzky und ihre österreichischen Gefängnisgenossinnen das Zuchthaus verlassen.

Resümee der Haftzeit

„Wie ertrugen wir dieses Zuchthausleben, was war wichtig, was unwichtig in diesem jahrelangen, eintönigen Dasein? Es unterschied sich krass von dem Gefängnisleben vor der Verhandlung, mit dem ewigen Grübeln über die Zusammenhänge in der illegalen Arbeit, über Spitzelaffäre, Gestapoverhöre, umgeben von Todesurteilen und Todesangst. Das weitaus Überragende war die unstillbare Sehnsucht nach Freiheit, nach Liebe und Zärtlichkeit, nach Freundschaft und Wärme, Gedanken an Menschen, die man liebt, im Geiste Gespräche mit ihnen über alles, was einem wichtig erscheint, der Wunsch nach sinnvoller Arbeit für die Zukunft, Bangen vor dem Erhalt eines Briefes oder Besuchs, leidenschaftliche Teilnahme am Verlauf des Krieges und Warten auf sein Ende. So gut wie gar keine Rolle spielen die täglichen äußeren Widerwärtigkeiten, an die man sich in so langer Zeit gewöhnte, wie das ekelhafte ‚Kübeln', ja selbst das Anbrüllen und das Geschimpfe, Beleidigungen und Demütigungen empfand man einfach nicht als solche, sie prallten einfach von einem ab, als ob man einen eisernen Panzer um Herz und Hirn gehabt hätte. Das Leben war erfüllt von den Beziehungen zu den Leidgenossinnen ‚drinnen', der Sehnsucht nach ‚draußen' und dem brennenden Wunsch, den Tag der Freiheit noch zu erleben.“[190]

V
Freiheit

„Es begann mein zweites Leben mit wachem Auge, denn – ‚eine Minute Dunkel macht uns nicht blind'."

(Pablo Neruda)

Nach 1.527 Tagen in Haft und 21 weiteren Tagen Warten auf eine Transportmöglichkeit nach Wien besteigt Margarete Schütte-Lihotzky mit den übrigen Österreicherinnen am 19. Mai einen Lastwagen und sie verlassen Aichach. Die Frauen fahren durch den Frühling, schwenken rote Fahnen und singen die Internationale. Nach „50 Kilometern Freude“ kommen sie in München an. Aufgrund der schweren Kriegsschäden ist keine Weiterfahrt möglich, doch sie finden provisorisch Unterkunft in einem Schulgebäude, in dem bis vor Kurzem deutsche Soldaten untergebracht waren. Nach Aufräumarbeiten in dem völlig verwüsteten Haus richten sie Betten in den Klassenzimmern her. Was im vorherigen Leben eine Selbstverständlichkeit war, ist nun Anlass zu großer Freude: Matratzen und Bettlaken, warmes Essen, ein Spaziergang im Englischen Garten, ein Essen im privaten Kreis, ein Konzert. Das Konzentrationslager Dachau wird zeitgleich mit dem Zuchthaus in Aichach befreit und einige, die aus Österreich stammen, kommen auch im Schulhaus in München unter. Sie bringen Lebensmittel, Kaffee, Kondensmilch und Medikamente sowie einen Ballen weißen Stoff und Nähmaschinen aus den Beständen der SS mit, die diese bei ihrer Flucht zurückgelassen hat. Nach einigen Tagen haben alle Frauen neue weiße Blusen an, sie essen, reden und malen sich die Zukunft aus. Da Margarete Schütte-Lihotzky in der Haft wieder an TBC erkrankt ist, wird sie schließlich mit einem Krankentransport in die Lungenheilstätte Hochzirl in Tirol gebracht. Von dort geht es im Herbst dann endlich nach Wien. „Das war das Ende meiner Odyssee.“[191]

Im Frühjahr 1946 ist die Versorgungslage in Wien so schlecht, dass die UNO in einer Stellungnahme festhält, dass das österreichische Volk zu jenen Völkern der Welt zählt, die dem Hungertod am nächsten sind. Die Bevölkerung ist durch die Mangelernährung in den Kriegsjahren körperlich erheblich geschwächt, durch die katastrophalen Transportmöglichkeiten kommen Hilfslieferungen durch die Alliierten nur schleppend an. Das Österreichische Wirtschaftsforschungsinstitut warnt,

S. 205: Nach fünf Jahren im Herbst 1946 sieht sich das Ehepaar endlich in Sofia wieder.

dass selbst bei größter Anstrengung und sparsamster Einschränkung das Land nicht imstande ist, sich aus eigenen Kräften am Leben zu erhalten. Die Wohnung in der Hamburgerstraße im fünften Bezirk ist nicht zerstört, sodass Margarete Schütte-Lihotzky sie wieder beziehen kann. Sofort stürzt sie sich in die Arbeit, die sie so lange vermisst hat, und angesichts der Not und Zerstörung gibt es für Architekten mehr als genug zu tun. Aus dem kriegsbedingten Überschuss an Frauen folgert sie völlig zu Recht, dass sowohl der Wiederaufbau des Landes als auch die Ernährung der Familien in deren Verantwortung liegt, und stellt die Frage: „Aber wie sollen die Frauen, die Kinder haben, nach jahrelanger Unterernährung auf die Dauer solche Arbeit leisten?“[192] Die Spezialistin für Kinderanstalten sieht nicht nur den hohen Bedarf an Kinderbetreuungsmöglichkeiten, sie sieht auch ihre Chance einzulösen, was sie sich vorgenommen hat: „Mit großen Hoffnungen und dem leidenschaftlichen Wunsch, nach jahrelang erzwungener Untätigkeit in Nazigefängnissen, meine Arbeitskraft dem Wiederaufbau Wiens zu widmen, kehrte ich in die Heimat zurück.“[193] In der Sowjetunion hat sie die Erfahrung gemacht, dass die Zusammenarbeit mit Experten aus verschiedenen Disziplinen eine wesentliche Voraussetzung dafür schafft, dass Kindereinrichtungen dem Kindeswohl und der Zweckmäßigkeit gerecht werden, darum arbeitet sie in Wien ein theoretisches Programm aus, wie der Wiederaufbau systematisiert und institutionalisiert werden kann. Im November 1945 legt sie Christian Broda, Leiter des Instituts für Wissenschaft und Kunst, ihr Programm zur Schaffung eines „Zentral-Bau-Instituts für Kinderanstalten (BIK)“ vor, das die wesentlichen Fragen beantwortet, wie sich die Arbeitslast der Frauen durch sinnvolle Unterbringung der Kinder reduzieren lässt. Doch die Idee wird nicht aufgegriffen – ein erster Rückschlag von vielen, wie sich zeigen wird.

Bereits im Februar 1946 verlässt Margarete Schütte-Lihotzky Wien Richtung Bulgarien. Sie reist nach Sofia, da sie hofft, von dort aus Kontakt zu ihrem Mann aufnehmen zu können, der noch immer in der Türkei ist. Mit dem Kriegseintritt des Landes aufseiten der Alliierten 1944 verschlechtert sich die Situation der deutschen Emigranten, die aufgefordert werden, das Land zu verlassen. Da es für die wenigsten möglich ist, ins Deutsche Reich zurückzukehren, gewährt ihnen die türkische Regierung aber politisches Asyl in drei Orten in Anatolien:[194] Wilhelm Schütte muss nach Yozgat, eine kleine Gemeinde, die an die

Der Wiederaufbau nach 1945 wird überwiegend von Frauen übernommen. Sie sind zwar geschwächt vom Krieg wie die Männer, aber deutlich in der Überzahl.

260 Deutschen aufnehmen muss. Wie seine Frau, so passt sich auch Wilhelm Schütte schnell an die neue Situation an und versucht sich nützlich zu machen, indem er eine Bibliothek zusammenstellt und einen Erweiterungsbau für das örtliche Gymnasium entwirft. Aber er ist von der Außenwelt abgeschlossen und weiß nicht, ob Margarete noch lebt oder wo sie ist. Erst Ende Juni 1946 darf er zurück nach Istanbul und erhält Gewissheit. Sofort beginnt er seine Ausreise zu organisieren. Margarete Schütte-Lihotzky verbringt die Wartezeit auf ihren Mann in Sofia ebenfalls nicht untätig. Auch in Bulgarien ist der Bedarf an Kinderbetreuungsplätzen groß, allerdings hat das Land keine Tradition auf diesem Gebiet. Schütte-Lihotzkys Expertise wird hier gebraucht und in Anspruch genommen. Sie baut in der Stadtbaudirektion eine Abteilung für den Bau von Kindergärten auf und fasst ihre Kenntnisse bei der Planung und Realisierung von Kindereinrichtungen als theoretische Abhandlung zusammen. Innerhalb von nur zwei Monaten arbeitet sie eine „Entwurfslehre für Kindergärten und Kinderkrippen" aus und baut auf dieser Grundlage mehrere Einrichtungen. Bis dann, im Herbst 1946, Wilhelm Schütte sich endlich auf den Weg nach Bulgarien machen kann. Das Ehepaar trifft sich nach nahezu exakt fünf Jahren Trennung in Sofia wieder.

Als kommunistische Architektin in Wien

> „Auf Jahre hinaus war ich ‚persona non grata', hatte als KPÖ-Mitglied bei öffentlichen Aufträgen quasi Berufsverbot."

Im Januar 1947 kommt das Ehepaar Schütte zurück nach Wien. Eine Bewerbung Wilhelm Schüttes für das Amt des Stadtbaurates in München ist nicht erfolgreich und durch die lange Zeit im Ausland hat das Paar sowohl in Deutschland als auch in Österreich sein berufliches Netzwerk verloren. Wilhelms Begeisterung für Wien und die fehlende Verwurzelung in einer anderen deutschen Stadt führen dazu, dass sich die beiden in Wien niederlassen. Wilhelm Schütte nimmt außerdem die österreichische Staatsbürgerschaft an. Margarete reicht ihr Programm für ein Zentral-Bau-Institut nochmals ein und Wilhelm wird Mitglied in der Vereinigung der bildenden Künstler, doch trotz allem Engagement ist der Neuanfang schwer. Margarete Schütte-Lihotzky kassiert wieder eine Absage und auch Wilhelm wird nicht vom Staat beschäftigt – für beide unbegreiflich angesichts der kommunalen Bautätigkeiten in Wien, für die sie als Spezialisten prädestiniert sind. Denn obwohl in den Fünfzigerjahren um die 5.000 neuen Wohnungen jährlich entstehen,[195] bekommen die Schüttes keine Aufträge vonseiten der Stadt Wien, mit Ausnahme einer kleineren Wohnhausanlage in der Barthgasse, ein Gemeindebau, „wie er an Anfängerarchitekten vergeben wird".[196]

Trotz aller Rückschläge lassen sich die beiden nicht entmutigen, ihren Beitrag zum Wiederaufbau leisten zu können. Als Margarete

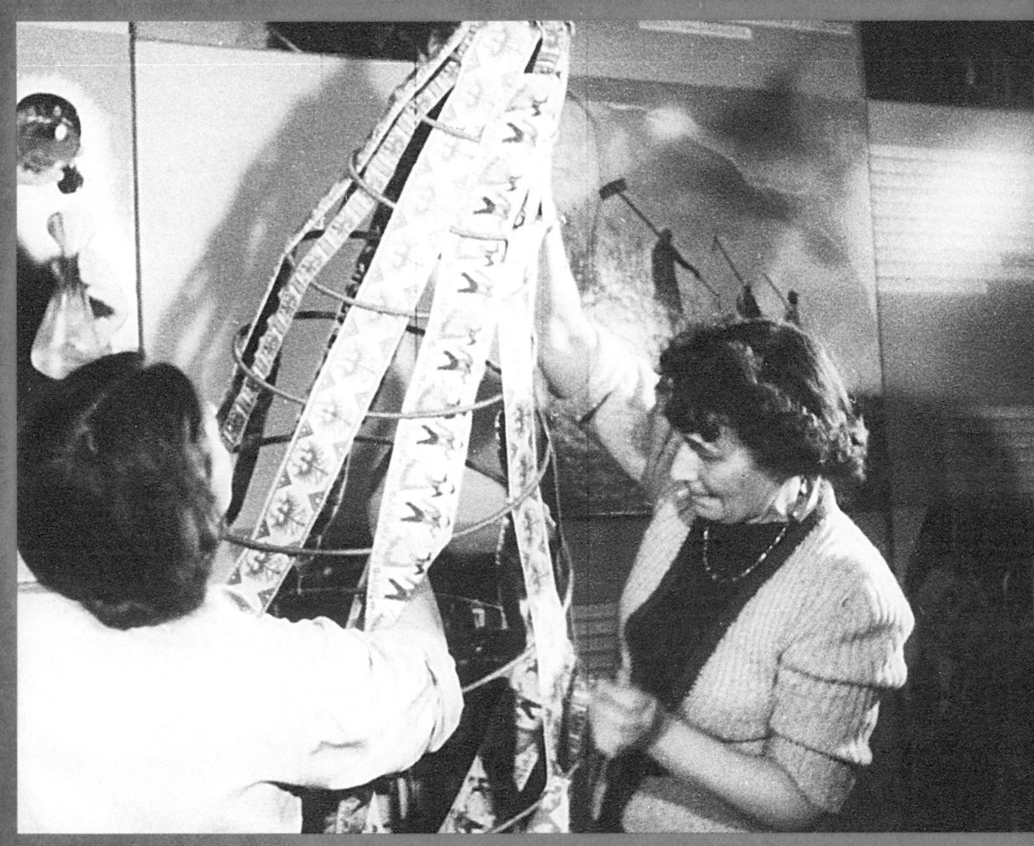

1948 übernimmt Margarete die Gestaltung des österreichischen Beitrags für die Ausstellung des Weltbundes zum Frauentag in Paris.

Schütte-Lihotzky zur Vorbereitung des ersten Nachkriegstreffens der internationalen Vereinigung der Architekten, des Congrès Internationaux d'Architecture Moderne (CIAM), nach Zürich eingeladen wird, um eine Anknüpfung ihres Heimatlandes an die Vereinigung herzustellen, nehmen sie und ihr Mann die Aufgabe an, eine österreichische Gruppe zu gründen. Die Wiederbelebung dieser als Denkfabrik für Architekten und Stadtplaner angelegten Vereinigung und ihre feste Verankerung in Österreich entspricht der Aufbruchsstimmung des Architektenpaares. Wilhelm Schütte übernimmt den stellvertretenden Vorsitz der CIAM Austria, Margarete Schütte-Lihotzky die des Sekretärs.[197] Vor allem Wilhelm bemüht sich intensiv darum, ein internationales Netzwerk aufzubauen und den Austausch moderner Architekturkonzepte zwischen den Nationen zu fördern. Am ersten Nachkriegstreffen der CIAM 1947 in Bridgewater nehmen beide teil, wie auch zwei Jahre später in Bergamo. Ein Mitglied des Gemeinderates der Stadt Bergamo, Signora Ambiveri, Schlossherrin von Seriate, hat während des Zweiten Weltkriegs Waffen für die Partisanen versteckt, wurde entdeckt und war wie Schütte-Lihotzky in Aichach inhaftiert. Die beiden Frauen haben sich bei der Befreiung nur flüchtig kennengelernt, doch als Ambiveri den Namen Schütte auf der Teilnehmerliste entdeckt, erinnert sie sich und besteht darauf, dass die Schüttes als ihre Gäste im Schloss untergebracht werden. Auf die erste Enttäuschung Margarete Schütte-Lihotzkys, nicht in der Stadt zu wohnen, folgt große Wiedersehensfreude, der über die Jahre noch viele Besuche folgen – allerdings ohne Wilhelm Schütte. Die lange Trennung und die belastenden Erfahrungen in den Jahren des Krieges hat die selbstverständliche Symbiose des Ehepaares auf eine harte Belastungsprobe gestellt. Schließlich bleiben sie beruflich verbunden, gehen aber privat getrennte Wege und lassen sich 1951 scheiden. Margarete wird eine neue Beziehung mit Hans Wetzler eingehen, einem österreichischen Kommunisten, den sie bereits 1937 in Paris kennengelernt hat. Metzler lebt seit 1963 als Lektor und Übersetzer in Ostberlin. Er galt lange als der unbekannte Mann an ihrer Seite.[198]

In Wien hat sich Schütte-Lihotzky als selbstständige Architektin mit einem eigenen Büro eingerichtet, das sie an ihrer Privatadresse in der Hamburgerstraße anmeldet. Sie übernimmt private Bauaufträge, denn

Margarete mit ihrem Lebensgefährten Hans Wetzler. Auf der Rückseite des Fotos von 1976 steht: „Schüti und Hans."

die öffentlichen Aufträge sind überschaubar: 1947 und 1948 entwirft sie das architektonische Konzept der Ausstellung „Wien baut auf" und im Juni 1948 gestaltet sie in Paris den österreichischen Beitrag für eine Ausstellung des Weltbundes zum Frauentag. Sie bekommt noch den Auftrag der Gemeinde für ein Wohnhaus an der Schüttelstraße und nachdem sie einen Kindergartenentwurf anonym bei einem Wettbewerb eingebracht hat, erhält sie einen Preis und den Bauauftrag für den Städtischen Kindergarten an der Kapaunstraße. Hoffnungsvoll glaubt sie, das Eis sei nun gebrochen und ihre Qualifikation würde endlich in Anspruch genommen, doch weit gefehlt. Von insgesamt 89 Kindertagesheimen, die die Stadt Wien zwischen 1945 und 1961 wieder aufbaut, wird sie nur noch eines bauen und das auch erst zehn Jahre später.[199]

Nachdem alle Entwürfe, die Schütte-Lihotzky bei Ausschreibungen einreicht, abgelehnt werden, wendet sie sich 1960 an den Wiener Vizebürgermeister Felix Slavik, mit der Vermutung, dass für die zahlreichen Absagen der Stadt „nicht sachlich-fachliche Erwägungen maßgebend sind".[200] Außerdem sucht sie das Gespräch mit Rudolf Boeck, Senatsrat und Leiter der Abteilung für Sonderaufgaben des Wiener Stadtbauamts, der ihr anvertraut, dass es dem Stadtbauamt laut eines internen Beschlusses des Parteivorstandes der Sozialistischen Partei verboten ist, Schütte-Lihotzky als Architektin zu beauftragen. Sie selbst schweigt sehr lange zu diesem Boykott vonseiten der Regierung und übernimmt stattdessen Aufträge für private Bauten in Österreich und Gebäude für KPÖ-nahe Institutionen, wie die Druckerei und das Verlagsgebäude Globus am Hochstädtplatz im zwanzigsten Bezirk. Erst als 1976 Bundeskanzler Bruno Kreisky in einer öffentlichen Rede die Behauptung aufstellt, dass in Österreich niemand aufgrund seiner politischen Meinung benachteiligt werde, platzt Margarete Schütte-Lihotzky der Kragen. Sie publiziert in der Wochenendbeilage der *Volksstimme* einen wutentbrannten Artikel über ihr faktisches, wenngleich nicht offizielles Berufsverbot aufgrund ihrer Mitgliedschaft in der KPÖ und ihres Engagements im Bund Demokratischer Frauen.[201]

Mit der Benennung des Themas greift Schütte-Lihotzky an ein Tabu. Im Österreich der Nachkriegszeit ist sie nicht die Einzige, die aufgrund ihrer politischen Haltung diskriminiert wird. Ebenso wie in Deutschland werden Menschen, die links- bzw. rechtsradikal orientiert sind, vom Staatsdienst ausgeschlossen, in der BRD gibt es dafür ganz offiziell den sogenannten „Radikalenerlass", der die Wahrung demokratischer Werte sicherstellen soll. Österreich geht denselben Weg, wenngleich ohne eine gesetzlich verankerte Lösung. Antikommunismus gilt als Common Sense in der österreichischen Sozialdemokratie. Viele Kommunisten verlassen darum ihr Heimatland und gehen in die DDR, wie etwa der Biochemiker und enge Freund Schütte-Lihotzkys, Samuel Rapoport, dessen wissenschaftliche Karriere in Wien behindert wird. Als Jude emigriert Rapoport 1937 aus Angst vor den Nationalsozialisten in die USA, wo er als bekennender Kommunist ins Visier des McCarthy-Untersuchungsausschusses gerät und darum von einem Kongress in der Schweiz nicht nach Amerika zurückkehrt. Er nimmt in Wien eine Stelle am Institut für Medizinische Chemie an, wo ihm allerdings eine Beförderung zum Professor verweigert wird. Die einzige Universität, die ihm berufliches Fortkommen in Aussicht stellt, ist die Humboldt-Universität in Ost-Berlin. Rapoport und Schütte-Lihotzky sind nur zwei prominente Beispiele für die Ausgrenzung nach dem Zweiten Weltkrieg, während dem sie als Gegner und Verfolgte des nationalsozialistischen Regimes gelitten haben, ehemalige Anhänger haben es deutlich leichter.[202]

Margarete Schütte-Lihotzky bleibt in Wien wohnen, beruflich herausfordernde Aufgaben übernimmt sie jedoch nur noch im Ausland, in sozialistischen Ländern wie der DDR, der Volksrepublik China und auf Kuba, dort ist sie weiterhin als Expertin für Kindertagesstätten gefragt, in Österreich aber verschwindet sie als Architektin aus der öffentlichen Wahrnehmung und nimmt zwischen 1953 und 1985 auch an keiner Ausstellung teil. Hätte sie nicht, bei guter Gesundheit und hellwachem Verstand, ein so hohes Alter erreicht, wäre sie vermutlich nicht in den Genuss einer verspäteten Wertschätzung gekommen, sondern wohl wie die wenigen weiblichen Architekten, die vor dem Zweiten Weltkrieg erfolgreich waren, in Vergessenheit geraten.

Die politische Aktivistin

„Österreich ist ein Frauenland – aber in vielerlei Hinsicht noch ein Männerstaat, weil an entscheidenden Stellen in Staat und Wirtschaft kaum Frauen zu finden sind."

Die Jahre im Widerstand und der Gefangenschaft haben Margarete Schütte-Lihotzkys Sinn für soziale Gerechtigkeit und Solidarität verstärkt ebenso wie ihre Überzeugung, dass der Sozialismus der einzig richtige Weg zu einer friedlichen Weltgemeinschaft ist. In der Zeit des Kalten Krieges bringt ihr das in Österreich mehr Nach- als Vorteile, aber für sie bleibt der Kampf für eine gleichberechtigte Gesellschaft über soziale, nationale und geschlechtsspezifische Grenzen hinweg ein lebenslanges Anliegen, für das sie sich unermüdlich einsetzt. Sie, deren politische Überzeugungen aus Opposition zu Adolf Hitler erwachsen sind, ist hoch sensibilisiert für jede Form der Ausgrenzung, Abwertung, Ungleichbehandlung und Aggressivität. Dass atomare Aufrüstung, patriarchale Strukturen und schließlich auch ein nationalistisch geprägter Rechtsruck in den westlichen Gesellschaften ihre Gegenwehr herausfordern, erscheint darum nur konsequent und führt dazu, dass aus der Architektin, die für ein besseres Leben baut, eine politische Aktivistin wird, die für ein besseres Leben kämpft. In der KPÖ fühlt sie sich politisch zu Hause, sie bleibt bis zu ihrem Lebensende Mitglied, ist 20 Jahre lang Vorsitzende des KPÖ-nahen Bundes Demokratischer Frauen in Österreich, arbeitet im KZ-Verband mit und ist Vorstandsmitglied des Österreichischen Komitees für Europäische Sicherheit und Zusammenarbeit. In all diesen Funktionen und Engagements setzt

Die weltweite Aufrüstung und die Angst vor einem Atomkrieg treibt 1961 viele Menschen auf die Straße.

sie sich für ihre Hauptanliegen ein: Frauenrechte, Völkerverständigung, Frieden und Abrüstung.

Der Bund Demokratischer Frauen in Österreich wird auf Initiative von Widerstandskämpferinnen wie Anna Grün und Schütte-Lihotzky gegründet, die KZ und Gefängnis überlebt haben, Politikerinnen wie Maria Köstler und Helene Postranecky, aber auch Frauen aus dem Kulturbereich wie die Schriftstellerin Lina Loos, die Schauspielerinnen Maria Eis und Hilde Wagener. Ihre Ziele sind jenen der nachfolgenden Frauenbewegungen sehr ähnlich: Gleichberechtigung auf privater und wirtschaftlicher Ebene. Nach 1945 stellen die Frauen fest: Bei Kriegsende räumen sie die Trümmer weg, ersetzen die fehlenden Männer, die im Krieg gefallen oder noch nicht wieder nach Hause zurückgekehrt sind, doch schon in den Fünfzigerjahren sind wichtige Positionen in der Arbeitswelt wieder mit Männern besetzt. Das Frauenbild wankt zwischen den Idealen berufstätige Frau ohne allzu viel Macht oder Hausfrau und Mutter. In den Siebzigerjahren rekapituliert ein Arbeitskreis die Geschichte der Frauen ab 1914 und kommt zu dem Schluss: „Gesetzesreformen, zuletzt die Familienrechtsreform, haben die Frau ihrem Ziel, der Gleichberechtigung, einige Schritte näher gebracht. Aber eine wesentliche Voraussetzung – die wirtschaftliche Unabhängigkeit – ist für die meisten noch nicht gegeben: schlechte Ausbildung, niedrige Löhne, Mangel an Arbeitsplätzen und Kindereinrichtungen bilden den Hintergrund dafür, dass viele Frauen noch immer von den Männern abhängig sind.“[203] Dem reden, schreiben und agieren die Frauen im Bund entgegen. Auch Schütte-Lihotzky. Sie rechnet 1964 aus, dass in Österreich rund sieben Millionen Menschen leben, davon eine halbe Million mehr Frauen als Männer. 100 Männern stehen 115 Frauen gegenüber, in Wien sogar 130.[204] Doch das „Frauenland“ Österreich ist immer noch ein „Männerstaat“, denn die Voraussetzungen dafür, dass Frauen ihre Arbeitskraft im Berufsleben erfolgreich einsetzen, fehlen. Ihrer Meinung nach benötigt es vor allem Kinderbetreuungseinrichtungen – wie sie bereits in Frankfurt und Moskau festgestellt hat. Zudem bewahrheitet sich ihre Diagnose aus der Frankfurter Zeit, als sie feststellt, dass das Lebenskonzept von Frauen sich grundsätzlich und allgemein hin zur berufstätigen Frau entwickeln

Auf Demonstrationen wie dieser 1961 für Frauenrechte und gegen atomare Aufrüstung engagiert sich Margarete als mahnende Rednerin.

wird. Das stellt die Gesellschaft vor die Aufgabe, die dafür nötige Infrastruktur zu schaffen – Strukturen, die sehr wesentlich auch stadtplanerische sind. Aber da sie nach dem Zweiten Weltkrieg als Expertin bei der Errichtung dieser Strukturen nicht mehr zugelassen ist, verlagert sich Schütte-Lihotzky auf die politischen Forderungen nach Unterbringung der Kinder, flexiblen Arbeitszeiten, der Möglichkeit von Heimarbeitsplätzen sowie Lohngleichheit bei gleicher Leistung, und sie sieht: „Die Berufsarbeit der österreichischen Frauen ist (…) aus dem Wirtschaftsleben gar nicht mehr wegzudenken, ein plötzliches Aufhören würde den wirtschaftlichen Zusammenbruch bedeuten."[205]

An der Frauenfrage lässt sich verstehen, warum Schütte-Lihotzky trotz ihrer Erfahrungen in der Sowjetunion unter Stalin und ihrer Eindrücke im China Ende der Dreißigerjahre an ihren kommunistischen Überzeugungen und dem Ideal des sozialistischen Staates festhält, denn für sie überwiegen zwei wesentliche Punkte: Erstens war die KPÖ die einzige Vereinigung, die nach dem „Anschluss" aktiv und effektiv im Widerstand gegen die Nationalsozialisten und für ein freies Österreich gekämpft hat, und zweitens ist die KPÖ nach 1945 die einzige Vereinigung, die sich für ihre Ideale einsetzt. Schütte-Lihotzky stellt diese Ideale auch über eine Parteizugehörigkeit. So gründet sie 1960 das überparteiliche Frauenkomitee, das die Vorführungen von Antikriegsfilmen und antifaschistischen Filmen in der Wiener Urania organisiert. Auslöser ist ihr Erschrecken darüber, dass auf den Lehrplänen von Schulen auch 15 Jahre nach dem Krieg noch keine kritische Auseinandersetzung mit den Themen Faschismus, Rassismus und Krieg vorgesehen ist. „Mehr als die Hälfte unserer heutigen Bevölkerung ist so jung, dass sie den Faschismus selbst nicht mehr bewusst erlebt hat. Wir müssen also ein breites und tiefes Wissen, ein Wissen um Ursache und Wirkung vor und in der Nazizeit unseren Nachkommen vermitteln."[206] Als Widerstandskämpferin, die den Krieg überlebt hat, empfindet es Schütte-Lihotzky als ihre Verantwortung gegenüber all den Toten und der jüngeren Generation, das Vergessen zu verhindern. Über 30 Jahre werden in der Urania monatlich antirassistische und Antikriegsfilme gezeigt, zu denen auch Schulklassen eingeladen sind.

Die Kriegserfahrung hat sich tief in Schütte-Lihotzkys Bewusstsein eingegraben und die Konfrontation zwischen West und Ost in den Jahren der Aufrüstung im Kalten Krieg schürt die Angst vor einem dritten Weltkrieg. „Nie wieder Faschismus, nie wieder Krieg“ ist eine Forderung, für die der Bund Demokratischer Frauen Österreichs (BDFÖ) eintritt. Als sich das ständige Komitee des Weltfriedenskongresses am 19. März 1950 im „Stockholmer Appell“ gegen das Wettrüsten ausspricht, sammeln auch die Bundesfrauen Tausende Unterschriften. In der Zeitschrift der kommunistischen Frauenbewegung in Österreich, *Stimme der Frau*, die eine Auflage von 50.000 Exemplaren hat, erscheinen Artikel zum Verbot der Atomwaffen. Auch Schütte-Lihotzky meldet sich zu Wort: Als Präsidentin des BDFÖ und Mitglied des Österreichischen Friedensrats plädiert sie auf dem ersten Kongress des Frauenbundes 1951 für eine internationale Zusammenarbeit „fortschrittlicher Menschen der ganzen Welt“ und stellt die Frauen in den Mittelpunkt: „Was ein dritter Weltkrieg bedeuten würde, darüber müssen gerade Frauen aufgeklärt werden; der Kampf geht nicht alleine gegen Atombomben, sondern gegen die ganze militärische Aufrüstung, weil ein neuer Krieg eine Zerstörung bedeuten würde, deren Ausmaße einfach unvorstellbar sind. Es geht, kurz gesagt, um das Schicksal der Menschheit; das muss den Frauen bewußt werden, vor allem den Intellektuellen unter ihnen, den Lehrerinnen, Ärztinnen, Juristinnen und anderen berufstätigen Frauen, denen die Möglichkeit geboten ist in größerem Rahmen Aufklärungsarbeit zu leisten und auch in ihren Kreisen Kämpfer für den Frieden zu werben.“[207]

So wie Schütte-Lihotzky vor dem Krieg mit Vorträgen und Artikeln ihre architektonischen Erkenntnisse verbreitet und sich intensiv, aktiv und vor Ort mit den Lebensbedingungen und Bedürfnissen der Menschen auseinandersetzt, für die sie baut, vertritt sie jetzt mit sehr ähnlichen Mitteln ihre politischen Ideale. Ihre Reden auf Kongressen und Demonstrationen erscheinen in Auszügen oder in Form von Interviews zum Beispiel in *Stimme der Frau* oder *Volksstimme*, außerdem ist sie im Radio und im Fernsehen präsent. Unermüdlich versucht sie Menschen für ihre Ziele zu gewinnen und – wie immer – belässt es nicht dabei, zu theoretisieren und zu reden: 1953 tritt sie für die Wahlgemeinschaft Österreichische Volksopposition (VO), das Wahlbündnis der Kommunistischen Partei Österreichs, der Sozialistischen Arbeiterpartei und der Demokratischen Union bei der Nationalratswahl als

Spitzenkandidatin an. Die Zielgruppe des überparteilichen Bündnisses sind Frauen – auch aus taktischen Gründen, denn seit Einführung des Frauenwahlrechts in der Ersten Republik 1919 stellen Frauen bei allen Nationalratswahlen bis 1930 die Mehrheit der Wahlbevölkerung. Auch ab 1945 dominieren Frauen mit über sechzig Prozent der zugelassenen Wählerinnen die Wahlergebnisse in Österreich, allerdings geben sie ihre Stimme überwiegend der konservativen ÖVP. Diese politisch interessierten Wählerinnen möchte die VO hinter sich scharen, um eine Wende herbeizuführen. Schütte-Lihotzky geht es dabei auch um einen legitimen Machtanspruch ihres Geschlechts. Sie appelliert mit dem Aufruf „Mehr Frauen ins Parlament" dafür, sich für weibliche Interessen einzusetzen, auch weil Frauen als zahlenmäßig größerer Teil der Gesellschaft das Potenzial haben, diese viel stärker zu prägen. Es geht vor allem um ein allgemein besseres Leben, um Friedenssicherung ohne Atombomben, um wirtschaftliche und soziale Gleichberechtigung, Anpassung der Löhne und Renten und schließlich auch um soziales Bauen. In kurzen, prägnanten Sätzen formuliert Schütte-Lihotzky ihre politischen Forderungen, die sie in KPÖ-nahen Medien veröffentlicht. Ihre Einleitung „Mehr Frauen ins Parlament" wiederholt sie wie ein Mantra und schließt: „Wir Frauen können eine Änderung herbeiführen. Wir sind die Mehrheit in unserem Lande. Und wir wollen eine Änderung herbeiführen. Setzen wir alles daran, machen wir alle Anstrengungen, nützen wir bis zum 22. Februar jeden Tag und jede Stunde im Gespräch von Mensch zu Mensch, von Frau zu Frau – damit unser Ruf Wirklichkeit wird: Es muss anders werden in Österreich! Mehr Frauen ins Parlament!"[208] Die Wahlgemeinschaft erhält vier Mandate, die SPÖ wird stärkste Partei und regiert weiter in Koalition mit der ÖVP – viel ändert sich also nicht. Der Anteil an Frauen im Parlament steigt erst nach den Nationalratswahlen 1986 über die Zehn-Prozent-Marke.

Resümee

In einem Interview 1992 formuliert Margarete Schütte-Lihotzky ein aufschlussreiches Selbstbild:

„Die Leute glauben immer, ich bin eine Küchenarchitektin, so wie sie glauben, ich sei eine Frauenrechtlerin. Beides stimmt nicht. Ich bin eine alte Systematikerin und habe mich in meiner Arbeit immer nach den funktionellen Notwendigkeiten gerichtet."

In ihrer Arbeit – als Architektin, als Widerstandskämpferin, als Politikerin – richtet sie sich immer aus tiefer Überzeugung an ihren Idealen aus: soziale Gerechtigkeit, Antifaschismus, Frieden ohne Waffen – ohne sich instrumentalisieren zu lassen. Sie ist ihr eigener Kompass, schon darum greift es zu kurz, ihre Leistungen auf nur ein Gebiet zu reduzieren. Margarete Schütte-Lihotzky ist nicht „nur" die Architektin der Frankfurter Küche, sie ist Architektin, und sie ist auch nicht „nur" Frauenrechtlerin, ihr Kampf gilt der Gerechtigkeit. In beiden Fällen gilt, dass sie „auch" Küchen gebaut hat und „auch" für die Rechte der Frauen eintritt, aber eben „nur auch". Die Aufgaben ergeben sich aus den jeweiligen gegenwartsbezogenen Umständen, Schütte-Lihotzky erkennt sie, analysiert sie und bringt sich systematisch ein. Die Küchen sind eine Antwort auf die Frauenfrage Anfang des 20. Jahrhunderts, ihr politisches Engagement für Frauen, ihre Antworten auf die Fragen der zweiten Hälfte. Immer geht es ihr darum, die Frau zu Berufstätigkeit zu ermächtigen, indem sie die nötigen Strukturen im Haushalt entwickelt, indem sie Kinderbetreuungseinrichtungen plant und, als sie nicht mehr bauen darf, indem sie für entsprechende Einrichtungen kämpft. Die Anliegen der Frau mögen sich wie ein roter Faden durch Schütte-Lihotzkys Leben verfolgen lassen, allerdings erwachsen sie immer einer funktionellen Notwendigkeit und nicht einem feministischen Anspruch. Schütte-Lihotzky ist ihr gesamtes Leben lang so selbstverständlich gleichberechtigt, die Frage danach, ob ein Anspruch besteht und berechtigt ist, stellt sich ihr nicht – er ist selbstverständlich.

Zweite Chinareise

„Wenn ich nun so plötzlich über sowjetischen Boden fliege, ist es mir, wie wenn ich nach 19 Jahren irgendwie in eine Heimat komme."

1956 geht Margarete Schütte-Lihotzky auf Einladung der Chinesischen Gesellschaft für kulturelle Beziehungen mit dem Ausland mit einer österreichischen Kulturdelegation auf eine Studienreise nach China. Die Gruppe ist bunt gemischt: Die Mitreisenden sind Wilhelm Marinelli, Professor für Zoologie an der Universität Wien, Gustav Stratil-Sauer, Professor für Geografie, ebenfalls an der Universität Wien, Eduard Tratz, Zoologieprofessor und Begründer des Hauses der Natur in Salzburg, Professor Hans Bayer, Nationalökonom an der Universität Innsbruck, der Maler und Kunstprofessor Sergius Pauser von der Kunstakademie in Wien, der Vizedirektor des Museums für Angewandte Kunst in Wien und ausgewiesene Chinaspezialist, Viktor Griessmaier, und Margarete Schütte-Lihotzky, als einzige Architektin. In einem Tagebuch hält Schütte-Lihotzky ihre Eindrücke fest, auf dessen Basis 2007 posthum der Reisebericht „Millionenstädte Chinas" erscheint.[209] Sie, die fest an das Ideal einer weltweiten Solidargemeinschaft glaubt und die ihre Aufgabe darin sieht, ihr Expertenwissen als Architektin im Städtebau einzubringen, um dem Wohl der Allgemeinheit zu dienen, sammelt Material und macht sich auf allen ihren Reisen Notizen, doch nur die Chinareise ist publikationstauglich in ihrem Nachlass erhalten. Die Kulturdelegation trifft sich um 7 Uhr am Morgen des 4. September 1956 im Promenadencafé in Wien, bis auf Griessmaier kennt Schütte-Lihotzky die meisten nur aus Vorgesprächen, Tratz und

Hans Bayer, Margarete Schütte-Lihotzky und Sergius Pauser an der Hochschule für Architektur (von links nach rechts).

北京 百万莊
建筑工程部大楼
313室
中国建筑学会
The Architectural Society
of the People's Republic
of China

Rm. #313, Building of
the Ministry of Building
Construction
Pai-wan-Chuang, Peking.

für Stadtbauamt

Margarete hat alle Termine und Adressen in ihrem Kalender aufgeschrieben. Manche für alle Fälle auch mit chinesischen Schriftzeichen.

Bayer trifft sie im Kaffeehaus zum ersten Mal. „Wir alle trinken Kaffee und fahren dann mit einem kleinen Autobus zum Flugplatz nach Schwechat, alle recht aufgeregt, vielmehr freudig erregt, es ist ein herrlicher Morgen und alle sind sehr freundlich zueinander. (...) Man ist sich noch sehr fremd." Schütte-Lihotzky, obwohl viel und weit gereist, beobachtet alles sehr genau und hat offenbar Flugangst, woraus sie kein Geheimnis macht. Bis zum Flughafen wird sie von der Widerstandskämpferin, Lyrikerin und Übersetzerin Ina Jun-Broda begleitet, „damit ich nicht so alleine bin, vor dem weiten Flug". Jun-Broda „legt [sie] Dr. Bayer ans Herz und übergibt [sie] seiner Fürsorge". Sie nimmt auch „etwas gegen Flugkrankheit ein", ihre Ärztin hat ihr „eine ganze Apotheke mitgegeben". Im Verlauf der Reise legt sich die Nervosität, sicher auch durch Bayer, der nicht von ihrer Seite weicht und sich als zuvorkommender Begleiter erweist, den Schütte-Lihotzky im Nachhinein als gescheit, rücksichtsvoll und solidarisch beschreibt.

Das Auge der Architektin registriert alle Details: Mit Begeisterung beschreibt sie das zweimotorige russische Flugzeug „mit 21 Sitzen, zwei links und einer rechts vom Gang, mit Teppichen belegt, Vorhangerln wie bei allen russischen Fenstern, innen weiß gestrichen, die Fauteuils bequem in zwei Lagen verstellbar, an der Vorderwand ist für jeden sichtbar der Höhenmesser". Weniger gnädig ist ihr Urteil über die Flughäfen: Schwechat findet Schütte-Lihotzky „primitiv und provinzialisch-spießig", in Budapest ist der „Flugbahnhof neu, aber unfertig, moderne Architektur im Grundriss recht gut, mit zwei Türmen aus Bruchstein, aber etwas plump gebaut". „Der Lemberger Flugbahnhof ist in den letzten Jahren gebaut und ist architektonisch entsetzlich – ein Albtraum – alles grauenhaft verziert und überladen (...). Ich bin entsetzt und schäme mich." Als sie in Gobi zwischenlanden, richtet Schütte-Lihotzky ihre Aufmerksamkeit nicht so sehr auf die „primitiven, barackenähnlichen Hütten", sondern zeigt sich begeistert darüber, mitten in der Wüste zu landen, wo es einen richtigen Flughafen gibt, und sie zum Tanken auf einer Sandpiste landen. „In einiger Entfernung zwei Jurten, wir haben aber nicht Zeit hinzugehen, sind ganz benommen in diesem Wüstenei-Sturm, jeder steckt einen Stein zur Erinnerung an die Wüste ein, sehen einige Mongolen und steigen so schnell als möglich zurück ins Flugzeug, damit uns nichts davonweht." Das Naturerlebnis dominiert ihre Wahrnehmung, gut gebaute Flughäfen erwartet sie wohl nur in Städten.

In Moskau, wo die Gruppe zwei Tage Zwischenaufenthalt hat, sind die Reisenden im Hotel National untergebracht. Schütte-Lihotzky erinnert sich an die Tage im Sommer 1936, als sie hier mit Julius Tandler die nötigen medizinischen und hygienischen Grundlagen für Kindertagesheime erarbeitet hat. Zwanzig Jahre später ruft vieles in Moskau Erinnerungen in ihr wach, sie vergleicht aber vor allem die architektonischen Entwicklungen. Als sie mit der Brigade May 1930 nach Moskau reiste, erschien ihr alles noch recht provinziell, jetzt führen „ganz breite, moderne Avenuen" durch die Stadt, damals glaubte sie im ersten Moment fälschlicherweise in einem Dorf ausgestiegen zu sein. Sie ist begeistert von der Großzügigkeit der neu errichteten Stadtteile, der Universität und dem restaurierten Kreml: „Ich habe in früheren Jahren den Kreml nie so schön gesehen als diesmal. Er ist restauriert in den schönsten Farben, als Gesamtbauwerk ist er mir nie so märchenhaft und phantastisch erschienen." Doch bei aller Begeisterung sieht sie alles „mit einem lachenden und einem weinenden Auge". Vor allem die monumentale Richtung, in die sich die Architektur in der Sowjetunion seit Ende der 1930er-Jahre entwickelt, missfällt ihr: „Weinend, weil die Architektur der letzten 20 Jahre zum Weinen ist, mit ihren aufgepickten, unorganischen Fassadendekorationen und auch als Baukörper oft verbaut, durch falsch platzierte Gesimse zerschnittenen Körper, traurig, denn schließlich bestimmen diese Bauten auf lange Zeit das Gesicht der Stadt, da eben in diesen 20 Jahren unendlich viel gebaut wurde. Die städtebauliche Anlage ist richtig, auch die sehr überlegte Anordnung der Hochhäuser, aber die ganze Stadt wirkt noch immer irgendwie unorganisch, das Alte, auch das schöne Alte, geht mit dem neuen nicht zusammen, die Entwicklung ging zu rasch, die Technik entwickelt sich deutlich rascher als die neue Architektur, man spürt überall diese Diskrepanz."

Anders als bei ihrer ersten Reise nach China und Japan im Jahr 1934 fährt Schütte-Lihotzky nicht tagelang mit dem Zug, sondern überfliegt die Landschaft, was sie weit weniger spannend findet, weil man nicht so viel sieht. „Wenn ich denke, wie interessant die Bahnfahrt über den Ural ist, von oben ist das ziemlich uninteressant." Diese Meinung hat sie allerdings nur beim Überfliegen von Naturlandschaften, sobald sie sich

Hans Bayer und Margarete 1956 an einer der vielen chinesischen Mauern.

einer Stadt nähern oder nachdem sie die chinesische Grenze passieren und die Bauwerke zu erkennen sind, ist sie begeistert von der Vogelperspektive. Die Dimensionen der Chinesischen Mauer sind von oben deutlich besser zu erkennen und auch die Tempelanlagen und der Sommerpalast in der Draufsicht ergeben ein ganz anderes Bild. In Peking angekommen, schließt sich Schütte-Lihotzky Bayer und Pauser an, gemeinsam haben sie eine Dolmetscherin namens Pöng, von ihnen Ping-Pöngchen genannt.

In ihrem Reisebericht von 1956 stellt Schütte-Lihotzky die Entwicklung der Städte im Vergleich zu ihren Erfahrungen 1934 nach. Von Peking ist sie ebenso begeistert wie bei ihrem ersten Besuch. Vor allem der dynamische, städteplanerische Umgang mit den steigenden Bevölkerungszahlen findet ihre Zustimmung. Auf Basis der chinesischen Berechnungslogik von bebauter Grundfläche aller Stockwerke hat Peking 1949 eine nutzbare Fläche von 17 Millionen Quadratmetern. Laut Fünfjahresplan ist bis 1950 die Neugewinnung von 300.000 Quadratmetern Nutzfläche vorgesehen, bis im Jahr 1956 wird eine Verdopplung der Bauten im Vergleich zu 1949 angestrebt. Innerhalb der Stadtmauern ist das unmöglich, zumal hier die Flachbauweise überwiegt und Hochhäuser das historische Stadtbild zerstören würden. Eine Auflockerung der Bevölkerungsdichte ist aber unbedingt nötig, darum werden außerhalb der Altstadt Trabantenstädte gebaut. Die Planer bedenken dabei, dass die Bewohner der Trabanten verkehrstechnische Anbindung benötigen, infolgedessen werden gleichzeitig der Bau einer U-Bahn sowie Kultur- und Bildungseinrichtungen mitgedacht. Da der Boden Staatseigentum ist, stehen bei der Erweiterung von Peking keine Eigentumsdiskussionen wie in Frankfurt im Raum und die Vorgehensweise gleicht der in der Sowjetunion – so weit kann Schütte-Lihotzky aus Erfahrung alles gut nachvollziehen. Neu für sie ist, dass keine vorfabrizierten Bauteile verwendet werden, wie sie das aus den groß angelegten Stadtplanungen kennt. Sie hebt hervor, dass es durch die hohe Bevölkerungsdichte in China keinen Mangel an Arbeitskräften gibt, die zudem schlicht günstiger sind als der Ausbau der Bauindustrie. Ihre ganz besondere Anerkennung findet der respektvolle Umgang mit den alten Bauwerken, die nicht abgerissen, sondern, wenn nötig, versetzt werden. In diesem Zusammenhang weicht sie ungewöhnlich unpragmatisch, aber durch und durch Architektin, von ihrer sozial-ökonomischen Sichtweise ab: „Wo zum Beispiel ein altes Mai Lou (das sind hölzerne, offene Torbauten) dem Verkehr im Wege ist, wird es sorgfältig abgebaut und genau so in irgendeinem Park wieder aufgestellt. Die Restaurierung der Bauten wird ständig und mit größter künstlerischer Sorgfalt durchgeführt. (...) Jedoch langsam, aber sicher werden die Wohngehöfte doch zugrunde gehen müssen, wenn man nicht dauernd sehr viel Geld für ihre Restaurierung ausgibt. Wird sich die Gesellschaft aber die Erhaltung eines letzten Endes doch so riesigen Museums alter Wohnbauten auf Dauer wirtschaftlich leisten können? Weiters: Lohnt es sich denn, so viel Geld in – wenn auch noch so bezaubernde – Bauten hineinzustecken, die funktionell, nach dem Verschwinden der chinesischen Großfamilie, den künftigen Wohnverhältnissen nicht mehr entsprechen können? (...) Mir scheint, um dieses nationale Kleinod der Architektur, Peking genannt, in aller Schönheit zu erhalten, muss die Allgemeinheit die Mittel aufbringen, (...) ebenso wie man heute auch auf Kosten des Volks den Kaiserpalast und die wertvollen Tempel in ausgezeichnetem Zustand hält.“[210]

> „Es gibt ja nichts interessanteres und reizvolleres, als der Gang durch eine fremde Stadt in einer andern Welt.“

Die weiteren Stationen auf der Reise durch China sind Nanking, Shanghai und Wuhan. In allen Städten besucht die Gruppe die kulturellen Highlights, Bildungseinrichtungen und Bauvorhaben. Schütte-Lihotzky stellt in ihrem Bericht vor allem die unterschiedlichen Anforderungen der Stadtplanung heraus und vergleicht sie miteinander. Bei ihrer Beschreibung des nötigen und möglichen Erhalts der historischen Stadt Peking hat sie für den Erhalt der Altstadt von Shanghai Gegenargumente, da diese „großer geschichtlicher Vergangenheit und damit auch der glanzvollen Baudenkmäler alter chinesischer Architektur“ entbehrt. Die Architektur des „kleinen Venedigs Asiens“ ist ihr zu international und kapitalistisch geprägt: „Ehemals bestand Shanghai nur aus einer kleinen, eiförmig ummauerten Stadt mit Basaren und Tempeln, mit Kanälen, Brücken und sich im Wasser spiegelnden malerischen Bauten, ein kleines Venedig Asiens, das, obwohl die Stadtmauer gefallen ist, heute noch besteht und den europäischen Besucher entzückt. (...) Erst 1842, nach Beendigung des ersten britischen Opiumkrieges, begann sich durch Öffnung des Hafens für die ausländischen Händler aus dem hübschen altchinesischen Städtchen eine baulich völlig charakterlose Großstadt zu entwickeln mit den ab 1854 entstandenen großen exterritorialen ‚internationalen' Niederlassungen." Sie bemängelt architektonisches Chaos und attestiert der Stadt vollkommene Charakterlosigkeit: „Es gibt ganze Straßenteile, wo man glaubt in England zu sein, andere wieder, in denen man meint, in den Banlieu, in den Vororten von Paris, herumzuspazieren, andere in Holland – man findet echt französische Mansardendächer neben ganz barocken Balkonhäusern, typisch englische Siedlungshäuschen neben zwanzig Stockwerke hohen Wolkenkratzern – neben neuen christlichen Kirchen uralte buddhistische Tempel – und am Stadtrand Fabrikschlote, Fabrikschlote und nochmals Fabrikschlote."[211] Ihre Sichtweise auf die Entwicklung Shanghai von einem Fischerdorf zu einem der wichtigsten Handelszentren Chinas unterliegt ihrer Verachtung von Luxus und gewinnorientiertem Handel. Darüber schreibt sie sich regelrecht in Rage: Shanghai ist für Schütte-Lihotzky „das Spiegelbild einer Zeit, in der jeder kam und nahm, in der die sogenannte ‚zivilisierte' Welt China ausopferte [österreichisch für „ausbeuten"], in der Geschäftsleute und Händler aus aller Welt hierherzogen, um in wenigen Jahren ein Vermögen zu machen, von dem sie ein Leben lang zehren konnten, ohne zu arbeiten – ein treues Spiegelbild kolonialer Ausbeutung". Gegenüber Shanghai hat Schütte-Lihotzky stellvertretend für den Kapitalismus vor allem Verachtung übrig, doch sie tröstet sich mit dem Gedanken, dass die Stadt ein Symbol einer Zeit ist, „über die unsere Kinder, nicht nur in China, auch in Europa und Amerika, nur mehr aus Geschichtsbüchern etwas wissen werden".

Der Industrie- und Handelsstadt Wuhan kann Schütte-Lihotzky etwas abgewinnen, da bei ihr das weitgehende Fehlen alter chinesischer Architektur auf Naturkatastrophen wie Überschwemmungen und Taifune

Der Brückenbau in Hankau ist ein architektonisches Großprojekt, das der Reisegruppe 1956 als Vorzeigeprojekt präsentiert wird.

zurückgeht. Diesem Problem versuchen die Chinesen durch die Regulierung von Flüssen beizukommen, auch um die Handelswege per Schiff zu stabilisieren. Die politische Perspektive Schütte-Lihotzkys wird in der Beschreibung Wuhans sehr deutlich: Die Stadt ist ein Zusammenschluss der drei Städte Hankou, Hanyang und Wuhan, gemeinsam haben sie 1956 zwei Millionen Einwohner. Sie bewundert die riesigen Bauvorhaben, wie etwa die Doppeldeckerbrücke für den Zug- und Straßenverkehr über den Jangtse, durch die eine Fahrt von „Kanton nach Peking und weiter in die Mongolei (...) um einen ganzen Tag verkürzt" wird. An Bauten wie dieser macht sie das Aufstreben des Kommunismus fest und stellt sie in Kontrast zur internationalen Vergangenheit des Handels auf dem Jangtse und in Hankou: „1858 für die Ausländer geöffnet, fuhren englische Schiffe vom Meer stromaufwärts bis Hankou und beherrschten die ganze Personen- und Transportschifffahrt auf dem Jangtse. Ich selbst fuhr 1934 mit einem englischen Dampfer jangtseaufwärts nach Hankou und sah dort das äußerst luxuriöse Leben der ausländischen Kaufleute neben dem Elendsdasein der Chinesen. Während man an den Bauten in Hankou heute noch manches sieht, das an die Zeit des Eindringen der Ausländer in China und an deren Luxus erinnert, stehen Hanyang und Wuhan bereits im Zeichen des neuen großen Aufbaus."[212]

Auch der Reisebericht über die nächste Station in Nanjing ist exemplarisch für Schütte-Lihotzkys Hauptinteresse an Architektur unter besonderer Berücksichtigung der Stadtentwicklung in der Volksrepublik. Im Vergleich zu Peking (chinesisch für „nördliche Hauptstadt") beschreibt sie Nanjing (chinesisch für „südliche Hauptstadt") als regelrecht unübersichtlich. Auf einem riesigen Gebiet zwischen Flussläufen und dicht bewaldeten Berghängen ist die Stadt mit einer 35 Kilometer langen Verteidigungsmauer umschlossen. Eine streng lineare Straßenführung ist aufgrund des bergigen Geländes nicht möglich. 1956 leben 1,3 Millionen Einwohner auf einem Stadtgebiet von zehn mal fünf Kilometern von Nord-Süd und Ost-West, es ist also relativ locker besiedelt. Die Stadtentwicklung zielt darum auch nicht auf Wachstum, sondern ist auf die Rolle als Metropole der Kunst und Wissenschaften fokussiert. Schütte-Lihotzky und ihre Begleiter besichtigen daher die Universität mit angegliederter

Architekturhochschule, Parks und Museen, ihr Urteil über die Zukunft der Stadt ist optimistisch: „In eineinhalb Tagen sahen wir Nanjing, diese Stadt, die so ganz verschieden von den andern chinesischen Städten ist. Und wenn die Gunst der Lage Nanjing im Laufe von Jahrhunderten zum Tummelplatz militärischer Gewitter machte, so wird hier, in den hoffentlich friedlichen nächsten Jahrzehnten, eine Großstadt im Grünen entstehen, ein umfangreiches Bildungs- und Erziehungszentrum für das Sechshundert-Millionen-Volk der Chinesen."[213]

Es lohnt sich hier, einen Blick auf das zu werfen, was Schütte-Lihotzky nicht berichtet. Zum einen, weil das von ihr als „Tummelplatz militärischer Gewitter" bezeichnete Nanjing angesichts der über zweitausendjährigen wechselvollen Geschichte der Stadt doch sehr verkürzt, wenn nicht gar verniedlicht erscheint. Das heutige Nanjing ist eine der ältesten und gleichzeitig eine der vier großen historischen Hauptstädte Chinas. Die Stadtgründung findet 473 v. Chr. unter dem Namen Yuecheng statt. 229 n. Chr. wird Nanjing erstmals Hauptstadt, unter verschiedenen Dynastien wechseln Name und Bedeutung mehrfach über die Jahrhunderte. Einer der vielen alten Bezeichnungen Nanjings lautet beispielsweise Jinling (goldener Hügel) oder Shicheng (Felsenstadt). Von 1368 bis 1421 ist Nanjing Hauptstadt der Ming-Dynastie und entwickelt sich zur größten Stadt der damaligen Welt mit florierender Textilindustrie, einem hoch entwickelten Druckereiwesen und Schiffsbau. Mit der Verlegung der Hauptstadt nach Peking (nördliche Hauptstadt) erhält Nanjing als „südliche Hauptstadt" endgültig einen Namen. Im August 1842 wird mit der Eroberung Nanjings durch die britische Armee der Erste Opiumkrieg beendet. Zwischen 1851 und 1864 lassen 20 Millionen Menschen ihr Leben in dieser Auseinandersetzung. Nanjing ist das Zentrum des bis dahin opferreichsten Bürgerkriegs weltweit und Ort der endgültigen Niederschlagung, bei der nochmals 100.000 Menschen massakriert werden oder in den Selbstmord flüchten. Als Nanjing dann zwischen 1927 und 1949 Hauptstadt der Republik China ist, werden dort im Zweiten Japanisch-Chinesischen Krieg 200.000 Zivilisten und Kriegsgefangene ermordet und rund 20.000 Frauen vergewaltigt.[214] All diese Ereignisse haben Menschen und Stadt maßgeblich geprägt. Hinzu kommt, dass das „Bildungs- und Erziehungszentrum" im Jahr 1956 schon deutlich von der voranschreitenden Industrialisierung gezeichnet ist. Vor allem die staatliche Schwerindustrie ist mit Elektro-, Chemie-, Stahl- und Maschinenbetrieben angesiedelt und hat Nanjing in eine Industriemetropole verwandelt. An Schütte-Lihotzkys Beschreibung von Nanjing wird die Fokussierung deutlich, mit der sie als Architektin alle Städte charakterisiert, und gibt Einblick in die Veränderungen der jeweiligen Städte seit 1934, aus ihnen spricht aber auch ihr idealisierender Blick auf die Volksrepublik als ein Land, das ihre kommunistischen Ideale umzusetzen versucht.

Resümee

In dem nachgelassenen, aber nicht veröffentlichten Reisebericht von Margarete Schütte-Lihotzky aus dem Jahr 1956 nimmt der Aufenthalt in Moskau großen Raum ein, und es ist sehr wahrscheinlich, dass er Eingang in ihr Buchprojekt „Besseres eben durch Städtebau“ gefunden hätte. Ebenso wahrscheinlich ist, dass Schütte-Lihotzky eine Streitschrift für die bessere Stadt in einem besseren System geplant hat.[215] Anhand der Berichte über die Sowjetunion und die Volksrepublik China lässt sich jedenfalls feststellen, dass ihre Kriterien klar sind: Als Architektin geht es Schütte-Lihotzky um gute Wohnbedingungen für alle in einem sozialen Gefüge des Miteinander. Vom Siedlungsbau in Wien bis zu den Planstädten in der Sowjetunion und China ist der Weg vielleicht gar nicht so weit, wie es auf den ersten Blick scheint – die Entwicklung Schütte-Lihotzkys von sozial, solidarisch, sozialistisch zu kommunistisch ist fließend – und nachvollziehbar, aber dennoch in einigen Punkten erklärungsbedürftig, da Anspruch und Wirklichkeit sich nicht immer decken.

Für Schütte-Lihotzky ist Moskau das „Zentrum der neuen, aufstrebenden Welt (...) für mehr als die Hälfte der Bewohner unserer Erde. Es gibt eben immer noch nur zwei Punkte, um die sich die Menschen scharen – Washington und Moskau“. Sätze wie diese weisen eine Idealisierung des Kommunismus auf, die nicht nur aus der Rückschau irritieren. Auch wenn die bedrohliche Stimmung während des Kalten Krieges Extrempositionen befördert hat, eine antikapitalistische, sozialistische Haltung allein begründet noch nicht ihre Befürwortung der Entwicklungen in den Volksrepubliken. Die Säuberungswellen unter Stalin, die Nahrungsengpässe und Hungersnöte und die grundsätzliche Unterdrückung und Verfolgung Andersdenkender – das alles geschieht nicht im Verborgenen. Das

„Aufstreben“ der kommunistisch regierten Länder fordert so viele Opfer, dass die Volksrepubliken nicht vorbehaltlos als Länder zum Wohle der Menschheit gesehen werden können, außer man ist auf einem Auge blind. Die Parallelen zwischen einer faschistischen und einer kommunistischen Diktatur können Schütte-Lihotzkys festen Glauben an die guten Elemente der kommunistischen Idee jedenfalls nicht erschüttern. Allerdings äußert sie sich dazu lange nicht. Auf direkte Nachfragen bezeichnet sie ihre Loyalität gegenüber der KPÖ und ihre Sympathien für die Sowjetunion, China, Kuba und die DDR als Privatsache.[216]

Doch wie privat ist es, aktiv Genossen anzuwerben? Zusätzlich zum Tagebuch hat sich Margarete Schütte-Lihotzkys ausführlicher Bericht über die Reise für die KPÖ erhalten, der sich allerdings weniger mit den Stationen befasst, sondern primär Aufschluss über Schütte-Lihotzkys Arbeit für die KPÖ gibt: Sie ist als Informantin für die Partei tätig. Ihr Wiener Sparringspartner dabei ist der kommunistische Autor Dr. Otto Kreilisheim. Bereits vor der Abreise hat die KPÖ Informationen über alle Teilnehmer eingeholt, auf der Reise selbst fällt Schütte-Lihotzky die Aufgabe zu, die einzelnen Personen hinsichtlich ihres politischen, intellektuellen und gesellschaftlichen „Nutzens für die Partei“ zu prüfen. Darüber bespricht sie sich auch wöchentlich mit den chinesischen Parteimitgliedern. Aus Sicht der kommunistischen Parteien Österreichs und Chinas geht es um mehr als um kulturellen Austausch, es geht darum, die Teilnehmer für ihre Zwecke zu instrumentalisieren: „Jeder der Teilnehmer kann uns bei bestimmten Aufgaben große Dienste leisten, falsch eingesetzt aber völlig versagen oder schaden. Trotzdem glaube ich, dass diese Reise ihren Zweck voll erfüllt hat und alle Teilnehmer der Vertiefung kultureller Beziehungen mit China in irgendeiner Weise dienen werden, vorausgesetzt, dass wir die Arbeit mit ihnen gut und geschickt weiterführen. Am Tag unserer Ankunft hatte ich allein mit den chinesischen Genossen eine Aussprache über die Teilnehmer, ihre Einstellung, ihre besonderen Interessen, ihre Stellung in Österreich Einfluss usw. geheim. Diese Besprechungen wurden etwa einmal wöchentlich wiederholt und Meinungen über die weitere Arbeit mit Betreuern und Dolmetschern ausgetauscht.“[217] Inhaltlich sind die einzelnen Berichte eher belanglos, doch Schütte-Lihotzkys Ton überrascht. Sie geht in den fast sechs Wochen eine persönliche Beziehung mit Menschen ein, um sie dann gegenüber Dritten teils abfällig zu beschreiben. Zu lesen sind Sätze wie:

„Ich halte ihn für nicht besonders gescheit und deshalb muss man bei allem, was er sagt, trotz seiner Gutwilligkeit, etwas auf der Hut sein."

„Sehr bald hatte jeder von uns heraus, dass viele seiner Behauptungen nicht stimmen. Unsachlich, leichtfertiges Geschwätz ist Wissenschaftlern ein besonderer Graus."

„Nebenbei ist er etwa ‚spinnert', weltfremd, ist strenger Vegetarier etc. Das einzige, was ihn noch interessiert außer seinem Fach, sind Kinder und Erziehungsprobleme, ist aber recht unklar in diesen Fragen."

Alle Berichte sind mit der Schreibmaschine getippt und von Schütte-Lihotzky von Hand unterschrieben. Für jeden Teilnehmer gibt sie abschließend eine politische Einschätzung, definiert den Nutzen der Person für die Partei und gibt einen Rat, wie der Kontakt in Zukunft zu halten ist. Die Charakteristik Dr. Tratz ist exemplarisch: „War Nazi, scheint sich deshalb heute zu schämen. Hat in Salzburg großes Ansehen, viele Beziehungen zu Menschen, besonders in ehemaligen Kreisen der NSDAP, zu denen wir nicht leicht Zutritt haben. (...) Ein für uns sehr wertvoller Mensch, erstens wegen seines Ansehens, zweitens wegen seiner Beziehungen, drittens wegen seiner sympathischen Charaktereigenschaften. Es wäre sehr wichtig, sich mit ihm weiter zu befassen, ich halte es nicht für hoffnungslos, politisch in sein Hirn Klarheit zu bringen. Wer von unseren Genossen in Salzburg könnte sich dieser Aufgabe unterziehen?"

Verrät Schütte-Lihotzky, der Solidarität in allen Lebensabschnitten eine der wichtigsten Verhaltensweisen ist, durch die Tätigkeit als Informantin nicht eines ihrer Ideale, wenn sie sich solidarisch gegenüber der Partei zeigt, nicht aber gegenüber ihren Mitreisenden? Ist es ein wählerisches, sehr exklusives Solidaritätsverständnis, sozusagen die Wahl der falschen Waffen, im Einsatz für eine gute Sache? Oder ist es auf ihre ganz spezielle Art und Weise die logische Konsequenz, die Sache über den einzelnen Menschen zu stellen?

Schütte-Lihotzky ist immer zu hundert Prozent engagiert, wenn sie etwas für gut und richtig hält. Es geht ihr sowohl als Architektin als auch im Widerstand inhaltlich immer um die Menschheit, die schiere Größe der Menschheit macht diese aber gleichzeitig zu etwas Abstraktem, hinter dem sogar sie selbst als Person zurücktritt. Für soziales Bauen verlässt sie Österreich. Für ein unabhängiges Österreich ohne Nationalsozialisten riskiert sie im Widerstand nicht nur die Ehe mit Wilhelm, sondern sogar ihr Leben. Es ziehen sich so viele radikale Entscheidungen durch ihre Biografie, dass ihr selbst der zwischenmenschliche Solidaritätsbruch als eine eher harmlose Begleiterscheinung auf dem Weg zur kommunistischen Gesellschaftsordnung erschienen sein muss. Zudem spielt sicher noch ein entscheidender Punkt eine Rolle: Seit Beginn ihres Studiums und während ihres gesamten Berufslebens ist Schütte-Lihotzky in einer Gemeinschaft aufgehoben, die ihre Ideale teilt. Auch im Widerstand und in Gefangenschaft basiert die Solidarität untereinander auf der gemeinsamen Überzeugung und dem gemeinsamen Schicksal. Im Österreich der Nachkriegszeit steht sie das erste Mal auf einer Position, die nicht allgemein positiv beurteilt wird, sondern wird beruflich und politisch an den Rand gedrängt. Ihr Festhalten an den kommunistischen Ideen und ihr Engagement sind sicherlich zumindest teilweise ein Resultat des Wunsches, als Teil einer Gruppe Gleichgesinnter für eine gute Sache einzutreten.

Verspäteter Ruhm

„Ich halte es für eine unabdingbare Pflicht jeder intellektuellen Frau, zum Friedenskampf beizutragen.“

Nachdem Margarete Schütte-Lihotzky ab den 1950er-Jahren in Österreich nur noch für private oder für KPÖ-nahe Auftraggeber als Architektin tätig ist, tritt sie in der Öffentlichkeit überwiegend als streitbare Kommunistin auf, die sich für Frauenrechte und den Weltfrieden durch Abrüstung einsetzt. Als Präsidentin des Bundes Deutscher Frauen Österreichs unternimmt sie 1961 eine Reise nach Kuba, das unter Fidel Castro eine Vorbildfunktion für „die kapitalistischen Länder Europas“ einnimmt, „wie man mit dem Imperialismus Schluß machen kann“. Voller Begeisterung begrüßt sie die dortige Revolution und betont die Rolle der Frau „im Kampf um den Sozialismus und für den Frieden“. Die Folgen des gewaltsamen, totalitären Umbaus des Landes durch Castro im Sinne der marxistisch-leninistischen Ideologie thematisiert sie nicht. In ihrer Rede auf Kuba und den vielen folgenden Artikeln und Vorträgen tritt eine Verengung ihres Blickwinkels und eine gleichzeitige Radikalisierung ihrer politischen Mission deutlich hervor: „Ich kann Euch das Versprechen geben. Dass wir [Frauen in Österreich] nicht müde werden und alles tun (…), um die Bevölkerung über Kuba aufzuklären und zu erzählen, wie begeistert Ihr alle für den sozialistischen Aufbau und damit für das Wohl und das Glück Eures Volkes arbeitet. (…) Euer Beispiel und das Beispiel aller andern sozialistischen Länder wird auch unserem Volke helfen, eines Tages die Einheit zu erreichen, die allein den Sieg über den Imperialismus und den Aufbau des Sozialismus schaffen kann.“[218]

Auf Anerkennung muss Margarete Schütte-Lihotzky lange warten. Die Joliot-Curie-Medaille erhält sie 1977 für ihre Verdienste in der Weltfriedensbewegung.

Im Kalten Krieg steht Margarete Schütte-Lihotzky mit dieser Einschätzung nicht alleine da. Noch ist der Konflikt zwischen Ost- und Westblock real und bedrohlich und beide Seiten kämpfen mit allen Mitteln um die Vormachtstellung nicht nur ihrer Länder, sondern auch ihrer Ideologien. Für Margarete Schütte-Lihotzky bedeutet das Leben im „falschen System" darum aber auch, beruflich stark an die KPÖ gebunden zu sein. Wahrscheinlich bedingt diese Abhängigkeit, dass sie nie auf kritische Distanz zur Partei geht oder sich die Schwächen des Sozialismus und die Schwierigkeiten in den sozialistischen Ländern eingesteht. Eine Haltung, die sich auch bei anderen Genossen beobachten lässt. Während viele der Parteiintellektuellen spätestens nach der gewaltsamen Niederschlagung des Prager Frühlings 1968 das Vorgehen der Sowjetunion missbilligen, verharrt die breite Masse der Parteimitglieder in einer idealisierenden Verbundenheit mit den sozialistischen Ländern. Kritik wird als „antisowjetisch" abgetan, auch von Schütte-Lihotzky. In Reaktion auf das Eingreifen von Truppen der Mitgliedsstaaten des Warschauer Paktes in Prag verfassen reformorientierte Kommunisten eine Erklärung, in der sie Kritik an der KPdSU äußern. Die Erklärung erscheint in der KPÖ-Zeitschrift *Tagebuch*. Schütte-Lihotzky versieht ihn mit empörten handschriftlichen Kommentaren wie: „Hetze!", „Nein", oder „Das ist doch keine Analyse, sondern reine propagandistische Stellungnahme!".[219] Die Aussagen Ingeborg Rapoports, einer überzeugten Kommunistin und langjährigen Freundin Margarete Schütte-Lihotzkys, in einem Interview im Jahr 2015, mildern das Bild allerdings. Denn nach dem Mauerfall öffnet sich Schütte-Lihotzky in politischen Gesprächen und berichtet von ihrer zunehmend schwierigeren Zeit in der Sowjetunion ab Mitte der 1930er-Jahre. Laut Einschätzung Rapoports schweigt Schütte-Lihotzky aus Solidarität mit der Partei. Darum spricht sie erst ab 1990 aus, dass auch ihrer Meinung nach Stalin „den Sozialismus mit Mitteln größter Barbarei"[220] errichtet hat und notiert: „Der diktatorische Sozialismus ist tot – es lebe der demokratische Sozialismus."[221]

Margarete Schütte-Lihotzkys unerschütterlicher Glaube an das positive Potenzial des Sozialismus und ihr unermüdlicher Einsatz tragen Ende der 1970er-Jahre endlich Früchte in Form von Preisen und Auszeichnungen.

Als Erster wird der Weltfriedensrat auf sie aufmerksam. Die 1950 in Warschau gegründete internationale Organisation zur Förderung der friedlichen Koexistenz und der nuklearen Abrüstung wird von kommunistischen Intellektuellen wie ihrem Gründungspräsidenten Frédéric Joliot-Curie dominiert. 1977 erhält Margarete Schütte-Lihotzky die nach ihm benannte Medaille für ihre Leistungen in der Friedensbewegung. Nun beginnt auch Österreich sie wieder zu entdecken. 1978 verleiht ihr der parteilose Bundespräsident Rudolf Kirchschläger das Ehrenzeichen für die Verdienste um die Befreiung Österreichs. Mit 80 Jahren kehrt Schütte-Lihotzky zurück in die öffentliche Wahrnehmung. Zunächst als politische Aktivistin und Widerstandskämpferin, dann auch als Architektin. 1980 verleiht ihr die Stadt Wien den Preis für Architektur, fünf Jahre später nimmt sie an der Architekturausstellung „1945 – davor und danach“ teil. Die Technische Universität Wien (TU) zeichnet sie mit der Prechtl-Medaille aus, sie wird Ehrenmitglied an der Hochschule für angewandte Kunst in Wien und der Hochschule der Bildenden Künste in Hamburg. Die Ehrendoktorwürde der TU Graz, München, Berlin und Wien folgen. Alle reißen sich darum, Schütte-Lihotzky zu ehren. 1988 soll ihr vom Bundesministerium der Staatspreis für Wissenschaft und Kunst verliehen werden, traditionell überreicht vom amtierenden Bundespräsidenten, in diesem Fall Kurt Waldheim. Doch Margarete Schütte-Lihotzky zeigt Größe und lehnt ab, denn Waldheim war Offizier der Wehrmacht und hat unter den Nationalsozialisten Karriere gemacht. Nach dem Krieg wäscht er sich erfolgreich rein und hat als parteiloser Diplomat eine glänzende Laufbahn, bis 1986 die sogenannte Waldheim-Affäre seine Verstrickungen in Kriegsverbrechen aufdeckt. Schütte-Lihotzky ist unbestechlich und bewahrt bis zuletzt ihre politische Haltung, der Opportunismus eines Waldheim ist ihr zuwider, und auch im Kampf gegen faschistische Tendenzen gibt sie nicht klein bei. Als der rechtspopulistische Politiker der FPÖ, Jörg Haider, 1995 Konzentrationslager verharmlosend als „Straflager“ bezeichnet, klagt Schütte-Lihotzky gemeinsam mit anderen ehemaligen Widerstandskämpferinnen Haider beim Handelsgericht Wien an.

Bis Margarete Schütte-Lihotzky am 18. Januar 2000 nur wenige Tage vor ihrem 103. Geburtstag stirbt, gibt sie Interviews, eröffnet Ausstellungen und beteiligt sich geistreich, charmant und spitzzüngig an politischen und architektonischen Diskursen. Altersmilde ist von ihr keine zu erwarten, ihre Lebenserfahrung als Zeitzeugin gibt sie unverblümt und mit offensichtlicher Freude daran weiter, als Vorbild für die jüngere Generation zu einem kritischen, standhaften und politisch aktiven Leben anzuhalten. Die Architektin, die mit der Losung für ein besseres Leben zu bauen in ihren Beruf gestartet ist, sieht genau darin auch noch am Ende ihres langen Lebens die vordringliche Aufgabe ihrer Kollegen:

> „Die Architekten haben die verdammte Pflicht, sich mit den Wohnungsproblemen auseinanderzusetzen, nicht nur die Politiker. Die Architekten sind mitverantwortlich!"

Die Untrennbarkeit von Architektur und Politik bei Margarete Schütte-Lihotzky hat noch über ihren Tod hinaus die Kraft zu polarisieren: In Salzburg benennt die „Plattform gegen Rassismus und Sozialabbau" im Sommer 2000 eigenmächtig den Herbert-von-Karajan-Platz in Margarete-Schütte-Lihotzky-Platz um. Ebenfalls Mitte 2000 beantragt die SPD im Frankfurter Stadtparlament die Benennung einer Straße nach Schütte-Lihotzky und prompt entbrennt eine hitzige Diskussion, in der vor allem eines geschieht: Politiker aller Parteien instrumentalisieren die Architektin für ihre eigene politische Agenda und die Presse springt ihnen prompt mit Schlagzeilen wie „Wie kommunistisch darf eine Einbauküche sein?" zur Seite. In einer wahren Schlammschlacht bezeichnet ein Politiker der Grünen einen Politiker der CDU als „Kalten Krieger", aus Sicht der SPD ist die CDU nicht besser als die Kommunistenjäger unter McCarthy – alles wegen einem Straßenschild mit dem Namen der Architektin, die sich um den Bau des Neuen Frankfurt verdient gemacht hat.

Ein Polizist demontiert das Straßenschild, mit dem die Aktivisten der „Plattform gegen Rassismus und Sozialabbau" während der Salzburger Festspiele 2000 den Herbert-von-Karajan-Platz in Margarete-Schütte-Lihotzky-Platz umbenannt haben.

Nachwort

„Hätte ich nochmals zu wählen, ich würde wieder Architektin werden."

Die Architektin Margarete Schütte-Lihotzky – Dimension und Wirkung

Von Uta Graff

Die Biografie von Margarete Schütte-Lihotzky zu lesen heißt, einer architektonisch denkenden, sozial engagierten und politisch widerständigen Frau zu begegnen, deren Lebensweg von äußeren Brüchen und Ortswechseln geprägt war, deren innere Haltung jedoch von einer bemerkenswerten Kontinuität hinsichtlich sozialer Wertevorstellungen und politischer Überzeugung war. Als Architektin verstand sie ihre Arbeit als Beitrag zu einer tiefgreifenden gesellschaftlichen Veränderung und stand dafür zeitlebens ein.

In einer Zeit geboren, in der es keineswegs selbstverständlich war, dass Frauen studierten, schrieb sie sich an der Kunstgewerbeschule in Wien ein und studierte dort, nach einer Vorbereitungsklasse für „Allgemeine Formenlehre“, als erste Frau Architektur. Angetrieben von einer hohen sozial ausgerichteten Motivation, mit großer Neugierde und immerwährenden Fragestellungen, mit Offenheit und Unvoreingenommenheit in Bezug auf neue Aufgaben und ohne Ressentiments gegenüber Menschen und Ländern, wurde sie aus Überzeugung und mit Leidenschaft Architektin.

Was zeichnete Margarete Schütte-Lihotzky, neben ihrer Charakterstärke und ihrer Überzeugungskraft, ihrem enormen Arbeitseinsatz und ihrer Wissbegier, ihrem treffsicheren Urteilsvermögen und ihrer differenzierten Sicht auf die Dinge, gepaart mit einer kritischen Nachdenklichkeit, aus? Was waren die Beweggründe für ihr unermüdliches Tun? Worin lagen ihre Stärken als Architektin? Was waren ihre Leitmotive für die Arbeit an der Architektur und welche gestalterischen Qualitäten bestimmten ihre Arbeit?

Bereits während des Studiums kristallisierten sich für Schütte-Lihotzky drei elementare Aspekte heraus, aufgrund derer sie Architektin wurde und die ihren Werdegang prägten: Es war zum einen die Suche nach dem essenziellen Sinn in den Dingen, die Schütte-Lihotzky durch die Bindung der Architektur an konkrete Aufgaben und damit an einen bestimmten Zweck sah, zum anderen war es die Korrelation von gesellschaftlichen und wirtschaftlichen Zuständen, die sich in der Architektur abbildeten und diese in Verbindung zu den technisch-wissenschaftlichen Erkenntnissen ihrer Zeit stellte, und letztlich waren es die künstlerisch-gestalterischen Aspekte in der Arbeit an der Architektur, die Schütte-Lihotzky für diese Disziplin einnahmen.

Sinnfälligkeit konkreter Aufgaben

Schon früh war Margarete Schütte-Lihotzky klar, dass jeder Strich, den man zeichnet, dass „jeder Millimeter Sinn und Bedeutung hat und Verantwortung trägt für die Umsetzung in die Realität – in den konkreten Bau, in Architektur, die den Menschen täglich umgibt und sein Wohlbefinden, sein Glücksgefühl mindern oder steigern kann".[1]

Wie eine Anthropologin arbeitete sie sich mit ernsthaftem Interesse in die Lebensbereiche der Menschen hinein und hatte keine Berührungsängste, den Dingen im unmittelbaren Austausch mit den Nutzern auf den Grund zu gehen, um sich die nötigen Kenntnisse für ihr eigentliches architektonisches Schaffen zu erwerben. Die praktischen Lebensbedingungen gaben ihr Auskunft über die funktionalen und räumlichen Notwendigkeiten, die sorgfältige Analyse ermöglichte ihr die Optimierung von Dimensionen, Zusammenhängen und Abläufen. Ihr Interesse galt immer den faktischen Problemen und dem präzisen Herausarbeiten der funktionalen Gesetzmäßigkeiten: „Die Architektur ist durch konkrete Aufgabestellungen immer an einen Zweck gebunden, das Schöne ist gleichzeitig und direkt stets Dienstleistung am Menschen. Architektur kann deshalb niemals Selbstzweck [...] werden."[2] Dabei leugnete sie keineswegs Fantasie und Intuition als wesentliche Aspekte im Prozess des Entwerfens von Architektur, immer jedoch im Kontext der funktionalen Bedingungen einer Aufgabe: „Phantasie und Intuition können in der

Architektur schwerer als in anderen Künsten eine äußere Form schaffen, in die dann eine Funktion hineingepresst wird. Das ist letzten Endes der ewige Streit um das Problem von Inhalt und Form, das nur durch ständige Wechselwirkung gelöst werden kann."[3]

Architektur im gesellschaftlichen Kontext

Die Beweggründe ihres Schaffens lagen nicht im Ästhetischen, sondern basierten auf der Auseinandersetzung mit den gesellschaftlichen Zuständen. Als Architektin war Schütte-Lihotzky sich ihrer sozialen Verantwortung voll bewusst und ihr war klar, „dass der Wohnbau" – als eine der zentralen Aufgaben ihres architektonischen Werkes – „letzten Endes ein Spiegel der Lebensgewohnheiten der Menschen zu sein hat, dass wir, ausgehend von diesem Leben, von innen nach außen zu projektieren haben und nicht von der äußeren Form ausgehend nach innen".[4]

Die Abhängigkeit von Machart und Ausdruck einer Architektur von gesellschaftlichen und wirtschaftlichen Zuständen, technischen und wissenschaftlichen Erkenntnissen nannte Schütte-Lihotzky als einen der Gründe, die sie zur Architektur geführt hatten. „Alle gesellschaftlichen und wirtschaftlichen Zustände finden in der Architektur ihren Niederschlag. Sie ist eng gebunden an die technisch-wissenschaftlichen Erkenntnisse ihrer Zeit und an die sich mit ihr entwickelnden Technologien und Materialien. Durch diese entstehen immer neue Gesetzmäßigkeiten, von denen die Formen aller Dinge abhängen."[5] Damit entstand ihre Arbeit stets aus „der Konfrontation ihres Selbstverständnisses als verantwortungsbewusstes Mitglied der Gesellschaft mit der gegenwärtigen Situation. Sozial bedeutete dabei nicht nur, *für* die Gemeinschaft zu wirken, sondern immer auch *in* Gemeinschaft mit anderen zu arbeiten".[6]

Wirkmacht von Architektur

Die Wirkmacht architektonischer Räume und die damit verbundene soziale Verantwortung des Architekten klärten sich für Schütte-Lihotzky spätestens seit ihrer Teilnahme an dem Wettbewerb für Arbeiterwohnungen während des Studiums zunehmend. „Unzweifelhaft gibt es beim Menschen eine ästhetische Empfänglichkeit gegenüber seiner Umwelt, vor allem gegenüber der Architektur, die ständig auf ihn einwirkt. [...] In den Genuß von Architektur [...] kommt jeder Mensch, ob er will oder nicht. [...] Räume wirken, bewußt oder unbewußt, ständig auf das

Lebensgefühl der Menschen ein."[7] In einem Gespräch sagte sie, dass „der Architektur im Grunde niemand entrinnen kann. Ständig bewegt sich jeder Mensch in Räumen, entweder in Innenräumen oder in städtebaulichen Räumen. Diese erzeugen in ihm [...] Wohlbefinden oder Mißbehagen, Ruhe oder Unruhe, Harmonie oder Disharmonie. Und das ist letzten Endes eine künstlerische Wirkung".[8] Diese Wirkung entsteht nicht aus der Erfüllung funktionaler Bedingungen, sondern ist ein eigener Aspekt der Arbeit an der Architektur und für Schütte-Lihotzky ein entscheidender Grund, weshalb sie Architektin wurde, wie sie in einem Gespräch hervorhob: „Aber die dritte und wesentlichste Ursache war wohl die, dass die Architektur auch ins Gebiet der Kunst fällt. Es ist nicht so, wie man uns Funktionalisten nachsagt, dass, wenn bei einem Entwurf die Funktion erfüllt ist, die Arbeit ihr Ende hat. [...] Erst wenn die Funktion gelöst ist, fängt die Arbeit an der Gestaltung an."[9]

Defizit als architektonische Aufgabe

Ihre hohe Affinität zur Gestaltung stand in unmittelbarer Verbindung zum Bewusstsein der Verantwortung, die sie mit ihrer Arbeit trug. Die soziale Frage war bei Schütte-Lihotzky immer Teil der architektonischen Aufgabe. Sie hatte das große Ganze im Blick und schenkte gleichermaßen jedem Detail hohe Aufmerksamkeit, um das Leben der sozial Schwachen durch Architektur zu verbessern.

Ihre Arbeit stand damit auf besondere Weise für das Gewöhnliche, das Allgemeine, nicht für „das Formale, das Gefällige, den schönen Schein oder das Spektakuläre, Außergewöhnliche".[10]

Architektur bildet immer einen aktuellen Zustand einer Gesellschaft ab, ist aber gleichermaßen in der Lage, in der Antizipation von Kommendem, die Lebensbedingungen des Menschen vorausblickend zu beeinflussen. Insofern bestimmen die Lebensbedingungen von jeher die Architektur, die sich umgekehrt auch auf diese auswirkt. Vorgriffe können jedoch nur auf der Grundlage einer profunden Kenntnis von Defiziten und Potenzialen bestehender Zustände entwickelt und konkretisiert werden, wenn sie zukunftsweisend greifen sollen.

Mit diesem Bewusstsein und der ihr eigenen grundlegenden und gründlichen Art ging Margarete Schütte-Lihotzky alle architektonischen Aufgaben an. Ganz gleich welcher Dimension diese waren, arbeitete sie systematisch und effizient, raumoptimierend und typisierend, material- und kostenbewusst und schuf dadurch Architekturen, die minimiert und für eine maximale Produktion tauglich waren.

Dimensionen der Architektur

Der Aspekt der Dimension spielte im gesamten Schaffen von Margarete Schütte-Lihotzky auf ganz unterschiedlichen Ebenen eine Rolle. Architektonische Dimensionen betrafen nicht nur die verschiedenen Maßstäbe, in denen sie als Architektin selbstverständlich dachte und entwarf, sondern auch die völlig unterschiedlichen Größenordnungen, in denen sie plante und baute. Zudem wurden ihre Planungen, ob Küchen, Schulen oder Städte, für eine breite Masse realisiert und hatten damit die von ihr angestrebte breite Wirkung auf den Lebensalltag der Menschen.

Dimension ist aber nicht nur eine Frage der Größe und der Verbreitung, vielmehr hat sie mit der Konzeption zu tun, die das Ganze, unabhängig von dessen Dimension, durchdringt oder eben nicht. Es geht um die Relation zwischen Ausdehnung und Zusammenhalt, zwischen Inhalt und Form, zwischen Material und gestalterischer Substanz. Nur dadurch kann eine architektonische Dichte entstehen, wie sie in den durchgearbeiteten und damit verdichteten Arbeiten Schütte-Lihotzkys zu finden ist.

Das Spektrum der Arbeiten von Margarete Schütte-Lihotzky reichte vom Entwurf für Einzelmöbelstücke über die Planung von vorgefertigten Einbaumöbeln und Einbauküchen, der Entwicklung von Kernhäusern als kleinster Hauseinheit, Typenwohnungen für unterschiedlichste Familienkonstellationen, von alleinstehender Person bis mehrköpfige Familie, der Planungen von Kindergärten und Schulen in den verschiedensten Größenordnungen bis zu Großstadtplanungen, an denen sie im Rahmen ihrer Tätigkeit am Frankfurter Hochbauamt und im Team von Ernst May in der Sowjetunion beteiligt war. Mit strategischer Gewandtheit befasste Margarete Schütte-Lihotzky sich mit der Typisierung von Wohnungen, der Normierung von Elementen und der Mechanisierung von Bauprozessen und achtete auf die Effizienz des

Flächenbedarfs ebenso wie auf den Materialverbrauch, um die Kosten für die Nutzer so gering wie möglich zu halten. Ganz gleich in welcher Dimension Margarete Schütte-Lihotzky arbeitete, ihr Denken und Tun galt dem Ganzen, dem räumlichen wie gesellschaftlichen Kontext einer Aufgabe ebenso wie den funktionalen und organisatorischen Zusammenhängen und dem Detail.

Eine frühe Arbeit Schütte-Lihotzkys war ein „Toilettentischchen", das sie während ihres Studiums an der Kunstgewerbeschule entwarf und dessen Kompaktheit und Klappmechanismus wie die Vorwegnahme späterer Entwürfe für Raumausstattungen anmutet. Es folgten „Einheitsmöbel", die durch Massenproduktion kostengünstig waren, systematische Entwicklungen von „Typenmöbeln für Kinder", die sie in Kooperation mit Ärzten und Pädagogen erarbeitete, präzise Entwürfe für „vorgebaute, raumangepaßte Möbel", die als Teil des Raumes funktionierten und nicht nur zu großen Einsparungen der Grundflächen von Wohnungen, sondern im Rahmen des Baus erstellt und mitfinanziert wurden und damit zu deutlicher Kostenreduktion für die Mieter führten.

Im Kontext des Frankfurter Sozialwohnungsbaus entstand die „eingebaute Küche", die als Massenprodukt ungeahnte Verbreitung fand. Mit der sogenannten „Frankfurter Küche" manifestierte Margarete Schütte-Lihotzky ihr Verständnis von Architektur, das auf Funktionalität gründete und das Soziale im Blick hatte. Diese Küche prägte ihren Ruf nachhaltig, nicht nur weil es mit rund 10.000 realisierten Exemplaren ihr mit Abstand am häufigsten ausgeführtes innenräumliches und organisatorisches Konzept war, sondern sicherlich auch, weil es ihre Haltung, Architektur zu denken, exemplarisch zum Ausdruck brachte. Die präzise Aufnahme und Analyse der Arbeitsabläufe einer Hausfrau in der Küche dienten Margarete Schütte-Lihotzky als Grundlage zur funktional optimierten und räumlich minimierten Planung der Küche, von der Lage in der Wohnung über die Materialisierung bis ins Detail. Ihr war klar, „dass wir mit einer kleinen Nur-Arbeitsküche durch weniger Kubikmeter umbauten Raum mehr Baukosten einsparen, als die ganz raffinierte, den Bewohnern so viel Arbeit sparende Einrichtung kostet".[11]

Die Frankfurter Küche war ausschließlich im Kontext des räumlichen Gefüges der auf kleinstem Grundriss organisierten und nach optimalen funktionalen Abläufen konzipierten Wohnung zu denken. Schütte-Lihotzky begriff die „Küche als ein modernes Laboratorium [...] mit gestaltetem Wohnwert“. Und sagte, dass „alles auf den Massenwohnungsbau und eine serienmäßige Herstellung berechnet war“.[12]

Die Frankfurter Küche wurde vielfach missverstanden, weil sie nicht im Kontext gesehen, sondern isoliert betrachtet wurde. Architektur, gleich welcher Größenordnung, entsteht jedoch immer aus einem Kontext heraus und ist nur in diesem zu begreifen. Kontext ist dabei gleichermaßen baulich und räumlich wie gesellschaftlich, also politisch, sozial und ökonomisch zu verstehen. Die Frankfurter Küche war eben keine „geschlossene Kochzelle“, wie Otl Aicher es in seinem Buch über „Die Küchen zum Kochen“[13] formulierte, sondern stand funktional und optisch in Verbindung mit den angrenzenden Räumen. Ebenso ist sie im Zusammenhang mit den technischen, hygienischen und ökonomischen Bedingungen der Zeit zu sehen. Diese Küche prägte Schütte-Lihotzky zeitlebens und vielen Fachleuten ist sie als Architektin lediglich durch die Frankfurter Küche bekannt. Sie selbst erkannte diese Bindung und äußerte bereits 1930, im Hinblick auf die anstehende Tätigkeit im Team von Ernst May in der Sowjetunion: „Nie wieder Küche!“

Tätigkeitsfelder

Tatsächlich war das Tätigkeitsfeld von Margarete Schütte-Lihotzky weit gespannt. Schon in Wien zeigte sich ihre Eigenständigkeit und ihr Ansehen als selbstständige Architektin durch einen Auftrag der Gemeinde für ein „Volkswohnhaus“ an eine Anzahl namhafter Architekten der Moderne. Gemeinsam mit Peter Behrens, Josef Frank, Josef Hoffmann, Adolf Loos, Franz Schuster und Oskar Strnad plante sie die Wohnhäuser für den Winarsky- bzw. Otto-Haas-Hof. Dabei richtete sich die Vergabe der zu planenden Wohneinheiten nach dem Bekanntheitsgrad des jeweiligen Architekten: „Nach Berühmtheit wurde auch die Zahl der Wohnungen für die Planung verteilt. Peter Behrens erhielt einen Löwenanteil, nämlich zweihundert Wohnungen, ich, als die weitaus Jüngste, vierzig.“[14]

Auch in Frankfurt entwarf und plante sie im Rahmen ihrer Tätigkeit in der „Typisierungsabteilung“ des Hochbauamts der Stadt Frankfurter Wohnbauten. Unter anderem arbeitete sie an Reihenhaustypen für die

Siedlung Praunheim, war an der Entwicklung von Doppelwohnhäusern für die Siedlung Tellergelände beteiligt und ihr Interesse an der Verbesserung der Wohnbedingungen von Frauen schlug sich in mehreren Typenentwürfen für „Die Wohnung der berufstätigen Frau" nieder.

Auf der Frankfurter Frühjahrsmesse 1927 wurden in der Sonderausstellung „Die neue Wohnung und ihr Innenausbau" Schütte-Lihotzkys Entwürfe der „Kleingartenhütten und Gartenlauben" für Pachtgärten und ein Wochenendhaus, das sie gemeinsam mit Wilhelm Schütte entwickelt hatte, als vollständig möblierte 1:1-Modelle ausgestellt. Die Planung und Organisation der Ausstellung lagen in den Händen der Architektin. Sie sah darin eine Möglichkeit, ihre architektonischen Konzepte einer breiten Öffentlichkeit zugänglich zu machen, die sie in ihrem weiteren Leben noch häufig nutzte, ebenso wie sie zahlreiche Vorträge hielt und publizistisch tätig war.

Das Wohnbauprogramm von 1928 sah für Frankfurt 16.000 neue Wohnungen vor, von denen die Hälfte kleine, vollständig möblierte Zweizimmerwohnungen sein sollten. Schütte-Lihotzky entwickelte hierfür mit der ihr eigenen findigen Art ein Wandmöbel mit Sitzbank, aus dem zwei Betten herausgedreht werden konnten, sodass Wohn- und Esszimmer mit wenigen Handgriffen zum Schlafzimmer umgewidmet werden konnten. Das Projekt war auf der Ausstellung des zweiten CIAM-Kongresses zu sehen, der 1929 in Frankfurt zum Thema „Die Wohnung für das Existenzminimum" stattfand. Anlass für den Kongress war das breite internationale Interesse am „Neuen Bauen" in Frankfurt, mit den Wohnungsbauprojekten, die vom Städtebau bis zur Ausstattung reichten und aus industriell vorgefertigten Elementen errichtet wurden. „Meines Wissens", schreibt Schütte-Lihotzky in einem Artikel in der *Bauwelt* 1986, „waren die zweihundert Plattenhäuser der Siedlung Praunheim überhaupt der erste Versuch in Deutschland, wenn nicht sogar in Europa, industriell hergestellte Wohnbauten in größerem Umfang zu realisieren."[15]

Außer an Wohnungsbauprojekten und Ausstattungen arbeitete Schütte-Lihotzky an pädagogischen Einrichtungen, wie Kindergärten und Schulen, und entwickelte in diesem Zusammenhang das Konzept der Frankfurter Küche zu „Lehr- und Schulküchen“ weiter. Anordnung und Einrichtung dieser Küchen sollten denen eines normalen Haushaltes entsprechen, weil „jede Arbeitsleistung durch genaues Überlegen des Arbeitsvorgangs, durch richtige Anordnung der Gegenstände, die durch Griff- und Schrittersparnis und nicht zuletzt durch geeignetes Werkzeug wesentlich gesteigert werden kann“.[16]

Durch ihre Entscheidung, die „Brigade May“ in die Sowjetunion zu begleiten, konnte Schütte-Lihotzky ihr Tätigkeitsfeld als Architektin noch einmal deutlich erweitern, auch hinsichtlich der Dimensionen, denn die Größenordnungen, in denen Wohnstädte für Arbeiterfamilien der Schwerindustrie neu geplant wurden, lagen zwischen hunderttausend Einwohnern im sibirischen Kohlebecken und zweihunderttausend im Südural. Bei den Siedlungsplanungen und großmaßstäblichen städtebaulichen Projekten kam Margarete Schütte-Lihotzky vorwiegend die Aufgabe zu, Kinderkrippen und Kindergärten, Schulen und Klubs in einem bislang unbekannten Maßstab zu entwerfen. Das stellte sie vor gänzlich neue Herausforderungen, nicht nur sozialer, hygienischer und organisatorischer, sondern auch klimatischer und damit baulicher Art. Der Umfang der Aufgabe, die diversen Anforderungen und ihr Verständnis von Architektur führten zur Entwicklung von erweiterbaren Typen, die der Anzahl der Kinder entsprechend angepasst werden konnten. Trotz der Größenordnung und der auf Effizienz und Typenbildung fokussierten Arbeitsweise hatte sie nicht nur die funktionalen Zusammenhänge, sondern auch das Raumgefüge als Ort für Kinder im Blick und konnte im Team für den Städtebau bereits bei der Verortung und Ausrichtung der Anlagen im Stadtraum mitwirken. Mit diesen zahlreichen „Kinderanstalten“ und den Klubs baute sie mit am Fundament der sozialistischen Gesellschaft und bildete sich zu der Expertin für Kindertagesstätten aus, als die sie nach dem Krieg in den jungen sozialistischen Ländern gefragt war: Sie baute am Stadtbauamt in Sofia die „Abteilung für Kindereinrichtungen“ auf, plante mehrere Krippen und Kindergärten und entwickelte eine Entwurfslehre für Krippen und Kindergärten in Bulgarien. Auch auf Kuba befasste sie sich für das Erziehungsministerium mit der „Entwurfslehre für Kinderanstalten“, arbeitete in der DDR an einem Forschungsprojekt zu diesem Thema und war in China und in Moskau mit Vorträgen und durch Beratungen tätig. All das neben ihrer selbstständigen Tätigkeit als Architektin, die sie zunächst in Frankreich, dann auf Einladung von

Bruno Taut in der Türkei und schließlich wieder in Wien ausübte und in der sie sich in Bezug auf die systematische Herangehensweise und der Suche nach der Allgemeingültigkeit der architektonischen Antworten auf das Problem einer Aufgabe treu blieb.

Jahrhundertzeugin

Das Thema der Dimensionen ist nicht zuletzt auch in Bezug auf ihre eigene Lebensspanne von Bedeutung, die das gesamte 20. Jahrhundert umfasst, von der Weimarer Republik über das Deutsche Reich, die Gründung der Ersten Republik, die Weltkriege, die innerdeutsche Trennung bis zur Wiedervereinigung. Sie wurde in das 20. Jahrhundert hineingeboren und erlebte mit über hundert Lebensjahren noch die Jahrtausendwende zum 21. Jahrhundert.

Das Bewusstsein der Wirkung der Architektur auf den Menschen trug sie zeitlebens selbstverständlich in sich. „Es war mir immer wesentlich in meinem Beruf und auch außerhalb desselben mit allen meinen kleinen Miniminikräften dazu beizutragen, dass ich schließlich aus einer besseren Welt scheide als diejenige, in die ich hineingeboren war.“[17] Ihre architektonische Haltung bestand im Zusammenwirken von „gesellschaftlich-sozialen, technisch-wissenschaftlichen und künstlerischen Problemen“,[18] Aspekte, die Schütte-Lihotzky bereits während ihres Studiums mit der Architektur verband. Bis ins hohe Alter bewahrte sie sich ihre kritische Haltung, ihre differenzierte Sicht und ihre systematische Arbeitsweise und reflektierte aktuelle städtebauliche und architektonische Werke ebenso wie eigene Arbeiten im Kontext der jeweiligen Zeit. In ihren Erinnerungen schrieb sie: „Will man zu einem richtigen Urteil über die Architektur jener Zeit kommen, muß man sich fragen: Woher kam sie? Wieso entstand sie gerade zu diesem Zeitpunkt? Wohin führte sie? Was können wir heute daraus lernen? Nichts ist statisch, alles ist dynamisch. Auch der Funktionalismus war eingebunden in Vergangenheit, Gegenwart und Zukunft.“[19]

Es ist sicherlich die Übereinstimmung von beruflichem Handeln, privatem Interesse, sozialem Bewusstsein und politischem Engagement, die Margarete Schütte-Lihotzky auszeichnete und insofern bemerkenswert war, als dass sie mit ihrem Einsatz, ob architektonisch oder politisch, stets die Absicht verband, den sozial Schwächsten der Gesellschaft zu dienen.

Uta Graff ist Architektin und seit 2012 Professorin für Entwerfen und Gestalten an der Fakultät für Architektur der Technischen Universität München, die Margarete Schütte-Lihotzky 1992 als bisher einziger Frau die Ehrendoktorwürde verlieh.

Anmerkungen

1 Johnston, William M.: Österreichische Kultur- und Geistesgeschichte. Gesellschaft und Ideen im Donauraum. 1848–1938. Wien, 2006, S. 60. Deutsche Erstausgabe Wien, Köln, Weimar, 1974.

2 Chiu, Charles: Frauen im Schatten. Wien, 1994, S. 168.

3 Wilhelm von Bode wurde 1914 geadelt.

4 Chiu 1994, S. 168.

5 Das Porträt: Margarete Schütte-Lihotzky – 1. Teil, ORF, https://www.mediathek.at/katalogsuche/suche/detail/atom/19CD5D60-071-0039C-00000520-19CC7B45/pool/BWEB/

6 Zitiert nach biografischer Zusammenfassung der Forschungsgruppe Schütte-Lihotzky. In: Schütte-Lihotzky, Margarete: Warum ich Architektin wurde. Wien, 2004, S. 221.

7 Ebd. S. 9.

8 Graf, Max: Legend of a Musical City. New York, 1945, S. 65.

9 Friedl, Edith: Nie erlag ich seiner Persönlichkeit. Margarete Schütte-Lihotzky und Adolf Loos. Ein sozial- und kulturgeschichtlicher Vergleich. Wien, 2005, S. 17.

10 Schütte-Lihotzky, Margarete: III-Wohnen 20er Jahre. Undatiertes Typoskript, S. 24. Manuskript aus dem Nachlass von Margarete Schütte-Lihotzky. Universität für angewandte Kunst Wien, Kunstsammlung und Archiv. (In der Folge: Material / Manuskript aus dem Nachlass von Margarete Schütte-Lihotzky)

11 Zitiert nach: Chiu 1994, S. 170. Margarete Schütte-Lihotzky schreibt in dieser Erinnerung, sie sei 8 oder 10 Jahre alt gewesen. Das kann nicht sein, denn bis 1918 fanden die Kundgebungen im Prater statt, erst in der Ersten Republik wurden sie an die Ringstraße verlegt.

12 Schütte-Lihotzky, Margarete: III-Wohnen 20er Jahre, S. 90 f. Manuskript aus dem Nachlass von Margarete Schütte-Lihotzky.

13 Schütte-Lihotzky 2004, S. 222.

14 Im Jahr 1910 fand in der Wiener Sezession die Ausstellung „Kunst der Frau" statt. Vgl. dazu: Johnson, Julie M.: Schminke und Frauenkunst. Konstruktionen weiblicher Ästhetik um die Ausstellung „Kunst der Frau", 1910. In: Fischer, Lisa/Prix, Emil (Hg.): Die Frauen der Wiener Moderne. Wien, 1997.

15 Weininger, Otto: Geschlecht und Charakter. Eine prinzipielle Untersuchung. Diss., Wien, 1903; Leipzig, 1904, S. 85.

16 Ebd. S. 13.

17 Wörtliches Zitat aus: Das Porträt: Margarete Schütte-Lihotzky. Vier Folgen produziert von ORF Radio Österreich 1, abrufbar unter https://www.mediathek.at/katalogsuche/suche/?page[11]=1&page[12]=1&extended[q][1][option]=pers&extended[q][1][value]=schütte-lihotzky+margarete

18 Ebd. Das Schreiben von Gustav Klimt hatte in der Familie Lihotzky dann auch keinen „Wert", es wurde weggeworfen. „Das Billet, das so ein sympathisches Licht auf seinen Schreiber wirft, wurde achtlos weggeworfen – heute wäre es museumsreif."

19 Aufgrund ihrer vorausgegangenen Ausbildung an der Grafischen Lehr- und Versuchsanstalt wird Margarete Lihotzky ein Jahr erlassen. Sie spezialisiert sich bereits nach dem zweiten Jahr.

20 Josef Hoffmann zitiert nach Schütte-Lihotzky 2004, S. 28.

21 Ebd. S. 21.

22 Da Frauen bis 1919/20 weder an den Technischen Hochschulen Österreichs noch an der Wiener Akademie der bildenden Künste zugelassen wurden, gilt Margarete Schütte-Lihotzky als erste Architektin Österreichs. Vgl. dazu Zwingl, Christine: Die ersten Jahre in Wien. In: Noever, Peter (Hg.): Margarete Schütte-Lihotzky. Soziale Architektur. Zeitzeugin eines Jahrhunderts. Wien, 1993, S. 18.

23 Ebd. S. 17.

24 Ebd. S. 16.

25 Ebd. S. 26.

26 Ebd. S. 26.

27 Dekret der Verleihung. Material aus dem Nachlass von Margarete Schütte-Lihotzky.

28 Zitiert nach Chiu 1994, S. 177.

29 Material aus dem Nachlass von Margarete Schütte-Lihotzky.

30 Zum Vergleich: 1913 entsprach dieselbe Summe einem Gegenwert von fast 7.000 Euro.

31 Schütte-Lihotzky 2004, S. 36 f.

32 Laut Zeugnis aus dem Nachlass vom 2.11.1920 fällt die Beurteilung von Melchior Vermeer positiv aus. Das Architekturbüro Melchior & D. A. Vermeer jr. befindet sich zum damaligen Zeitpunkt in der Scheepstimmermanslaan 25 in Rotterdam. Prominente Bauten des Architekten sind heute nicht mehr bekannt.

33 Schütte-Lihotzky 2004, S. 38.

34 Schreiben der Generaldirektion der österreichischen Gartenbaugesellschaft vom 9. September 1920. Material aus dem Nachlass von Margarete Schütte-Lihotzky.

35 Schütte-Lihotzky 2004, S. 39.

36 Zwingl, Christine: Die ersten Jahre in Wien. In: Noever, Peter (Hg.): Margarete Schütte-Lihotzky. Soziale Architektur. Zeitzeugin eines Jahrhunderts. Wien, Köln, Weimar, 1996, S. 23.

37 Zeugnis für Grete Lihotzky, ausgestellt von Adolf Loos am 1. Mai 1921. Material aus dem Nachlass von Margarete Schütte-Lihotzky.

38 Schütte-Lihotzky 2004, S. 49.

39 Ebd. S. 51.

40 Margarete Schütte-Lihotzky im Interview mit Barbara Petsch: Ich muss Ihnen das chronologisch erzählen. In: Die Presse, 7. November 1992. Material aus dem Nachlass von Margarete Schütte-Lihotzky im Archiv der KPÖ, Wien.

41 Seit 10. Februar 1922 gilt in Wien eine Richtlinie, wonach alle Steuereinnahmen aus Wohnobjekten für den Wohnungsbau verwendet werden sollen. Am 20. Januar 1923 geht diese Forderung in das „Gesetz zur Einführung einer Wohnbausteuer“ ein.

42 Schütte-Lihotzky 2004, S. 87.

43 Ebd. S. 45.

44 Ebd. S. 85.

45 Lihotzky, Margarete: Die Siedlerhütte. 1922, S. 33.

46 Die Gemeinde Wien stellt 1923 für die Kernhausaktion der Gemeinwirtschaftlichen Siedlungs- und Baustoffanstalt 2 Milliarden Kronen zur Verfügung, die als Materialkredite an die Siedler weitergegeben werden, die ein Kernhaus bauen wollen. Die üblichen Siedlerkredite decken 90 Prozent der Baukosten, doch die Kernhäuser sind deutlich günstiger, sodass die Subventionierung durch die Stadt zu hundert Prozent möglich ist. Zum Vergleich: Der Bau eines Siedlerhauses kostet durchschnittlich etwa 80 Mio. Kronen (≙ ca. Kaufpreisparität 38.000 €); die erste

Etappe des Kernhauses beläuft sich auf 35 Mio. Kronen (≙ ca. 16.800 €) und voll ausgebaut auf 60. Mio. Kronen (≙ ca. 29.000 €).

47 Zertifikat für Musterschutz, ausgestellt von der Kammer für Handel, Gewerbe und Industrie in Wien. Material aus dem Nachlass von Margarete Schütte-Lihotzky. Bereits in den nächsten Entwürfen für Wohnküchen greift Lihotzky auf weniger moderne Lösungen zurück – warum, ist nicht bekannt. Die Küchenlösung in den Kernhäusern ein Jahr später erscheint aus heutiger Perspektive wie ein Rückschritt, fügt sich aber harmonisch in die wohnliche Ausstattung ein.

48 Schütte-Lihotzky 2004, S. 95 f.

49 Chiu 1994, S. 13.

50 Vgl. dazu: Kurdiovsky, Richard: Adolf Loos. In: Wien 1900. Kunst und Kultur. Fokus der Europäischen Moderne. Wien, 2005, S. 302 f.

51 Schütte-Lihotzky 2004, S. 101.

52 Ebd. S. 222.

53 Die Quellen variieren. Laut Margarete Lihotzky erfolgt im November 1925 ein Anruf. Vgl. dazu: Ebd. S. 111.

54 Ebd. S. 110.

55 Diese Forderung bringt Ludwig Landmann bereits 1917 in die Stadtverordnendenversammlung ein und setzt sie als Oberbürgermeister der Stadt Frankfurt um. Vgl. dazu Sitzungsprotokoll 1917, S. 867 ff.

56 Schütte-Lihotzky 2004, S. 118.

57 Ebd. S. 118.

58 Schütte-Lihotzky, Margarete: III-Wohnen 20er Jahre, undatiertes Typoskript, S. 91. Material aus dem Nachlass von Margarete Schütte-Lihotzky.

59 Schütte-Lihotzky 2004, S. 119.

60 Schütte-Lihotzky, Margarete, im Interview mit Hendl, Gabriele, und Engelreiner, Martin. In: Salzburger Nachrichten vom 14. November 1998.

61 Schütte-Lihotzky 2004, S. 117.

62 Der Freispruch dreier Todesschützen der rechtsgerichteten Frontkämpfervereinigung, die bei einem Zusammenstoß mit Mitgliedern des Republikanischen Schutzbunds im burgenländischen Schattendorf zwei unschuldige Menschen erschossen hatten, durch ein Schwurgericht, das sogenannte „Schattendorfer Urteil", führte zu massiven Protesten gegen das als skandalös empfundene Urteil. Die Demonstranten griffen den Justizpalast an, die Polizei setzte Schusswaffen ein. Es gab Hunderte Verletzte, 84 Todesopfer unter den Demonstranten und fünf tote Polizisten zu beklagen.

63 III-Wohnen 20er Jahre, S. 164.

64 Eumann, Ulrich: Kameraden vom Roten Tuch. Die Weimarer KPD aus der Sicht ehemaliger Mitglieder. In: Archiv für die Geschichte des Widerstands und der Arbeit, 2001, S. 105.

65 III-Wohnen 20er Jahre, S. 164.

66 Hauser, Arnold: Soziologie der Kunst. München, 1983, S. 184.

67 May, Ernst: Wohnungsbaupolitik der Stadt Frankfurt am Main. In: Das Neue Frankfurt, 5. Ausgabe, 1926–27. Zitiert nach Siedlerverein Frankfurt am Main – Praunheim e.V.: May-Siedlung Praunheim, Frankfurt 2011, S. 10 ff.

68 Kochen, Günter: Reichsheimstätte: Vom kleinen Mann, der Siedler wird. In: Siedlerverein Frankfurt 2011, S. 18.

69 Zitiert nach Mohr, Christoph: Das Neue Frankfurt. Wohnungsbau und Großstadt 1925–1930. In: Ernst May. 1886–1970. München, 2011, S. 51.

70 Die wichtigsten Mitarbeiter der Abteilungen sind: In der Stadtplanung: Wolfgang Bangert und Herbert Boehm; in der Typisierung: Anton Brenner, Eugen Kaufmann, Ferdinand Kramer und Margarete Lihotzky; in der Gartenabteilung: Max Fromme; im Hochbauamt: Martin Elsaesser und Adolf Meyer; im Schulbauamt: Wilhelm Schütte und Franz Schuster; in der grafischen Abteilung: Hans Leistikow und Paul Renner; in der Siedlungsplanung: Walter Schwagenscheidt; im Siedlungsbau: Carl Hermann Rudloff. Außerdem arbeiten projektbezogen folgende Architekten frei für das Hochbauamt: Walter Gropius, Mart Stam.

71 Zitiert nach: Quiring, Claudia: Vom Karpfenteich zur Kaviargewöhnungstour. Einblicke in das Leben von Mays Mitarbeitern in Schlesien, Frankfurt und der Sowjetunion. In: Ernst May. 1886–1970. München, 2011, S. 132 f.

72 Vgl. dazu: Ebd. S. 135. Zum Vergleich: Ein gelernter Arbeiter verdient 1924 ca. 240 RM. Damit, dass sie in Frankfurt auch gehaltsmäßig einen großen Sprung machen wird, rechnet Margarete Lihotzky nicht. Sie ist an bescheidene Lebensverhältnisse gewöhnt und fordert nicht viel mehr, als die Siedlerbewegung zu zahlen in der Lage gewesen ist. „Meine ‚Ansprüche' waren offenbar zu gering. Ich erhielt das Doppelte von dem, was ich forderte. So mietete ich mir zwei Zimmer mit Terrasse und Zentralheizung im Frankfurter Westen. Nie zuvor hatte ich in Wien in einer Wohnung mit Zentralheizung gelebt." Sie fühlt sich wie Krösus. Vgl. dazu: Schütte-Lihotzky 2004, S. 113.

73 Ebd. S. 116 f.

74 May, Ernst: Grundlagen der Frankfurter Wohnungsbaupolitik. In: Das Neue Frankfurt, Heft 7/8 1928, S. 113.

75 Kramer, Lore: Texte zur aktuellen Geschichte von Architektur und Design. Frankfurt, 1993, S. 89 f.

76 Vgl. dazu Pehnt, Wolfgang: Der Neue Mensch und der Alte Adam. Zum Menschenbild des Neuen Bauens. In: Ernst May 2001, S. 105.

77 Schütte-Lihotzky 2004, S. 136 ff.

78 Kochen, Günter: Reichsheimstätte: Vom kleinen Mann, der Siedler wird. In: Siedlerverein Frankfurt, 2011, S. 18.

79 Schütte-Lihotzky 2004, S. 123.

80 Bruno Taut und Fritz Karsen bauen die Dammwegschule in Berlin. Karsen hat außerdem einen Lehrauftrag für praktische Pädagogik an der Goethe-Universität und kommt regelmäßig nach Frankfurt.

81 Flierl, Thomas: „Mach den Weg um Prinkipo, meine Gedanken werden dich dabei begleiten." Der Gefängnisbriefwechsel von Margarete Schütte-Lihotzky und Wilhelm Schütte 1941–1945. Berlin, 2019.

82 Schütte-Lihotzky 2004, S. 129.

83 Müry-Leitner, Mona / Spannberger, Ursula: Rationaler als die männlichen Kollegen: Ein Gespräch mit Margarete Schütte-Lihotzky. In: Zieher, Anita: Auf Frauen Bauen. Architektur aus weiblicher Sicht, Salzburg 1999, S. 12 f.

84 Müry-Leitner/Spannberger 1999, S. 12 f.

85 Die Entstehungsgeschichte des Liedes und ein Link zu dem absolut sehenswerten Video unter: https://www.moma.org/explore/inside_out/2010/09/28/the-curse-of-the-kitchen/?fbclid=IwAR3PehMX-5nwzOLUr3RausVNyRjPo7B27YapqJr_fN7LUZv3yIc21jaRcCf0#expander

86 Quiring 2011, S. 139.

87 Thomas Flierl hat Arbeitsverträge aus dem Archiv in Moskau mit dem Vertrag im Nachlass verglichen: Die Architektin erhält 1930 350 Rubel plus 50 Dollar und ihr Vertrag läuft auf ein Jahr mit Verlängerungsoption um ein weiteres Jahr. Ab 1932 bekommt sie 500 Rubel und 25 Dollar (auf ein Konto im Ausland). Ihr Mann wird für fünf Jahre angestellt und erhält 1930 500 Rubel

und 200 Dollar, ab 1932 750 Rubel und 100 Dollar. Vgl. Flierl 2019, S. 26.

88 Schütte-Lihotzky 2004, S. 208.

89 Ebd. S. 212.

90 Schütte-Lihotzky: Vortragsmanuskript, 1980. Material aus dem Nachlass von Margarete Schütte-Lihotzky.

91 Stalin, Josef: Fragen des Leninismus. Moskau, 1938, S. 411.

92 Borngräber, Christian: Die Mitarbeit antifaschistischer Architekten am sozialistischen Aufbau während der ersten beiden Fünfjahrespläne. In: Exil in der UdSSR. Leipzig, 1979, S. 326.

93 Dirksen, Herbert von: Moskau – Tokio – London. Erinnerungen und Betrachtungen zu 20 Jahren deutscher Außenpolitik 1919–1939. Stuttgart, 1949, S. 110.

94 Zitiert nach: Sozialistischer Städtebau im Zeichen der Moderne. In: Bodenschatz, Harald / Post, Christiane (Hg.): Städtebau im Zeichen Stalins. Die internationale Suche nach der sozialistischen Stadt in der Sowjetunion (1929–1935). Berlin, 2003, S. 33.

95 Aus dem Parteiprogramm von 1919. Zitiert nach: Anweiler, Oskar: Wissenschaftliches Interesse und politische Verantwortung. Dimensionen vergleichender Bildungsforschung. Opladen, 1990, S. 102.

96 Stadtrat Mays Russlandpläne. In: Bauwelt 1930, Heft 36, S. 1156.

97 Die Formulierung findet sich in einem Briefentwurf von Karl Moser an May. Siehe Tagebucheintrag vom 1.8.1930 von Karl Moser. ETH Zürich, eta, KM-1930-TGB-14.

98 Chan-Magomedov, Selim: Pioniere der sowjetischen Architektur. Wien/Berlin, 1982, S. 333.

99 May, Ernst: Warum ich Frankfurt verlasse. Frankfurter Zeitung, 1.8.1930.

100 May, Ernst: Städtebau und Wohnungswesen in der UdSSR nach 30 Jahren. In: Bauwelt, Berlin, BRD, 3/1960.

101 Vergleiche dazu: Kindler, Robert: Wer nicht arbeitet, soll nicht essen. In: Die Zeit, 8.8.2019.

102 May, Ernst: Vom Neuen Frankfurt nach dem Neuen Russland. In: Frankfurter Zeitung, 30.11.1930. Zitiert nach Flierl, Thomas (Hg.): Standardstädte. Ernst May in der Sowjetunion 1930–1933. Texte und Dokumente. Berlin, 2012, S. 208 ff.

103 May, Ernst: Deutsche Bauen in der Sowjetunion. Ernst May in Moskau. In: Das Neue Rußland, Dezember 1930. Zitiert nach Flierl 2012, S. 214 ff.

104 Wahrscheinlich May, Ernst: Das Russland von heute. Gesehen und erzählt von Ingenieur Henel. In: Neuer Görlitzer Anzeiger, Oktober 1933. Zitiert nach Flierl 2012, S. 382 ff.

105 May, Ernst: Städtebau und Wohnungswesen in der UdSSR nach 30 Jahren. In: Bauwelt, 18.1.1960. Zitiert nach Flierl 2012, S. 457 ff.

106 Flierl, Thomas: Wilhelm Schütte als Schulbauexperte in der Sowjetunion. Zürich, 2019, S. 36 ff.

107 Postkarte von Margarete Schütte-Lihotzky an unbekannten Empfänger vom 21. Mai 1934 aus Novo Sibirsk. Material aus dem Nachlass von Margarete Schütte-Lihotzky.

108 Postkarte von Margarete Schütte-Lihotzky an ihre Schwester vom 29. April 1934 aus Wladiwostok. Material aus dem Nachlass von Margarete Schütte-Lihotzky.

109 Material aus dem Nachlass von Margarete Schütte-Lihotzky. TXT 420/421.

110 Typoskript. Material aus dem Nachlass von Margarete Schütte-Lihotzky.

111 Ebd.

112 Brief von Margarete Schütte-Lihotzky vom 15. Mai 1934 aus Nara. Material aus dem Nachlass von Margarete Schütte-Lihotzky.

113 Für die Beendigung ihres Vertrages als Leiterin für Kinderanstalten für den Trust Standartgorprojekt im Jahr 1933 spricht außerdem, dass der letzte Typenentwurf für einen Kindergarten für 140 Kinder aus dem Jahr 1933 stammt (Ausführung unbekannt).

114 Siehe FN 115.

115 Schütte-Lihotzky, Margarete: Millionenstädte Chinas. Bilder- und Reisetagebuch einer Architektin (1958). Hg. von Karin Zogmayer. Wien, 2007, S. 89.

116 Ebd. S. 73–74.

117 Ebd. S. 37.

118 Ebd. S. 49.

119 Ebd. S. 49.

120 Brief von Margarete Schütte-Lihotzky vom 22. Juni 1934 aus Shanghai. Material aus dem Nachlass von Margarete Schütte-Lihotzky.

121 Ebd.

122 Postkarte an Dele vom 2. Juli 1934. Material aus dem Nachlass von Margarete Schütte-Lihotzky.

123 Ebd.

124 Ebd.

125 Vgl. dazu: Flierl 2019, S. 37 ff.

126 Schütte-Lihotzky, Margarete: Begegnung mit Chruschtschow. In: Stimme der Frau, Juni 1960. Material aus dem Nachlass von Margarete Schütte-Lihotzky. TXT/394.

127 Tandler und Schütte-Lihotzky kennen sich aus Wien und begegnen sich im Verlauf ihrer beruflichen Laufbahnen immer wieder, doch das Zusammentreffen und -arbeiten in Moskau dauert nur kurz, er erliegt im Sommer nach seiner Ankunft einem Herzleiden.

128 Brief an Dele vom 18. November 1936. Material aus dem Nachlass von Margarete Schütte-Lihotzky.

129 Ebd.

130 Brief an Dele vom 30. Mai 1936. Material aus dem Nachlass von Margarete Schütte-Lihotzky.

131 Brief an Dele vom 31. Januar 1936. Material aus dem Nachlass von Margarete Schütte-Lihotzky (Q111).

132 Ebd.

133 Schmidt, Hans: Die Tätigkeit deutscher Architekten und Spezialisten des Bauwesens in der Sowjetunion in den Jahren 1930 bis 1937. In: Wissenschaftliche Zeitschrift der Humboldt-Universität zu Berlin, DDR, 1967, S. 397.

134 Mit ihm werden seine Bauhaus-Kollegen Klaus Meumann, Anton Urban und Bela Scheffler inhaftiert. Alle drei kommen im Gulag um.

135 Wilhelm Schütte hat einen Arbeitsvertrag als Mitarbeiter des Zentralen Forschungsinstituts für den Gesundheitsschutz von Kindern und Jugendlichen, der offiziell bis 24. August 1937 läuft, von dem er aber am 7. Juli 1937 freigestellt wird, um seinen Resturlaub zu nehmen. Siehe dazu: Flierl 2019, S. 43.

136 Schütte-Lihotzky, Margarete: Erinnerungen aus dem Widerstand. Das kämpferische Leben einer Architektin von 1938–1945. Wien, 1994, S. 23.

137 Postkarte aus Paris an Dele vom 08. September 1937. Material aus dem Nachlass von Margarete Schütte-Lihotzky (Q141)

138 Brief an Dele vom 17. Juni 1937. Material aus dem Nachlass von Margarete Schütte-Lihotzky (Q138).

139 Postkarte aus Paris an Dele vom 28. August 1937. Material aus dem Nachlass von Margarete Schütte-Lihotzky (Q140).

140 Brief aus Paris vom 14. Mai 1938. Material aus dem Nachlass von Margarete Schütte-Lihotzky (Q149).

141 Brief an Dele und Hana vom 28. Juni 1938. Material aus dem Nachlass von Margarete Schütte-Lihotzky (Q151).

142 Brief aus Istanbul an Dele, 25. August 1938. Material aus dem Nachlass von Margarete Schütte-Lihotzky (Q160).

143 Bruno Tauts Gesundheitszustand ist 1938 bereits sehr schlecht. Er verstirbt in der Nacht auf den 24. Dezember an einem Asthmaanfall.

144 Vgl. dazu: Dogramaci, Burcu: Architekt, Lehrer, Autor: Wilhelm Schütte in der Türkei (1938–1946). In: Wilhelm Schütte. Architekt. Herausgegeben von Waditschatka, Ute/ÖGFA. Wien, 2019, S. 53 ff.

145 Kılınç, Kıvanç: Homemaker or professional? Girls' schools designed by Ernst Egli and Margarete Schütte-Lihotzky in Ankara, 1930–1938. In: New Perspectives on Turkey, No. 48 (2013), S. 101–128.

146 Vgl. dazu: Neugebauer, Wolfgang: Der österreichische Widerstand 1938–1945. Wien, 2008.

147 Schütte-Lihotzky 1994, S. 32.

148 Ebd. S. 27/28.

149 Ebd. S. 30–31.

150 Ebd. S. 28.

151 Ebd. S. 37.

152 Ebd. S. 37.

153 Ebd. S. 33.

154 Ebd. S. 33.

155 Schütte-Lihotzky schreibt in ihren Erinnerungen, dass sie zu Neubacher ins Rathaus eingeladen wurde. Allerdings war seine Amtszeit bereits am 14. Dezember 1940 abgelaufen, die NSDAP hat mittlerweile Philipp Jung eingesetzt. Das Treffen wird demnach an einem anderen Ort stattgefunden haben.

156 Schütte-Lihotzky 1994, S. 39.

157 Schafranek, Hans: Widerstand und Verrat. Wien, 2017, S. 423.

158 Schütte-Lihotzky 1994, S. 51.

159 Textauszug aus einem Kassiber Walter Kämpfs. In: Dokumentationsarchiv des österreichischen Widerstandes.

160 Bundesarchiv Z / 60,2 / S. 3, 17, 25 ff.

161 Textauszug aus einem Kassiber Walter Kämpfs. In: Dokumentationsarchiv des österreichischen Widerstandes

162 Zeugenaussage von Selma Steinmetz vor der Polizeidirektion Wien am 19. Dezember 1946. In: Dokumentationsarchiv des österreichischen Widerstandes.

163 Zeugenaussage von Rosa Grossmann vor der Polizeidirektion Wien am 19. Dezember 1946. In: Dokumentationsarchiv des österreichischen Widerstandes.

164 Schütte-Lihotzky 1994, S. 52.

165 Ebd. S. 83.

166 Ebd. S. 86.

167 Zur besseren Lesbarkeit wurden Abkürzungen, die Schütte-Lihotzky häufig verwendet, um Platz zu sparen, ausgeschrieben. Von einer Korrektur in neuer Rechtschreibung wurde abgesehen, um die Authentizität zu wahren. Hervorhebungen und Unterstreichungen wie im Original. Alle Briefe: Nachlass Margarete Schütte-Lihotzky im Archiv der Universität für angewandte Kunst Wien (Q 61–Q 81).

168 Bundesarchiv Z / 60,2 / S. 47/48.

169 Der Text ist im Original schwer lesbar. [Text] ist eine logisch naheliegende Möglichkeit.

170 Insel vor Istanbul, die traditionell als Erholungsort genutzt wird.

171 Der höchste Berg in der Region Marmara. Wörtlich übersetzt heißt er „Mächtiger Berg".

172 Karl Lisetz wird in der Anklageschrift nicht geführt, allerdings im Urteil.

173 DÖW 19.793/144

174 Ebd. S. 18/19. Die Orthografie folgt dem Original.

175 Material aus dem Nachlass von Margarete Schütte-Lihotzky.

176 Pirker, Peter: Subversion deutscher Herrschaft. Der britische Geheimdienst SOE und Österreich. Wien, 2012, S.139 ff. Siehe außerdem: Offizielles Schreiben British Information Office vom 15. Januar 1945, im Archiv Bernd Nicolai, Trier. Wilhelm Schüttes Nähe zum SOE ist noch weiter zu erforschen. Es gibt zahlreiche Hinweise, u. a. die Verbindung zum Geheimdienst der Auftraggeber für Privathäuser, die Margarete Schütte-Lihotzky entwirft, wie etwa Lutfi Tozan, 1940.

177 So erinnert von Johanna Mertinz, deren Mutter mit der Schwester von Elfriede Hartmann befreundet ist. Schütte-Lihotzky und Hartmann sind gleichzeitig in der Schiffamtsgasse inhaftiert. Elfriede Hartmann wird am 2. November 1943 hingerichtet. Ihre Kassiber an die Familie sind erhalten und publiziert: Mertinz, Johanna / Garscha, Winfried (Hg.): Mut, Mut – noch lebe ich. Die Kassiber der Elfriede Hartmann aus der Gestapo-Haft. Wien, 2013.

178 In den Erinnerungen geht Schütte-Lihotzky davon aus, dass Eibensteiner das Lager nicht überlebt. Eibensteiner kehrt nach dem Krieg zurück nach Wien, ist weiter politisch engagiert. Sie stirbt an den Folgen ihrer Haft, nur zehn Wochen nachdem sie eine Tochter zur Welt gebracht hat. Siehe dazu: Rajal, Elke: Barbara „Hansi" Eibensteiner. In: Mitteilungsblatt der Österreichischen Lagergemeinschaft Ravensbrück & FreundInnen, Dezember 2017, S. 9–10.

179 Schütte-Lihotzky 1994, S. 128.

180 Ebd. S. 130.

181 Ebd. S. 135.

182 Ebd. S. 132.

183 Ebd. S. 143.

184 Ebd. S 143.

185 Ebd. S. 145.

186 Ebd. S. 149.

187 Ebd. S. 149.

188 Ebd. S. 153.

189 Ebd. S. 151.

190 Ebd. S. 168.

191 Ebd. S. 175.

192 Schütte-Lihotzky, Margarete: Programm zur Schaffung eines Zentral-Bau-Institutes, 1945. Material aus dem Nachlass von Margarete Schütte-Lihotzky (TXT 489).

193 Schütte-Lihotzky, Margarete: Manuskript „Berufsverbote auch in Österreich praktiziert", 1976. Material aus dem Nachlass von Margarete Schütte-Lihotzky (TXT 508).

194 Theoretisch sind Angestellte der türkischen Regierung, Universitätsprofessoren und Ärzte von dieser Maßnahme zwar ausgeschlossen, aber es wird offenbar dennoch willkürlich entschieden, wer interniert wird und wer nicht. Vgl. dazu: Dogramaci, S. 61.

195 Bihl, Gustav: Wien 1945–2005. Eine politische Geschichte. In: Csendes, Peter/ Opll, Ferdinand (Hg.): Wien. Geschichte einer Stadt. Bd. 3: Von 1790 bis zur Gegenwart, Wien/Köln/Weimar, 2006, S. 585 ff.

196 Schütte-Lihotzky, Margarete: „Berufsverbote." Material aus dem Nachlass von Margarete Schütte-Lihotzky. TXT 508.

197 Mit der Gründung 1948 hat Oswald Haerdtl den ersten Vorsitz, Schatzmeister ist Karl Schwanzer, Max Fellerer wird „Minister ohne Portefeuille". Weitere Mitglieder sind Otto Niedermoser, Erich Boltenstern, Friedrich Potter und Eugen Wachberger.

198 Im Zuge seiner Forschungsarbeit über Schütte-Lihotzky hat Marcel Bois das Leben von Hans Wetzler rekonstruiert.

Vgl. dazu: Bois, Marcel / Reinhold, Bernadette (Hg.): Margarete Schütte-Lihotzky. Architektur. Politik. Geschlecht. Neue Perspektiven auf Leben und Werk, Basel, 2019, S. 224 ff.

199 Städtisches Kindertagesheim an der Rinnböckstraße, 1961–1963 für die Gemeinde Wien.

200 Brief an Felix Slavik im Februar 1960, Material aus dem Nachlass von Margarete Schütte-Lihotzky. Konvolut Korrespondenz Inland.

201 Schütte-Lihotzky, Margarete: Manuskript „Berufsverbote in Österreich", NL MSL, IVN TXT 508, sowie: Dieselbe: Berufsverbot in Österreich. Wie eine Expertin für Sozialbauten von der Gemeinde Wien kaltgestellt wurde. In: Volksstimme, Wochenendausgabe, Februar 1976. Material aus dem Nachlass von Margarete Schütte-Lihotzky. TXT 499/A.

202 Vgl. dazu: Rathkolb, Oliver: Die paradoxe Republik. Österreich nach 1945 bis 2015. Wien, 2015.

203 Manuskript „Arbeitskreis 5: ‚Neue Weiblichkeitsideologie' und ‚Stimme der Frau.'" Material aus dem Nachlass von Margarete Schütte-Lihotzky (TXT 495).

204 Manuskript „Die Frau in Österreich", November 1964. Material aus dem Nachlass von Margarete Schütte-Lihotzky (TXT 489).

205 Ebd.

206 Ansprache Schütte-Lihotzky auf dem Frauenweltkongress. Material aus dem Nachlass von Margarete Schütte-Lihotzky im Archiv der KPÖ, Wien.

207 Interview Schütte-Lihotzky, Margarete: Es ist Pflicht jeder Frau, den Friedenskampf zu unterstützen. In: Stimme der Frau, 1. März 1951. Material aus dem Nachlass von Margarete Schütte-Lihotzky im Archiv der KPÖ, Wien.

208 Schütte-Lihotzky, Margarete: Mehr Frauen ins Parlament. In: V.F.Z.F. Februar 1953. Material aus dem Nachlass von Margarete Schütte-Lihotzky im Archiv der KPÖ, Wien.

209 Zogmayer, Karin (Hg.): Schütte-Lihotzky, Margarete: Millionenstädte Chinas. Bilder- und Reisetagebuch einer Architektin (1958). Wien, 2007.

210 Schütte-Lihotzky 2007, S. 66 ff.

211 Ebd. S. 83 ff.

212 Ebd. S. 106.

213 Ebd. S. 81.

214 Akten Internationaler Militärgerichtshof für den Fernen Osten, 1946–1948: Judgement International Military Tribunal for the Far East: IMTFE Judgement, Paragraph 2, Seite 1012.

215 Dafür spricht auch eine Reihe von Artikeln aus dem Jahr 1955 über die Stadtentwicklung in Polen, über die Schütte-Lihotzky nach einer Reise durch die Volksrepublik schreibt. „Was auf dem Plan steht, wird gebaut", berichtet sie etwa voller Hochachtung über den Generalbebauungsplan Warschaus. Vgl. dazu: „Der Plan des neuen Warschau" Material aus dem Nachlass von Margarete Schütte-Lihotzky (TXT 389) und „Die neue Stadt Nora Hut" (TXT 381).

216 Petsch 1992.

217 Schütte-Lihotzky: Reisebericht über die Fahrt einer Studiengruppe von Wissenschaftlern und Künstlern nach China sowie Charakteristiken der einzelnen Teilnehmer. Material aus dem Nachlass von Margarete Schütte-Lihotzky. TXT 421A.

218 Schütte-Lihotzky, Margarete: Rede am 20. August 1961 auf Kuba. Manuskript aus dem Nachlass von Margarete Schütte-Lihotzky. TXT 478.

219 Zur Okkupation der ČSSR. Eine Erklärung. In: Tagebuch, 2. September 1968. Material aus dem Nachlass von Margarete Schütte-Lihotzky. TXT 381–410.

220 Bois, Marcel: Interview mit Ingeborg Rapoport am 15. November 2015 in Berlin. Siehe dazu: Bois, Marcel: „Bis zum Tod einer falschen Ideologie gefolgt." Margarete Schütte-Lihotzky als kommunistische Intellektuelle. In: Zeitgeschichte in Hamburg 2017, hg. von der Forschungsstelle für Zeitgeschichte, Hamburg 2018, S. 66–88.

221 Manuskript aus dem Nachlass von Margarete Schütte-Lihotzky, Erinnerungen SU II, Perestroika. In: Bois 2017, S. 86–87.

Anmerkungen Nachwort Uta Graff

1 Schütte-Lihotzky, Margarete: Warum ich Architektin wurde. Salzburg, 2004, S. 20.

2 Ebd. S. 32.

3 Ebd.

4 Noever, Peter, MAK (Hg.): Renate Allmayer-Beck, Susanne Baumgartner-Haindl, Marion Lindner-Gross, Christine Zwingl: Margarete Schütte-Lihotzky: Soziale Architektur – Zeitzeugin eines Jahrhunderts. Ausstellungskatalog MAK Wien, 1993, S. 14.

5 Schütte-Lihotzky 2004, S. 32.

6 Ebd. S. 10.

7 Ebd. S. 33.

8 Noever 1993, S. 13.

9 Ebd.

10 Friedl, Edith: Nie erlag ich seiner Persönlichkeit ...: Margarete Lihotzky und Adolf Loos – ein sozial- und kulturgeschichtlicher Vergleich. Wien, 2005, S. 12.

11 Schütte-Lihotzky, Margarete: Meine Arbeit mit Ernst May in Frankfurt a.M. und Moskau, Bauwelt, Heft 28, 1986. S. 1052.

12 Schütte-Lihotzky 2004, S. 158 ff.

13 Aicher, Otl: Die Küche zum Kochen. Werkstatt einer neuen Lebenskultur, Manuskript nach einer Untersuchung für die Firma Bulthaup 1982. München, 2005, S. 14.

14 Schütte-Lihotzky 2004, S. 101/102.

15 Schütte-Lihotzky 1986, S. 1052.

16 Schütte-Lihotzky, Margarete: Kojen-, Schul- und Lehrküchen. Manuskript aus dem Nachlass Margarete Schütte-Lihotzkys.

17 Noever 1993, S. 15.

18 Schütte-Lihotzky 2004, S. 35.

19 Ebd. S. 197/198.

Kurzbiografien

Hugo Bernatzik (* 26. März 1897 in Wien; † 9. März 1953 ebd.), Ethnologe und Begründer der angewandten Völkerkunde, Publizist, Fotograf und spätestens seit 1938 Mitglied der NSDAP. 1930 erscheint sein Reisetagebuch „Gari Gari. Ruf der afrikanischen Wildnis." Der Autor des Bestsellers scheint den Widerstandskämpfern unverdächtig genug, um das Buch zum Schmuggeln geheimer Botschaften zu verwenden. Auch Margarete Schütte-Lihotzky entziffert mithilfe von „Gari Gari" ihre Anlaufadresse in Wien und soll verschlüsselte Botschaften im Buchdeckel nach Istanbul schmuggeln. Dazu kommt es nicht mehr.

Hendrik Petrus Berlage (* 21. Februar 1856 in Amsterdam; † 12. August 1934 in Den Haag), einflussreicher Architekt des Neuen Bauens in den Niederlanden, wo er als der Vater der Moderne gilt. Sein Hauptinteresse betrifft die Fragen des sozialen Wohnungsbaus und der Stadtplanung. Margarete Schütte-Lihotzky besucht während ihres Aufenthaltes in Rotterdam so oft wie möglich seine Kurse und erkennt die Bedeutung der Planung für die Wohnqualität in einer Stadt.

Herbert Boehm (* 24. August 1894 in Dorpat; † 6. November 1954 in Frankfurt am Main), deutscher Architekt, Stadtplaner und Baubeamter. Er arbeitete bereits in Breslau gemeinsam mit Ernst May in der Schlesischen Landesgesellschaft, folgt diesem 1925 nach Frankfurt, wo er nach dessen Fortgang nach Moskau die Betreuung der städtischen Bauleitplanung behält und an der Vorbereitung der Altstadtsanierung arbeitet. Margarete Schütte-Lihotzky hat in Frankfurt mit ihm zu tun.

Alfred de Chapeaurouge (Spitzname „Rotkäppchen") (* 1. Juni 1907 in Hamburg; † 3. Mai 1993 ebd.), deutscher Politiker. Seine Laufbahn als Diplomat bringt ihn nach Sofia, Beirut, Bukarest und Istanbul, wo

Margarete Schütte-Lihotzky ihn auf einem Empfang kennenlernt. Er heiratet 1941 die Tochter des amtierenden Wiener Bürgermeisters.

Josef Dobretsberger (* 28. Februar 1903 in Linz; † 13. Mai 1970 in Graz), Jurist, Nationalökonom und Politiker. Sofort nach dem „Anschluss" 1938 emigriert Dobretsberger und ist unter anderem als Professor in Istanbul tätig. Dort gehört er einem Kreis von Österreichern um die Special Operations Executive, einer britischen nachrichtendienstlichen Spezialeinheit an, die den Nationalsozialismus subversiv bekämpfen. Auch Wilhelm Schütte gehört zu diesem Kreis.

Ernst Egli (* 17. Januar 1893 in Wien; † 20. Oktober 1974 in Meilen), Architekt und Stadtplaner. Wie Margarete Schütte-Lihotzky engagiert er sich in Wien in der Siedlerbewegung, geht allerdings schon 1927 in die Türkei, um beim Aufbau des kemalistischen Landes mitzuarbeiten. Schütte-Lihotzky plant den Erweiterungsbau einer von ihm 1929 fertiggestellten Mädchenschule in Ankara, der aber nicht realisiert wird.

Barbara Eibensteiner (genannt „Hansi") (* 1. Oktober 1917 in Rudmanns; † 23. Januar 1948 in Wien), Mitglied des illegalen Kommunistischen Jugendverbands Österreichs, teils in leitenden Funktionen. Die Widerstandskämpferin wird am 8. März 1940 verhaftet und ist zeitgleich mit Margarete Schütte-Lihotzky im Wiener Landesgericht inhaftiert, ehe sie – ebenfalls wie Schütte-Lihotzky – im Oktober 1941 nach Aichach verlegt wird. Am 26. Oktober 1944 endet ihre Haftstrafe, sie wird der Gestapo übergeben und ins KZ Ravensbrück deportiert. Sie trägt die Häftlingsnummer 85520, leistet Zwangsarbeit, überlebt jedoch bis zur Auflösung des Lagers 1945. Im März 1947 heiratet sie ihren langjährigen Freund Franz Mucha, im Oktober kommt ihre Tochter zur Welt. Doch für ihren von der Haft geschwächten Körper ist das zu viel. Sie stirbt nur zehn Wochen später.

Herbert Eichholzer (* 31. Januar 1903 in Graz; † 7. Jänner 1943 in Wien), Architekt und Widerstandskämpfer. Schütte-Lihotzky lernt Eichholzer durch Clemens Holzmeister in der Türkei kennen, wo er im Atelier von Holzmeister arbeitet. Gemeinsam bauen sie die Auslandsgruppe der

KPÖ in der Türkei auf. Eichholzer meldet sich als Kriegsfreiwilliger, um innerhalb der Wehrmacht politisch tätig zu werden, und kommt im Oktober 1940 nach Frankreich. Nach seinem Weihnachtsurlaub in Wien wird er verhaftet, am 9. September 1942 wegen Hochverrats zum Tode verurteilt und vier Monate später hingerichtet.

Maria Eis (* 22. Februar 1896 in Prag; † 18. Dezember 1954 in Wien), Mitglied im Ensemble des Burgtheaters und Filmschauspielerin. Durch ihre Ehe mit einem „Halbjuden" darf sie nach dem „Anschluss" Österreichs 1938 nur noch eingeschränkt spielen.

Sergej Michailowitsch Eisenstein (* 22. Januar 1898 in Riga; † 11. Februar 1948 in Moskau), sowjetischer Regisseur. Seine berühmtesten Werke sind die Revolutionsfilme „Panzerkreuzer Potemkin" (1925) und „Oktober" (1928).

Martin Elsaesser (* 28. Mai 1884 in Tübingen; † 5. August 1957 in Stuttgart), deutscher Architekt und Hochschullehrer. 1925 wird er von Ernst May ans Hochschulamt nach Frankfurt berufen, wo er bis 1932 bleibt. Er geht nicht mit der Brigade May nach Moskau, sondern arbeitet als freier Architekt, allerdings unter schwierigen Bedingungen, da er im nationalsozialistischen Deutschland keine Staatsaufträge erhält. Es entstehen Privatbauten in München und in der Türkei, wohin er aber nicht, wie viele seiner Kollegen, emigriert.

Josef Frank (* 15. Juli 1885 in Baden bei Wien; † 8. Januar 1967 in Stockholm), österreichischer Architekt der Siedlerbewegung in Wien. Aufgrund seiner jüdischen Herkunft emigriert er 1933 nach Schweden, wo er bis zu seinem Lebensende als Architekt tätig ist.

Willi Frank (Deckname „Harald") (* 12. Februar 1909 in Steyr; † 19. Februar 1945 unbekannt), Mitglied des Zentralkomitees der KPÖ und Widerstandskämpfer.

Dr. jur. Erich Führer (* 1900 in Wien; † 1987 ebd.), Anwalt und bekennender Nationalsozialist (NSDAP-Mitglied seit 1932). 1935 bis 1938 Leiter des illegalen Juristenbundes zur Organisation der Verteidigung von Nationalsozialisten. Anwalt von Margarete Schütte-Lihotzky.

Rosa Grossmann (* 7. Januar 1920 in Wien; † 26. Januar 2013 ebenda), Widerstandskämpferin. Grossmann stürzt sich, um keine Genossen zu verraten, am 23. Oktober 1943 nach viertägiger Folter aus dem vierten Stock des Gestapo-Hauptquartiers im ehemaligen Hotel Métropole, überlebt aber schwer verletzt. Mitglied der KPÖ und langjährige Chefredakteurin der *Stimme der Frau*.

Anna Grün (* 1889 in Hamburg, † 9. Juni 1962 in Wien), seit 1934 im Pariser Weltfrauenkomitee aktiv, Mitarbeit in der Résistance; 1944 in Frankreich verhaftet und in ein französisches Konzentrationslager eingeliefert, schließlich von den alliierten Truppen befreit. Nach der Rückkehr nach Wien tritt sie in den Polizeidienst ein, erwirbt sich Verdienste in der Polizeifürsorge und beim Aufbau eines Polizeikinderheims.

Carl Grünberg (* 10. Februar 1861 in Focşasni; † 2. Februar 1940 in Frankfurt am Main), deutsch-österreichischer Staatsrechtswissenschaftler, Marxist und „Vater des Austromarxismus". Als Gründungsdirektor des Instituts für Sozialforschung in Frankfurt und Begründer des Archivs für die Geschichte des Sozialismus und der Arbeiterbewegung von 1911 bis 1930 tätig.

Anni Haider (* 22. März 1902 in Wien, † 22. Juni 1990 in Linz), Widerstandskämpferin, verheiratet mit Franz Haider, steht gemeinsam mit Schütte-Lihotzky vor Gericht. Sie wird zu 15 Jahren Haft verurteilt und kommt ebenfalls ins Frauengefängnis nach Aichach.

Franz Haider (* 11. September 1907 in Linz; † 15. März 1968 ebd.), Widerstandskämpfer und nach dem Krieg aktiver Politiker und Zeitungsherausgeber. 1945 ist er Landeshauptmann-Stellvertreter in der Oberösterreichischen Landesregierung.

Werner Hebebrand (* 27. März 1899 in Elberfeld; † 18. Oktober 1966 in Hamburg), deutscher Architekt und Stadtplaner. Von 1925 bis 1929 ist er Mitarbeiter beim Frankfurter Hochbauamt. 1930 geht er mit der Brigade May nach Moskau, bis er 1937 verhaftet und ins nationalsozialistische Deutschland ausgewiesen wird. Dort arbeitet er im Architekturbüro von Herbert Rimpl, einem der wichtigsten Industriearchitekten des Dritten Reichs.

Josef Hoffmann (* 15. Dezember 1870 in Pirnitz; † 7. Mai 1956 in Wien), österreichischer Architekt und Designer, Gründungsmitglied und Hauptvertreter der Wiener Werkstätte.

Clemens Holzmeister (* 27. März 1886 in Fulpmes; † 12. Juni 1983 in Hallein bei Salzburg), österreichischer Architekt. 1924 wird er als Professor an die Wiener Akademie der bildenden Künste berufen, bis ihm 1938 die Stelle aberkannt wird. Er emigriert in die Türkei, wo er bis 1949 als Lehrer an der Technischen Hochschule in Istanbul arbeitet.

Ina Jun-Broda (* 18. April 1900 in Zagreb; † 16. August 1983 in Zagreb), jugoslawische Lyrikerin und Übersetzerin. Im Krieg im Untergrund tätig. 1950 veröffentlicht sie „Der Dichter in der Barbarei“, ein Lyrikband, in dem sie sich mit ihren Kriegserlebnissen auseinandersetzt.

Walter Kämpf (* 12. September 1920 in Wien; † 2. November 1943 ebd.), Soldat und Widerstandskämpfer. 1943 wird er wegen Hochverrats zum Tode verurteilt und im Alter von 23 Jahren im Wiener Landesgericht geköpft.

Eugen Kaufmann, später Eugene Charles Kent (* 8. Januar 1892 in Frankfurt am Main; † 21. Juni 1984 in London), Architekt. Am Hochbauamt Frankfurt leitet er das Amt für Typisierung. 1931 folgt er der Brigade May nach Moskau. Aufgrund seiner jüdischen Herkunft kehrt er nicht mehr nach Deutschland zurück, sondern emigriert 1933 nach England.

Margarete Kahane (Deckname „Sonja") (* 10. Juni 1917 in Wien; † unbekannt), Geliebte von Kurt Koppel („Ossi"), mit dem sie über 800 Menschen an die Gestapo verrät.

Gregor Kersche (* 11. Mai 1892, † nach 1956 in der Sowjetunion), von 1920 bis 1932 Landesobmann der KPÖ Kärnten, aktiv im Widerstand. Um 1935 flieht er vor der Gestapo in die Sowjetunion. Nach Kriegsende gilt er als verschollen und wird für tot erklärt, obwohl er 1945 als „Verräter" von einer russischen Einheit für Spionageabwehr an der Front verhaftet und verschleppt wurde. Bis 1956 ist er in Haft in der Sowjetunion, danach verliert sich seine Spur.

Anton Konopitzky (* 1889 in Wien; † 1945 in Stein), **Therese Konopitzky** (Deckname „Tante") (* 1889 in Wien; † 1943 ebd.), Widerstandskämpfer. Beide werden etwa zeitgleich mit Schütte-Lihotzky verhaftet. Therese stirbt noch in Untersuchungshaft, was ihr Mann aber nicht erfährt. Zu Antons Verhandlung wird Schütte-Lihotzky als Zeugin aus dem Frauenzuchthaus Aichach nach Wien geholt, obwohl sie ihn nur einmal kurz trifft, als sie im Haus der Konopitzkys die dort lagernden illegalen Schriften liest. Er wird 1943 zu fünf Jahren Haft verurteilt und kommt nach Stein ins Gefängnis. Als im April 1945 die Lebensmittel knapp werden, entschließt sich der dortige Direktor Franz Kodré, eine Weisung aus Wien sehr weit auszulegen und alle 1.800 Insassen freizulassen. Dem Eingreifen von Volkssturm und SS fallen 500 Männer im Massaker im Zuchthaus und der darauffolgenden sogenannten „Kremser Hasenjagd" zum Opfer – unter ihnen auch Anton Konopitzky.

Kurt Koppel (Decknamen „Konrad Hans Klaser", „Hans Glaser", „Harry" oder „Peter", „Ossi") (* 18. April 1915 in Wien, † nach 1945). Mit Ossi ist Margarete Schütte-Lihotzky ins Visier eines der aktivsten V-Männer der NS-Agenten geraten. Die Gestapo-Leitstelle Wien verfügte nach einer Schätzung über 400 bis 600 V-Leute. Eine derartige, weit über normale Bespitzelung hinausgehende Rolle nahm der V-Mann Kurt Koppel alias „Ossi" ein. Koppel war bereits seit seiner Jugend in der KPÖ aktiv. Mitte der Dreißigerjahre verlor er aufgrund finanzieller Unregelmäßigkeiten seine Positionen und wurde quasi zur Rehabilitierung als antifaschistischer Kämpfer nach Spanien geschickt. Nach seiner

Rückkehr begann wohl 1939 seine Spitzeltätigkeit, in deren Rahmen er sich an der Reorganisation und dem Wiederaufbau der kommunistischen Untergrundstrukturen beteiligte. Als Kurier verfügte er über zahlreiche Parteiberichte, die er direkt bei seinen nationalsozialistischen Auftraggebern deponierte. Koppels effiziente Spitzelarbeit führte zur Verhaftung von weit über 800 Personen aus dem kommunistischen Widerstand.

Julius Kornweitz (Deckname „Bobby") (* 18. November 1911 in Wien; † 1944 in Mauthausen), Architekt und Auslandsfunktionär der KPÖ in Zagreb. 1942 wird er bei einem Aufenthalt in Wien von der Gestapo verhaftet und als Jude ohne Gerichtsverhandlung in das Konzentrationslager Mauthausen überstellt, wo er 1944 ermordet wird.

Karl Lisetz (* 31. März 1913 in Wien; † 5. März 1943 ebd.), Widerstandskämpfer, wird im Januar 1942 von der Gestapo verhaftet und steht gemeinsam mit Schütte-Lihotzky vor Gericht. Sein Todesurteil wird am 5. März 1943 im Landesgericht vollstreckt.

Adolf Loos (* 10. Dezember 1870 in Brünn; † 23. August 1933 in Kalksburg), österreichischer Architekt, Architekturkritiker und Publizist. Er gilt als Wegbereiter der modernen Architektur, Visionär und Bohemien. Von Schütte-Lihotzky wird er als Architekt geschätzt, seinem Lebensstil steht sie verständnislos gegenüber. In der Siedlerbewegung arbeitet sie zeitweise mit Loos zusammen.

Lina Loos (* 9. Oktober 1882 in Wien; † 6. Juni 1950 ebd.), Schauspielerin und Schriftstellerin, ist die erste Frau von Adolf Loos (verh. 1902–1905). Nach 1945 engagiert sie sich wie Schütte-Lihotzky in der Frauen- und Friedensbewegung, übernimmt im März 1949 das Amt der Präsidentin des Bundes demokratischer Frauen und wird Mitglied des Österreichischen Friedensrates.

Ines Maier (Deckname „Wera") (* 30. Oktober 1914 in Santiago de Chile; † um 2004 in Chile), studiert bei Clemens Holzmeister Architektur und folgt ihm 1939 nach Istanbul. Dort lernt sie Margarete Schütte-Lihotzky und Herbert Eichholzer kennen und schließt sich dem Widerstand an. Ines Maier wird Mitglied des Zentralkomitees der KPÖ und fungiert als Verbindungsperson zwischen dem In- und Auslandsapparat. 1940 geht sie aus beruflichen Gründen nach Linz. Als sie am 22. Januar 1941 wie verabredet zu einem Treffen mit Margarete Schütte-Lihotzky nach Wien kommt, wird sie von der Gestapo festgenommen und sitzt ein Jahr in Haft, bis sie aufgrund ihrer chilenischen Staatsbürgerschaft enthaftet wird. Über Deutschland gelangt sie zurück nach Chile.

Ernst May (* 27. Juli 1886 in Frankfurt am Main; † 11. September 1970 in Hamburg), deutscher Architekt und Stadtplaner. Zwischen 1925 und 1930 leitet er das Siedlungsamt der Stadt Frankfurt, verantwortet die Planung und Realisierung des Neuen Frankfurt und holt Schütte-Lihotzky in sein Team. Von 1930 bis 1933 ist er mit der Brigade May in der Sowjetunion. Von dort emigriert er nach Afrika, bis er im Nachkriegsdeutschland den Wiederaufbau mitgestaltet, ab 1954 vornehmlich in Hamburg in der Planungsabteilung Neue Heimat.

Otto Neurath (* 10. Dezember 1882 in Wien; † 22. Dezember 1945 in Oxford), österreichischer Volkswirtschaftler. Er ist in der Arbeiter- und Volksbildung aktiv und ein überzeugter Kommunist. Schütte-Lihotzky lernt ihn 1920 in der Siedlerbewegung kennen. Neurath wird einer ihrer ersten politischen Mentoren.

Robert Oerley (* 24. August 1876 in Wien; † 15. November 1945 ebd.), österreichischer Architekt und Kunstgewerbler. 1912/13 ist er Präsident der Secession, sein Architekturstil ist dem Jugendstil verpflichtet. Schütte-Lihotzky arbeitet nach ihrem Studium kurzfristig in seinem Architekturbüro.

Nikolaj Ognew (gebürtig Michail Grigorjewitsch Rosanow) (* 26. Juni 1888 in Moskau; † 22. Juni 1938 ebd.), sowjetischer Schriftsteller. In „Das Tagebuch des Schülers Kostja Rjabzew" und dem Folgeband „Kostja Rjabzew auf der Universität" beschreibt er den neuen Menschen in der Sowjetunion, der als Ideal die Reformpädagogik bestimmt. Schütte-Lihotzky liest in ihrer Frankfurter Zeit seine Bücher. Unter den Nationalsozialisten sind sie verboten und stehen 1933 auf der „Liste der brennenden Bücher wider den undeutschen Geist".

Franz Öhler (* 1887 in Graz; † 1945 in Buchenwald), jüdischer Kaufhausbesitzer aus Graz. Er flieht 1938 vor den Nationalsozialisten nach Zagreb und unterstützt den Widerstand, indem er seine Wohnung für Besprechungen zur Verfügung stellt. Öhler wird 1941 verhaftet und im Konzentrationslager Buchenwald interniert, wo er einen Tag nach der Befreiung stirbt.

Helene Postranecky (* 12. März 1903 in Wien; † 5. Januar 1995 ebd.), Widerstandskämpferin und als österreichische Politikerin die erste Frau, die einer österreichischen Bundesregierung angehört: Bis Dezember 1945 ist sie in der Übergangsregierung unter Karl Renner Unterstaatssekretärin für Volksernährung und damit für die Lebensmittelaufbringung verantwortlich.

Erwin Puschmann (Deckname „Gerber") (* 8. Februar 1905 in Wien; † 7. Januar 1943 ebd.), Widerstandskämpfer und Funktionär der KPÖ. Er ist der führende Kopf in der Organisation der kommunistischen Widerstandsbewegung in Österreich und Kontaktperson von Schütte-Lihotzky in Wien. Bei ihrem Treffen am 22. Januar 1941 werden beide verhaftet. Sein Todesurteil wird 1943 vollstreckt. Seine Frau Hella ist Mitgefangene Schütte-Lihotzkys im Bezirksgefängnis Schiffamtsgasse.

John Reed (* 22. Oktober 1887 in Portland, USA; † 19. Oktober 1920 in Moskau), US-amerikanischer Journalist, Begründer und Vorsitzender der Kommunistischen Arbeiterpartei in den USA. Er ist 1917/18 als Korrespondent in der Sowjetunion und erlebt die Oktoberrevolution aus nächster Nähe. Seine Erlebnisse verarbeitet er in seinem Buch „Zehn Tage, die die Welt erschütterten", das 1919 mit einem Vorwort von Lenin erscheint.

Wilhelm Schütte (Deckname „Max") (* 14. August 1900 in Mülheim-Heißen; † 17. April 1968 in Wien), deutsch-österreichischer Architekt, Widerstandskämpfer und von 1928 bis 1951 Ehemann Margarete Schütte-Lihotzkys. Nach dem Krieg nimmt er die österreichische Staatsbürgerschaft an. Er ist Mitglied der KPÖ und 1948 Generalsekretär der Internationalen Kongresse Moderner Architektur (CIAM) Austria. Schütte ist während des Zweiten Weltkriegs in Istanbul unter dem Decknamen „Max" als Informant für den britischen Kriegsgeheimdienst tätig.

Franz Sebek (* 30. April 1901 in Schlüsselburg bei Blatna; † 7. Januar 1943 in Wien), Mitglied des Zentralkomitees der KPÖ und Widerstandskämpfer. Gemeinsam mit Schütte-Lihotzky steht er vor Gericht. Sein Todesurteil wird am 7. Januar 1943 vollstreckt.

Shotaro Shimomura (* 1883 in Kyoto; † 1944 ebd.), Besitzer des Warenhauses DAIMARU, bedeutender Vertreter der japanischen avantgardistischen Fotografie. Er beauftragt Bruno Taut mit Möbelentwürfen. Schütte-Lihotzky und ihr Mann Wilhelm sind bei ihrem Japanbesuch 1934 bei ihm zu Gast.

Oskar Strnad (* 26. Oktober 1879 in Wien; † 3. September 1935 in Bad Aussee), österreichischer Architekt, Designer und Bühnenbildner jüdischer Herkunft. Vertreter der Wiener Schule der Architektur und einer modernen Auffassung von sozialem Wohnen. Lehrer und Mentor von Schütte-Lihotzky.

Bertha von Suttner (* 9. Juni 1843 in Prag; † 21. Juni 1914 in Wien), Pazifistin und Schriftstellerin. Gründerin und Präsidentin der Österreichischen Gesellschaft der Friedensfreunde. Sie wird 1905 als erste Frau mit dem Friedensnobelpreis ausgezeichnet. 1889 erscheint ihr Buch „Die Waffen nieder", in dem sie Kriegserlebnisse aus weiblicher Sicht schildert, es wird ihr größter Erfolg.

Bruno Taut (* 4. Mai 1880 in Königsberg; † 24. Dezember 1938 in Istanbul), deutscher Architekt und Stadtplaner. Vertreter des Neuen Bauens in Frankfurt, der Sowjetunion und Berlin. Seine bekanntesten

Gebäude dort sind die Hufeisensiedlung in Berlin-Britz und Onkel Toms Hütte in Zehlendorf. Ab 1936 ist er Professor an der Académie des Beaux-Arts in Istanbul.

Philipp Tolziner (* 16. Oktober 1906 in München; † 1. Mai 1996 in Moskau), nach eigener Aussage Zionist und Sozialist. Der Bauhaus-Architekt geht 1931 nach Moskau, wo er Schütte-Lihotzky kennenlernt. 1936 kann er aufgrund seines Glaubens nicht nach Deutschland zurück und beantragt die sowjetische Staatsbürgerschaft. Im Zuge der stalinistischen Säuberungen wird er 1938 verhaftet und angeklagt. Unter Folter verrät er zwei Freunde, die er außer Landes glaubt, und wird zu zehn Jahren Arbeitslager verurteilt. Nach seiner Entlassung 1947 heiratet er eine Russin und bleibt in der Sowjetunion.

Otto Weininger (* 3. April 1880 in Wien; † 4. Oktober 1903 ebd.), Philosoph und Schriftsteller mit stark pessimistischen Zügen. Sein Hauptwerk „Geschlecht und Charakter“ wird posthum ein großer Erfolg, nachdem Weininger 1903 in Ludwig van Beethovens Sterbehaus Selbstmord begeht. Trotz seiner jüdischen Herkunft ist er Antisemit und konvertiert 1902 zum Protestantismus. Das Verhältnis der Geschlechter steht im Zentrum seines Denkens, seine philosophisch-psychologische Theorie baut auf der Bisexualität des Menschen auf.

Personenverzeichnis

J

K

L

M

Z

Bildnachweis

Abbildungen aus dem Nachlass Margarete Schütte-Lihotzkys, Universität für angewandte Kunst Wien, Kunstsammlung und Archiv

Seite 06, Inv.Nr. F/234/Margarete Schütte-Lihotzky 1977 in Radstatt

Seite 09, Inv.Nr. F/4/Familie Lihotzky 1899 am Achensee

Seite 13, Inv.Nr. F/24A/Kinderball 1909/ Foto: Franz Lechner, Wien

Seite 15, Inv.Nr. F/5/Haus Bode 1899

Seite 20, Inv.Nr. F/48/Klasse Kunstgewerbeschule 1919

Seite 30, Inv.Nr. F/51/Im Zug nach Holland 1919

Seite 38, Inv.Nr. 33/2/FW/Kernhaus Type 4 1926

Seite 41, Inv.Nr. 30/2/Haus Margulies

Seite 43, Inv.Nr. 28/5/FW/Betonküche

Seite 51, Inv.Nr. F/93/Am Hochbauamt 1928

Seite 63, Inv.Nr. F/109/Terrasse Frankfurt 1929

Seite 71, Inv.Nr. 50/9A-FW/Frankfurter Küche

Seite 72, Inv.Nr. 50/47/Handskizze Schrittplan Frankfurter Küche

Seite 101, Inv.Nr. F/CJ/247/Schütte-Lihotzky mit Träger

Seite 103, Inv.Nr. F/CJ/1/Foto: Shotaro Shimomura

Seite 107, Inv.Nr. F/CJ/115/Peking/Verbotene Stadt

Seite 111, Inv.Nr. F/CJ/11/Hafenausfahrt Japan 1934

Seite 121, Inv.Nr. Q/141/Postkarte aus Paris 1938/Foto: G. L. Arland, Lyon

Seite 125, Inv.Nr. F/162/Terrasse Istanbul 1938

Seite 127, Inv.Nr. 134/9FW/Brückenkopf Istanbul 1938

Seite 148, Inv.Nr. Q/54/Handskizze Gefängnis

Seite 153, Inv.Nr. Q/62/Postkarte 21.4.1941

Seite 205, Inv.Nr. F/164/Sofia 1946

Seite 211, Inv.Nr. 159/2/FW/Ausstellung „Die Frau“, Paris 1948

Seite 213, Inv.Nr. F/229/Schütte-Lihotzky mit Hans Wetzler 1976

Seite 217, Inv.Nr. F/185/Pressefoto Oscar Horowitz, Wien 1961

Seite 219, Inv.Nr. F/185/Pressefoto Oscar Horowitz, Wien 1961

Seite 225, Inv.Nr. F/CH/164/Peking mit Bayer und Pauser 1956

Seite 226, Inv.Nr. TXT/419/A/Notizbuch 1956

Seite 229, Inv.Nr. F181/ Peking mit Bayer 1956

Seite 233, Inv.Nr. F/CH/100/Hankau 1956

Seite 241, Inv.Nr. F/227/JC-Preis 1977

Die Autorin dankt den Archiv-Mitarbeitern der Universität für angewandte Kunst Wien für ihre Unterstützung.

Der Verlag und die Autorin danken Frau Luzie Lahtinen-Stransky für die Überlassung der Abdruckrechte für Abbildungen aus dem Nachlass Margarete Schütte-Lihotzkys.

Seite 02, Foto: Rudolf Semotan

Seite 25, Oskar Strnad/Brühlmeyer, Hermann/ÖNB-Bildarchiv/picturedesk.com

Seite 33, Brettldorf/ ÖNB-Bildarchiv/picturedesk.com

Seite 58, Orientierungsplan Das Neue Frankfurt/Ruprecht-Karls-Universität Heidelberg

Seite 61, Gärten Siedlung Praunheim/Institut für Stadtgeschichte Frankfurt a. M.

Seite 65, Karikatur/Frankfurter Nachrichten 1927

Seite 75, Titelblatt Das Neue Frankfurt/Ruprecht-Karls-Universität Heidelberg

Seite 79, Brigade May 1931/ Ernst-May-Gesellschaft

Seite 85, Wohnhaus Moskau/ Ernst-May-Gesellschaft

Seite 89, Magnitogorsk/Ernst-May-Gesellschaft

Seite 93, Arbeiterinnen in Magnitogorsk/ Ernst-May-Gesellschaft / © Dr. Eckhard Herrel

Seite 114, Stalin/Ullstein Bild

Seite 133, Aufmarsch sozialdemokratischer Jugend am Wiener Ring um 1930/Photozentrale Dietrich & Co. © VGA

Seite 141, Hotel Métropole, Wien/Ledermann, Postkartenverlag/ÖNB-Bildarchiv/picturedesk.com

Seite 187, Kundmachung Urteil/HDGÖ

Seite 197, Aichach/Interfoto/picturedesk.com

Seite 208, Aufräumarbeiten Wien/ATV/Interfoto/picturedesk.com

Seite 245, Straßenschild/Neumayr, Franz/APA/picturedesk.com

Verwendete Literatur

Anweiler, Oskar: Wissenschaftliches Interesse und politische Verantwortung. Dimensionen vergleichender Bildungsforschung. Opladen, 1990.

Bois, Marcel: „Bis zum Tod einer falschen Ideologie gefolgt." Margarete Schütte-Lihotzky als kommunistische Intellektuelle. In: Zeitgeschichte in Hamburg 2017, herausgegeben von der Forschungsstelle für Zeitgeschichte, Hamburg, 2018.

Bodenschatz, Harald/Post, Christiane (Hg.): Städtebau im Zeichen Stalins. Die internationale Suche nach der sozialistischen Stadt in der Sowjetunion (1929-1935). Berlin, 2003.

Borngräber, Christian: Die Mitarbeit antifaschistischer Architekten am sozialistischen Aufbau während der ersten beiden Fünfjahrespläne. In: Exil in der UdSSR. Leipzig, 1979.

Brandstätter, Christian: Wien 1900. Kunst und Kultur. Fokus der Europäischen Moderne. Wien, 2005.

Csendes, Peter/Opll, Ferdinand (Hg.): Wien. Geschichte einer Stadt. Bd. 3: Von 1790 bis zur Gegenwart, Wien/Köln/Weimar, 2006.

Chan-Magomedov, Selim: Pioniere der sowjetischen Architektur. Wien/Berlin, 1982.

Chiu, Charles: Frauen im Schatten. Wien, 1994.

Dirksen, Herbert von: Moskau – Tokio – London. Erinnerungen und Betrachtungen zu 20 Jahren deutscher Außenpolitik 1919–1939. Stuttgart, 1949.

Eumann, Ulrich: Kameraden vom Roten Tuch. Die Weimarer KPD aus der Sicht ehemaliger Mitglieder. In: Archiv für die Geschichte des Widerstands und der Arbeit, 2001.

Fischer, Lisa / Prix, Emil (Hg.): Die Frauen der Wiener Moderne. Wien, 1997.

Flierl, Thomas (Hg.): Standardstädte. Ernst May in der Sowjetunion 1930–1933. Texte und Dokumente. Berlin, 2012.

Flierl, Thomas: Wilhelm Schütte als Schulbauexperte in der Sowjetunion. Zürich, 2019.

Flierl, Thomas: „Mach den Weg um Prinkipo, meine Gedanken werden dich dabei begleiten." Der Gefängnisbriefwechsel von Margarete Schütte-Lihotzky und Wilhelm Schütte 1941–1945. Berlin, 2019 (angekündigt).

Friedl, Edith: Nie erlag ich seiner Persönlichkeit. Margarete Schütte-Lihotzky und Adolf Loos. Ein sozial- und kulturgeschichtlicher Vergleich. Wien, 2005.

Graf, Max: Legend of a Musical City. New York, 1945.

Hauser, Arnold: Soziologie der Kunst. München, 1983.

Johnston, William M.: Österreichische Kultur- und Geistesgeschichte. Gesellschaft und Ideen im Donauraum. 1848–1938. Wien, 2006.

Kılınç, Kıvanç: Homemaker or professional? Girls' schools designed by Ernst Egli and Margarete Schütte-Lihotzky in Ankara, 1930–1938. In: New Perspectives on Turkey, No. 48 (2013).

Kindler, Robert: Wer nicht arbeitet, soll nicht essen. In: Die Zeit, 08.08.2019.

Kochen, Günter: Reichsheimstätte: Vom kleinen Mann, der Siedler wird. In: Siedlerverein Frankfurt 2011.

Mertinz, Johanna/Garscha, Winfried (Hg.): Mut, Mut – noch lebe ich. Die Kassiber der Elfriede Hartmann aus der Gestapo-Haft. Wien, 2013.

May, Ernst: Wohnungsbaupolitik der Stadt Frankfurt am Main. In: Das Neue Frankfurt, 5. Ausgabe, 1926–27.

May, Ernst: Grundlagen der Frankfurter Wohnungsbaupolitik. In: Das Neue Frankfurt, Heft 7/8 1928.

May, Ernst: Warum ich Frankfurt verlasse. Frankfurter Zeitung, 01.08.1930.

May, Ernst: Städtebau und Wohnungswesen in der UdSSR nach 30 Jahren. In: Bauwelt, Berlin, BRD, 3/1960.

Neugebauer, Wolfgang: Der österreichische Widerstand 1938–1945. Wien, 2008.

Noever, Peter: Margarete Schütte-Lihotzky. Soziale Architektur. Zeitzeugin eines Jahrhunderts. Wien, 1993.

Pirker, Peter: Subversion deutscher Herrschaft. Der britische Geheimdienst SOE und Österreich. Wien, 2012.

Quiring, Claudia / Voigt, Wolfgang et al.: Ernst May. 1886–1970. München, 2011.

Rajal, Elke: Barbara „Hansi" Eibensteiner. In: Mitteilungsblatt der Österreichischen Lagergemeinschaft Ravensbrück & FreundInnen, Dezember 2017.

Schafranek, Hans: Widerstand und Verrat. Wien, 2017.

Schmidt, Hans: Die Tätigkeit deutscher Architekten und Spezialisten des Bauwesens in der Sowjetunion in den Jahren 1930 bis 1937. In: Wissenschaftliche Zeitschrift der Humboldt-Universität zu Berlin, DDR, 1967.

Schütte-Lihotzky, Margarete: Warum ich Architektin wurde. Hg. von Karin Zogmayer. Wien, 2004.

Schütte-Lihotzky, Margarete: Millionenstädte Chinas. Bilder- und Reisetagebuch einer Architektin (1958). Hg. von Karin Zogmayer. Wien, 2007.

Schütte-Lihotzky, Margarete: Erinnerungen aus dem Widerstand. Das kämpferische Leben einer Architektin von 1938–1945. Wien, 1994.

Stalin, Josef: Fragen des Leninismus. Moskau, 1938.

Waditschatka, Ute / ÖGFA (Hg.): Wilhelm Schütte. Architekt. Wien, 2019.

Weininger, Otto: Geschlecht und Charakter. Eine prinzipielle Untersuchung. Diss., Wien, 1903; Leipzig, 1904.

Zieher, Anita: Auf Frauen Bauen. Architektur aus weiblicher Sicht. Salzburg 1999.

Die Autorin

© Dominik Gigler

Mona Horncastle studierte Philosophie und Kunstgeschichte in Bamberg. Sie war Verlegerin, gründete 2013 ein gemeinnütziges Unternehmen für Bildungsprojekte. Horncastle ist Autorin mehrerer Biografien und Kunstkataloge und arbeitet als freie Kuratorin.

Hat Ihnen dieses Buch gefallen?
Dann würden wir uns über Ihre Weiterempfehlung freuen.
Erzählen Sie darüber im Freundeskreis, berichten Sie Ihrem Buchhändler oder bewerten Sie beim Onlinekauf.

Möchten Sie weitere Informationen zum Thema? Möchten Sie mit der Autorin in Kontakt treten? Wir freuen uns auf Austausch und Anregung unter

leserstimme@styriabooks.at

Mehr Inspiration, Geschenkideen und gute Geschichten finden Sie auf

www.styriabooks.at

STYRIA
BUCHVERLAGE

ISBN 978-3-222-15036-4

Cover- und Buchgestaltung: Bleed Vienna
Coverfoto: Rudolf Semotan
Layout: Burghard List
Lektorat: Teresa Profanter
Projektleitung: Ulli Steinwender

Druck und Bindung: Finidr
Printed in the EU
7 6 5 4 3 2